1등 당선

선거전략전술

The Succesful Election Strategy

김 홍 순

1등 당선
선거전술전략
The Succesful Election Strategy

초판 1쇄 인쇄 2016년 1월 7일
초판 1쇄 발행 2016년 1월 11일

지 은 이   김 흥 순
펴 낸 이   김 용 성
펴 낸 곳   법률출판사
주   소   서울시 동대문구 휘경동 187-20 오스카빌딩 4층
전   화   02) 962-9154
팩   스   02) 962-9156
등   록   제1-1982호
I S B N   978-89-5821-270-6   93340
홈페이지   www.lnbpress.com
이 메 일   lawnbook@hanmail.net

정 가 50,000원

1등 당선
선거전술전략

김홍순

역대 선거 자료(대통령)

이상적인 정치와 현실적인 정치

이상적인 정치는 바른 사람이나 착한 사람이 하는 것이다. 성직자급이 해야 한다. 한국은 종교인들도 썩었으니 마땅히 할 사람이 없다. 현실정치는 문제를 해결할 수 있는 사람이 하는 것이다.

다수의 국민에게 유리한 결정을 하는 게 정치

신념윤리와 책임윤리가 충돌할 땐
책임윤리를 선택해야 공동체가 유지될
수 있다. 따라서 정치인이라면 확고한
책임의식을 가져야 한다. 자기가 왜
정치를 하는지 분명한 목표를 설정하고
제시해야 한다.

정치를 권력으로 여긴다면 바보다.
국민으로부터 위임받은 권력은 곧
부여받은 책임이다. 국민에게 도움이
되는 가치를 붙들고 평생 국민과
동행하는 정치를 해야
한다.

정치는 바로잡는 것이다

政者正也

공자

우리가 기다리기만 하면... 그렇게 하면... 바로잡는다는 정치인은 출현할 것인가?

정치(政治)의 정(政)은 바를 정(正)과
회초리로 내리칠 복(攵=攴)이 합해졌다.
정치는 회초리로 내리치는 행위다.
그런 추상(秋霜) 같은 행위를 기대하기에 국민들은
정치인들에게 '권력'을 빌려주었을 것이다.

국민이 정치에 무관심하면 가장
저질스러운 세력의 지배를 받아야 한다.
플라톤

역대 선거에서 당선자가 결정나는
새벽 1시경

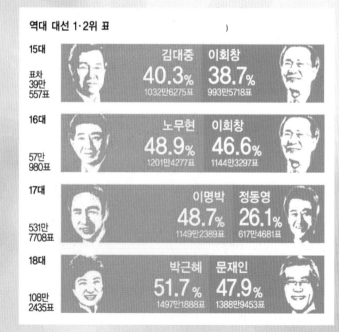

역대 대선 1·2위 표

15대		김대중	이회창	
표차 39만 557표		40.3% 1032만6275표	38.7% 993만5718표	

16대		노무현	이회창	
57만 980표		48.9% 1201만4277표	46.6% 1144만3297표	

17대		이명박	정동영	
531만 7708표		48.7% 1149만2389표	26.1% 617만4681표	

18대		박근혜	문재인	
108만 2435표		51.7% 1497만1888표	47.9% 1388만9453표	

눈길을 걸어갈 때 어지럽게 걷지 말라.
오늘 내가 걸어간 길이 훗날
다른 사람의 이정표가 될 것이다.

백범 김구

역대 선거 자료(교육감)

교육이 거둘 수 있는 최고의 성과는 관용이다.
- 헬렌 켈러

역대 선거 자료(기타)

선거 필드

이근규 현 제천시장

원조 재야 장기표 신문명연구원장

김대중 대통령과 함께

민주주의하에서는 제일 약한 자
도 제일 강한자와 똑같은 기회
를 획득한다

　　　　　　　　　- 간디

이종찬 전 국정원장과 함께

독립운동사진전

김대중 대통령 사관학교 제1기 아태평화아카데미

안산평화의집 방문한 이명박 후보

대한민국 임시정부 사진전

포럼 한민족연구회

죽을 각오하고 대구로 가는
김부겸을
도와주십시오

9 사
즉
생 김부겸

통합민주당

광명의 대표일꾼

前 광명시장
(1998~2006)

1기호 백재현

광명(갑) 국회의원 선거

OK700

Lee, Jung Hyun

Member of the National Assembly Republic of Korea

E-mail jhlee@assembly.go.kr
Tel.   82-2-788-2804

민주당 국회의원 예비후보
화성시(을)

2012년 4월 11일
대한민국을 바꿉시다!

2 이원욱

초지일관! 처음처럼!

facebook.com/ewon33 · blog.naver.com/ewon33

김영권 2기호
강서구청장

100% 완전 무료급식 추진

강서구를 잘 진맥해서
더불어 잘사는
행복한 복지강서를 만들겠습니다

준비된 당대표!
검증된 리더십!

민주통합당 8 박지원

총선승리 정권교체

변화하는 가평!
이진용이 확실하게
완성하겠습니다

가평군수 예비후보 무소속

기호 6 이진용

한나라당 제18대 총선 분당(을) 예비후보

임태희 2기호

성동을 바꾸는
일하는 구청장!

성동구청장 예비후보
2 정원오

민주당

민주통합당

누가 국민과 함께
싸워 이길 것인가

민주통합당의 젊은 대표
이인영 기호 3

한나라당 서대문구청장 예비후보

능력·청렴·신뢰
내가 찾던 구청장

前서대문구청장 권한대행
1 이해돈

편안한 도시 깨끗한 안산
2 박주원

4월 8일
꼭 투표합시다

바뀌면
내 아이도 꿈을
이룰 수 있다!

경기도 교육감선거 예비후보
책임교육 송하성

시민이여!
정당을
점령하라

기호 7 정당혁신
문성근

차 례

부록(참고자료) / 487

우리는 선거공화국에 살고 있다. 정치와 정치인이란 상품을 귀중한 표로써 합법적이고 정당하게 구매하는 정치마케팅의 정치소비자다. 정치소비자는 정치의 생성, 유통과정, 결과를 알아야 한다. 정치도 공급자 중심에서 소비자 중심으로 옮겨와야 한다.

선거가 카운트다운을 시작하면 언제나 화두는 안정이냐 견제냐다. 안정이냐 견제냐의 이면은 챔피언과 도전자의 심정으로 나뉜다. 여당과 야당의 고전적 레퍼토리다. 그들이 만든 정치판에 소비자는 아무 것도 모른 채 장보기에 나서는 꼴이다.

매선거마다 '공천혁명'이라고는 하지만 공천을 일부 소수가 독점하는 이상 공천혁명은 먼 나라 이야기다. 선거의 열기는 공천 신청이고, 공천 과열 기류는 선거와 관련된 모든 것들을 집어 삼키는 블랙홀이다. 사실 '국민의 눈높이'에서 보면, 뭐가 안정이고 뭐가 견제인지 실체가 분명치 않다.

왜 재벌 기업제품이나 다름없는 정당공천만 공천으로 인정되는지 이해하기 어렵다. 욕하고 비난하면서 정당공천만 신뢰하니 국민들도 정치의 결과적 책임에서 예외는 아니다. 국민들도 정치소비자로서 정치의 독과점적 공천에 대해 개선을 시도해야 한다. 다양한 관점에서 살펴보면 국민공천이나 무소속 후보의 사천도 있다. 이런 공천도 우수 중소기업제품처럼 좋은 제품이 많다.

총선 공천을 지켜보고 국민들은 많은 것을 배운다. 국민들은 치외법권 또는 특허제품 독점사용이나 마찬가지인 정치판에 대해 뼈에 사무치게 불신감을 드러냈다. 그러면서도 '미워도 다시 한 번'의 드라마에 익숙하듯 비난하면서도 대안부재라는 이유로 선택을 한다.

18대 총선은 '줄 세우기식', '낙하산식' 공천으로 개혁공천이 용두사미가 됐다. 영남, 호남, 충청에서 '친박연대의 복수혈전'과 '박○○의 발버둥', '이삭 줍는 이○○'만 보였다. '친북, 반북'의 낡은 이념 싸움에 묶인 진보와 보수 양당은 일찌감치 총선 이슈에서 밀려난 채 기존 정당과 차별화를 꾀하지 못하고 생존의 갈림길에서 움직였다.

19대 국회는 최악의 오명을 남기며 20대 국회의원 선거를 앞두고 있다.

민주주의의 전진이냐 후퇴냐를 가르는 기준은 정당한 공천이다. 18대 총선에서는 각 정당의 정치비전이나 정책과 같은 생산성을 찾아보기 힘들었다. 정책과 정치비전으로 승부하는 선진화된 총선은 아직도 요원하다는 이야기다. 선거는 매번 짧은 시간의 형식적인 번갯불 공천과 혈연, 지연, 학연, 산연의 4연 선거와 진보(좌익)와 보수(우익)의 낡은 이념 대결일 뿐이다.

무엇보다 18대 총선과 19대 총선에서 핵심적인 가치와 진실은 매몰됐다. 지난 대선을 기점으로 위기에 직면한 민주주의가 다시 전진할 것인가, 아니면 후퇴할 것인가가 바로 그 문제였다. 즉, 총선을 통해 민주주의의 가치와 성과를 지역과 지방에서 지켜내어 서울로 중앙으로 더욱 발전시켜 나갈 수 있는 근거지와 거점을 만들 수 있느냐 없느냐는 것이었다.

19대 국회에 대해 후반기 국회의장인 정의화 국회의장조차도 대국민 담화를 통해 "선거구획정 문제는 예비후보 등록이 시작되는 2015년 12월 15일 이전에 반드시 결론을 내리지 않으면 국회의장으로서 특단의 조치를 취하지 않을 수 없다. 국민의 신성한 권리인 선거권을 침해하고, 출마하고자 하는 모든 사람들을 당혹스럽게 만드는 일을 두고만 볼 수는 없다. 여야 지도부는 오늘부터 당장 밤을 새워서라도 머리를 맞대고 기준을 마련해 획정위원회에 넘겨줘야 한다. 이마저 안 한다면 19대 국회는 존재할 이유가 없었던 국회로 최악의 평가를 받을 것"이라 경고할 정도였다.

그러면서 "여야가 합의해 처리하기로 한 쟁점 법안들도 상식과 합리를 바탕으로 충분히 합의에 도달할 수 있는데도 각 당의 '이념의 덫'과 '불신의 벽'에 가로막히고 말았다. 지금 무언가 정상적이지 않은 상황이 반복되고 있다. 소통의 노력보다는 비난의 화살만이 오가고 있다"고 담화를 발표했었다.

국회는 불신, 불발, 불통의 장이었다.

19대 국회를 평가하는 설문에 80%가 넘는 국민들이 잘못했다고 평가를 한다. 처음으로 유권자가 된 청년들이 태어난 20년 전이나 현재나 정치권은 달라진 것이 별로 없다. 그때나 지금이나 국민들로부터 외면 받고 부도덕한 집단으로 치부 받고 있다.

19대 국회는 '역대 최악'이라는 평가를 받았다. 법안 가결률은 32.2%에 불과해 발의된 법안 세 건 중 한 건도 통과시키지 못했다. 국회선진화법을 앞세워 작은 목적을 이루는 데 활용한 야당은 각종 법안의 발목을 잡았고, 여당도 선거구 획정을 두고 벼랑 끝 전술을 펴는 등 리더십을 보이지 못했다.

주요 신문들은 사설을 통해 "국회의 무능과 무책임은 기네스북 감", "나라 장래가 걸린 법안들을 걷어찬 19대 국회", "국민 안중에도 없는 민폐 국회를 언제까지 봐야 하나.", "국회선진화법 폐해만 각인시킨 정기국회였다.", "19대 국회를 다음 국회 반면교사로 삼고, 유권자는 올바른 심판을 해야 한다."고 질타했다.

이른바 안정론과 견제론을 가르는 기준은 어느 흐름이 민주주의의 확대와 성숙에 기여하느냐에 맞춰져야 한다. 특히 20대 80 사회로 대변되는 우리 사회의 양극화 문제를 해결하기 위한 사회경제적 민주주의 문제는 최대 관건이다.

정치는 국민의 '눈높이'와 거리가 먼 망치판이다. 현실은 한참 비켜있다. 한국의 모든 정당들이 사회경제적 민주화의 확대를 위한 공약과 비전 실현을 위한 구체적 정책은 많이 가다듬어야 한다. 보수는 공천파동과 후폭풍으로 다른 한쪽은 진보경쟁이라는 선명성 경쟁에 함몰된 채 비례대표 인선과 창당에 여념이 없었다. 정치적 흥밋거리와 가십성 이슈 위주로 보도하는 주요언론 보도 탓으로 돌리기엔 '민주주의 가치신장'과 '사회경제적 민주화 해법'은 약하다.

일시적이고 부분적인 상향 공천 이후 공천은 후퇴하고 있다. 국민의 눈높이를 따라잡기는커녕 진흙탕 개싸움(泥田鬪狗)으로 국민의 정치혐오증만 불러오는 정치판이다. 이런 정치판을 바로잡는 길은 올바른 공천뿐이다. 정치가 생물이면 유권자도 생물이고 투표도 생물이다.

이상한 공천으로 준비 없이 내려온 낙하산 공천자만 50% 이상이다. 로또 공천이다. 해당지역에 대한 준비나 정성 없이 실력자에게 잘 보여 공천 받고, 100일 머리 잘 숙이고 돌아다니면 당선돼 4년 동안 수억 원 월급 받으며 행세하게 될 로또 선거다.

투기꾼이 따로 없다. 공천을 가장한 사천이고 일종의 간접임명제요, 간접 매관매직이다. 물론 '공천=당선'이 통하던 시절이 있었다. 과거 YS, DJ 시절 '우리가 남이가' 하며 종주먹 쥐고 '선생님과 함께'라며 지팡이라도 꽂으면 당선되던 시절이 있었다.

공천은 자신들만의 시험일뿐이다. 후보들이 줄줄이 갖다 붙인 경력과 화려한 '빽'은 허장성세다. 국민들도 이제는 어느 정도 정치판을 읽을 줄 안다. 대책 없는 안정론과 견제론에 표를 몰아주지 않는다. 수십 년간 보스와 계보와 지역의 장막에 가려 '당선증'을 남발하던 국민은 아니라는 것이다.

정책과 미래를 보고 정치소비자로 현명한 선택을 하겠다는 것이다. 제1판 『선거전술전략』이 정치학과 선거교육을 위한 책이었다면, 이번에 나온 개정판은 제1판에 선택과 집중의 개념을 강조하여 만든 책이다.

선거공화국인 한국에서 중요하지 않은 선거가 없겠지만, 2012년 선거처럼 중요한 선거는 없었다. 전 세계 주요나라의 선거가 몰려 있었고, 한국은 국회의원, 대통령 선거가 한 해에 치러졌기 때문이다.

대한민국 정치가 이렇게 후진성을 면치 못하는 핵심은 '줄서기 정치'에 있다. 10여 년 전 한국정치에 기대주였던 386정치인들을 보자. 그들은 당시 새로운 정치의 희망에서 현재는 개혁의 대상이 되어 버렸다.

아무런 역할을 못한 그들은 젊은 나이임에도 물갈이 대상이 되어있다. 왜 일까? 그들은 정치권에 진입할 때 줄을 서서 쉽게 금뱃지를 달았기 때문이다. 따라서 그들은 자신이 국민을 위해 일해야 하는 시대적 사명보다 공천을 준 계파의 보스에게 충성을 다해야 했다.

재선, 삼선 국회의원이 되면서 정치를 하는 초심은 어디에 간데 없고 계파의 깃발만 흔들고 있는 386정치인들에게 국민은 퇴장을 명하고 있는 것이다.

하지만 이러한 국민의 정서와는 달리 2016년 국회의원 선거를 얼마 남겨 놓지 않은 현재까지도 대한민국은 줄서기 정치로 공천을 호시탐탐 노리는 사람들이 득실대고 있다. 여당은 청와대가 공천에 개입할 것을 예상하고 줄서기에 여념이 없다. 야당은 친노, 비노, 호남 등 계파의 보스급들에게 줄을 서서 공천을 얻어 보려는 얄팍한 정치인들이 이 눈치 저 눈치를 보고 있다.

단언컨대, 이들이 공천을 받고 대한민국 국회에 입성을 하면 20대 국회도 아무런 변화가 없을 것이다. 그들은 똑같이 국민보다는 계파의 보스에게 충성을 할 것이며, 사회의 개혁보다는 자신의 몸보신을 앞세울 것이 틀림없기 때문이다.

이들에게 새로운 정치를 기대할 수 있겠는가? 이들에게 대한민국 미래를 맡길 수 있겠는가? 줄서기 정치인이 내년 20대 총선에서 국회에 진출하게 되면 오늘의 대한민국 정치가 20년 전과 같은 것처럼, 앞으로 20년이 지나도 대한민국 정치는 아무런 변화가 없을 것이다.

그런 의미에서 유권자에게는 통속적인 정치적 지식이나 정치적 금기의 구속으로부터 해방시켜 최고의 정치소비자로 만들어 선택할 수 있는 혜안을 주기 위함이다. 출마자에게는 정치의 속성을 알고 정당하게 자신을 마케팅하고 선택받을 수 있게 창조적인 힘을 주기 위함이다.

지금 대한민국 공천은 사실상 힘 있는 실력자들에게 잘 보여 얻어내는 준임명제다. 공천과정을 해부하고 개선점을 찾아 좋은 방법을 모색해 보고자 노력했다. 공산품의 생산과정과 구성성분을 우리가 알아야 하듯, 정치상품인 정치인들의 생산과정인 공천과 그 구성성분인 공천심사과정, 공천서류, 개선점 등을 알아야 할 것이다.

군주인수(君舟人水)다

'군주는 배이고 백성은 물이다. 물은 배를 띄울 수 있으나, 배를 뒤엎을 수도 있다'. ―당 태종의 정관정요(貞觀政要)에 나오는 위징의 말이다.

20대 국회의원선거가 다가오고 있다. 배를 순항시킬 것인지,

뒤엎어 버릴 것인지를 판단하는 것은 유권자의 몫이며 그 시기는 점점 다가오고 있다.

정치를 미워하고 우리가 멀리하고 버리는 곳에 나쁜 정치인들이 들어선다. 지금의 정치가 마음에 들면 그대로 정치판을 밀어주고 도와주면 된다. 마음에 들지 않으면 선거 때 올바른 투표를 하여야 한다. 그래야 정치판이 바뀐다.

정치가 변해야 사회적 갈등도 줄어들고, 경제도 좋아진다. 어떻게 하면 줄 잘 서서 공천 받을 것인가에 몰입하고 있는 정치인이 국회를 장악하면 어떻게 경제가 좋아지겠는가? 국가의 미래는 안중에도 없고 자신에게 공천을 준 계파의 보스를 위해 충성할 텐데 말이다. 정치가 변하기 위해서는 유권자인 국민이 깨어 있어야 한다.

이제 유권자인 국민이 단호해져야 한다. 선거 때만 되면 시민을 외치고, 국민을 위한 정치를 말하는 정치인들에게 그 동안 많이도 속아 왔다. 그러면서도 또 줄을 타고 오는 정치인에게 표를 찍을 거라면 우리의 정치를 더 이상 욕하지 말자.

줄서기 정치인에게는 과감히 퇴장을 명하자. 정치인이 붙잡아야 할 줄은, 오직 국민을 위한 줄 밖에 없음을 느끼게 해야 한다. 그래야 대한민국 정치가 변할 수 있다.

이 책은 정치신인(입문자)에게는 선거의 이해와 당선까지의 여정을 안내하는 지침서이고 이미 정치판에서 활동하고 있는 기성 정치인에게는 1등 당선을 자리매김 하는데 꼭 필요한 도구로서 역할을 할 것을 확신한다.

김기찬 상명대학교 교수

공천에서 당선까지!

이 책은 정치를 하거나 하려는 사람이 꼭 알아야 할 내용을 담고 있다.

저자 김흥순 선생은 오랫동안 정치인들을 접하였다. 정치가 무엇인지도 모르고 우왕좌왕하거나, 정치(政治)가 아닌 간사함으로 일신의 영달만을 꾀하는 사람은 결코 정치인으로 클 수 없음을 체득하였고, "올바른 다스림"의 덕을 실현하는데 필요 충분한 내용을 이 책에 담았다.

먼저, 정치인은 '政治'가 무엇인지 정확히 알아야 한다. 정치가 무엇인지도 모르면서 권력에, 명예에, 돈에 눈이 멀어서 부화뇌동하는 철새는 없어야 하기에 '바른 다스림'를 강조한다.

다음에, 정치인이라면 '매니페스토'가 명확해야 한다. 누군가 추천하며 꼬드기거나, 일신의 영달만을 위해서 정치판에 나서면 끝내 패가망신할 수밖에 없다. 나와 나라를 위해 할 일이 무엇인지 명확히 목표를 세우고, 그 목표를 향해 진정성 있게 도전할 때 지지자가 생기고, 올바른 정치를 하게 된다.

마지막으로, 현대 대의민주주의 정치는 시스템에 의해 움직일 때 성공한다. 아무리 잘난 사람이라 하더라도 정당, 선거 등 시스템에 대한 이해가 없이는 성공하지 못한다.

이 책은 이러한 세 가지 측면을 정확히 분석하여 제시하였으므로, 이미 정치를 하는 사람, 정치에 입문하려는 사람이나, 수차례 도전하였으나 실패한 사람들이 정치에서 성공하는 팁을 얻을 것이다.

필독을 추천한다.

김은자 동국대학교 교수

직업으로서의 정치

정치하면 어렵다. 무섭다. 귀찮다. 나쁘다 등의 이미지가 있고, 선거하면 싸운다. 뭐가 뭔지 모르겠다 등의 이미지가 있다. 선배이자 모임의 동지인 김흥순 원장의 책『1등 당선 선거전술전략』에 대한 추천사를 쓰기 전에 든 생각이다.

책을 읽다보니 요즈음 유명세를 높이는 황교익 맛 칼럼니스트의 맛있는 정치 – "정치인과 요리사는 그 뿌리가 같다."는 칼럼이 오버랩 됐다.

"문명 이전에 부족장은 정치인이며 제사장이며 요리사였다. 농경이 발달하면서 도시가 커지고, 더불어 인간 조직이 복잡해졌다. 부족장 하나에 정치와 종교, 요리를 다 맡길 수 없게 되었다. 정치와 종교의 분리를 두고 '정교분리'라 하여 역사에서 배운다.

권력화한 정치와 종교는 인간 집단을 통제하며 그 권력으로 자신을 영예로운 듯이 포장하였다. 심지어 정치인과 종교인은 제 스스로 신이나 되는 것처럼 굴기도 한다. 그런데 요리는 인간의 역사에서 별 중요하지 않은 듯이 밀려났다. 요리는 스스로 권력화하지 않았다. 오히려 천시되었다.

요리사는 자신이 만든 음식을 먹지 않는다. 그 음식을 먹을 사람들이 따로 존재하고, 그들을 먹이기 위해 요리를 하기 때문이다. 그들이 다 먹고 나서야 요리사가 먹는다. 이는 먼 옛날 부족장의 전통을 그대로 이어받은 것이다. 부족장은 사냥물을 나눌 때에 자신이 먼저 선택하지 않는다. 맨 나중에, 부족원이 나누어진 사냥물을 다 가지고 난 다음에, 나머지 하나가 부족장의 것이 된다.

한국의 정치인에게서 나는 부족장의 그 위대한 전통을 보지 못한다. 다들 제 몫의 사냥물을 내놓으라고 아귀다툼이다. 앞에 나서 일을 도모하여도 내 몫을 버리는 것이 부족장임을 잊었다. 그런데 이런 일이 한국에서만 그런 것은 아니다. 문명 이후에 부족장에게 권력이 집중되면서 전 세계에서 일어난 일이다. 이 '배덕(背德)의 부족장'을 견제하도록 만든 것이 선거제도이다. 나의 몫을 주장하지 않고 사냥물을 골고루 잘 분배해줄 듯한 부족장을 스스로 뽑자는 것이 이 제도이다."

정치인을 만드는 선거는 화학물질로 말하면 필수불가결한 산소며, 물이며, 흙이다. 사업을 하는 나도 결국은 정치 틀 속에서 살아가고 있음에도 그 존재를 애써 외면했던 것이다.

내가 하는 건설만 보더라도 기초가 중요한데, 한 국가의 기본인 선거를 외면한다는 것은 기본을 소홀히 하자는 것과 같은 논리기 때문이다.

한겨울이지만 한국 사회의 갈등 온도는 높아지고 있다. 4월 총선을 앞두고 '전쟁'을 치르고자 준비하기 때문일 것이다. 이럴 때 네비게이션 역할을 하는 본서는 민주주의의 꽃인 선거를 키우는 자양분과 같다.

상대방에 대한 양보와 배려가 없는, '집단적 이기주의'만이 판을 치는 '역설적 열정'만 움직이는 선거판을 올바른 열정으로 바로잡는 책이다.

'책임감'이나 '균형감각'이 없는 열정은 맹목적일 뿐이다.

독일의 사회학자 막스 베버는 '직업으로서의 정치'라는 저서에서 열정, 책임감, 균형감각을 정치가의 덕목으로 꼽았다. 『1등 당선 선거전술전략』은 막스 베버의 정치가의 덕목을 함양하는 책이다.

이 책을 읽고 20대 총선에서 뜨거운 열정을 쏟아 모두 당선의 기쁨을 누리길 바란다.

문태은 교수

정치란 다른 사람을 돕는 것

대학시절 전산실에서 VAX11/780이란 기종으로 Cobol, Fortran을 코딩하면서 교수님께 배운 첫 번째 용어가 바로 GIGO(Garbage In Garbage Out) 이고 뜻이 좋아 동아리 학생들끼리 티셔츠에 새겨 입고 다니기도 했었다.

GIGO란 컴퓨터가 생기면서 사용된 용어로 쓰레기 자료를 입력하면 쓰레기 결과를 얻는다는 의미이다. 불완전한 자료를 입력하면 불완전한 결과를 얻을 수밖에 없다는 것은 당연한 진리이다. 역으로 말하면 철저히 준비된 좋은 자료를 입력하면 반드시 좋은 결과를 얻을 수 있는 것이다. 다르게 경제학적으로 해석하면 GIGO(Gold In Gold Out) 좋은 자원을 투입하면 좋은 성과가 창출된다는 의미로도 사용된다. 선거도 그런 것이 아닌가 생각된다.

본서에서 저자는 정치(政治)란 자신과 다른 사람의 부조화로운 것, 네거티브한 것을 바로잡아 극복하는 일이라고 하였다. 따라서 정치란 다른 사람을 지배한다는 의미가 들어있지 않으며, 다른 사람을 돕는다는 의미가 주를 이루고 있다고 하였다. 또한 정치와 정치인이란 정치상품을 귀중한 표로써 합법적이고 정당하게 구매하는 정치마케팅의 정치소비자며, 정치소비자는 정치의 생성, 유통과정, 결과를 알아야 한다고 하였다.

본서는 제대로 된 참 사람이 제대로 된 참 정치를 소비함을 일깨워주고 있다. 그리고 '선거전략가'로서 저자의 오랜 실무 경험을 바탕으로 체득된 정치소비자들이 반드시 알아야 할 '공천'에서부터 '선거전략 마케팅'과 '실전 선거전략'까지 꼼꼼히 제시하고 있다. 정치소비자란 철저히 준비된 좋은 인풋을 가지고 대처해야 좋은 아웃풋을 얻을 수 있는 것이다(Good politicians In Good politics Out). 따라서 정치권에 진입하려는 사람이면 반드시 읽어야할 필독서로 추천하는 바이며 정치권에 진입 시 철저한 대처를 통하여 좋은 아웃풋을 얻을 수 있기를 희망한다.

공학박사, 교통방송 김미화의 유쾌한 만남 "문박사의 앱다방" 진행
방송인 EGFUN 창의력 교육위원회 위원장, 대학교 교수

안지현 이화여자대학교 교수

태도보수와 정신적 진보

고려대생 주현우 씨가 2013년 12월 10일 학교 게시판에 "저는 다만 묻고 싶습니다. 안녕하시냐고요. 남의 일이라 외면해도 문제 없으신가."라는 내용의 대자보를 붙인 뒤 1주일 만에 "안녕하지 못하다."는 화답성 대자보가 30개 이상 붙고, 고등학생도 정치·교육 문제를 비판하며 대자보 행렬에 동참하던 때가 있었다.

이 대자보 물결에는 보수와 진보가 눈여겨볼 정치 코드가 숨어 있다고 생각했다.

바로 태도보수의 국민들의 움직임이다.

태도보수란?

진보의 의견 자체에는 동의하나 과격하고 폭력적인 방식에 대해선 보수적으로 접근하는 성향을 말한다. 문재인 의원도 책에서 자신의 대선 실패 원인을 태도보수를 파악못한 것이라 말했다.

이처럼 선거는 민심을 파악하는 일이다. 친구이자 동지인 김흥순 원장의 책 『1등 당선 선거전술전략』은 정치를 떠나 살 수 없는 국민에게 산소와 같은 일을 한다.

경영학 교수인 내가 보기에 정치도 경영이다.

政 [정치는 바로잡는 것이다.(政者正也) - 공자]

뜻을 나타내는 등글월문[攵(=攴) 일을 하다, 회초리로 치다] 部와 음(音)을 나타내는 正(정)이 합(合)하여 이루어졌다. 등글월문[攵(=攴) 일을 하다, 회초리로 치다] 部는 막대기를 손에 쥐다 → 물건(物件)을 치는 일, 등글월문[攵(=攴) 일을 하다, 회초리로 치다] 部가 붙는 한자(漢字)로 '…하다, …시키다'의 뜻을 나타낸다.

음(音)을 나타내는 正(정)은 征(정)과 통하여 적을 치는 일, 政(정)은 무력으로 상대방(相對方)을 지배하는 일, 나중에 正(정)은 바른 일, 政(정)은 부정(不正)한 것을 바로 잡는 일이라고 생각하여 정치는 부정을 바로잡고 정치가는 먼저 몸을 바로 가지면 세상도 자연히 다스려진다고 설명(說明)되고 있다.

정치(政治)의 정(政)은 바를 정(正)과 회초리로 내리칠 복이 합해진 글자다. 정치는 회초리로 내리치는 행위다. 그런 추상(秋霜) 같은 행위를 기대하기에 국민들은 정치인들에게 '권력'을 빌려주었을 것이다.

린치핀(linchpin)과 코너스톤(cornerstone)이라 하겠다.

린치핀은 마차나 수레의 바퀴를 고정시키기 위해 축에 꽂는 핀

을, 코너스톤은 주춧돌을 의미한다. 린치핀이나 코너스톤이나 둘
다 중요한 파트너라는 뜻을 내포하고 있다. 린치핀 속에는 같은
가치를 추구하는 동반자라는 의미가 더 강하게 내포돼 있다. 린
치핀(linchpin)이든 코너스톤(cornerstone)이든 말보다 행동이
중요하다. 말장난에 놀아나고 싶은 사람은 아무도 없다.

대통령이 할 일이나 선거로 뽑힌 사람들이 할 일은 다음 말에
들어 있다.

대통령에게 가장 힘든 업무는 올바른 일을 하는 게 아니라 올바
른 일이 무엇인지 아는 것이다(A president's hardest task is n
ot to do what is right, but to know what is right)

－ 클래런스 랜들

본서는 우리를 지배하는 정치와 선거를 바로 보는 눈을 길러주
는 좋은 책이라 생각, 일독할 것을 권한다.

정광영 식량나눔재단 이사장 / 법학박사

　김홍순 원장님의 추가 증보판『1등 당선 선거전술전략』원고를 살펴보니 정치에 나가려면 수많은 절차와 방법을 알아야 한다는 것을 알았다. 선거의 처음부터 끝까지 이 책에 담기어 있는 것 같다. 저자는 수 십 년간 현실 정치권에 참여하면서 보고 배운 해박한 지식과 객관적이고 균형적인 소신을 있는 그대로 적시하려고 노력한 게 보인다. 치부도 있고 영광도 있는 정치의 역사를 되짚어 보고 어떻게 하면 올바른 정치인이 될 수 있는 가를 기탄없이 서술하였다.

　세상 살아가는 모든 것이 정치라고 생각하니 단순하게 보이기도 한다. 세상을 이롭게 하려는 자가 뜻을 두어야 하는데 자신의 출세와 영욕을 위해 정치에 참여 한다면 손바닥으로 하늘을 가리는 것 같아 숨길 수 없는 것이다.

덧붙여 정치에 대한 옛 성현의 말씀을 되새겨 본다.

논어 안연 제17장에서 계강자가 정치에 대해서 묻자, 공자님 말씀이 정자(政者)는 정야(正也)니 그대부터 바르게 하여라. 하셨다. 정자정야(政者正也) 정치란 천하를 바로 잡는 것이다. 자신이 바르지 못하고 정치를 할 수 없다는 것이다.

바르게 정치를 하려면 어떻게 해야 하는가?

대학(大學)에 지도자가 되려면 격물(格物), 치지(致知), 성의(誠意), 정심(正心), 수신(修身), 제가(齊家), 치국(治國), 평천하(平天下)라는 팔조목(八條目)이 있다.

격물은 천하 사물의 이치를 깊이 파고들어 모든 것에 이르지 않는 데가 없게 하여야 하고, 치지는 격물한 다음에야 모든 사물의 이치를 알 수 있고, 성의는 선을 따르는 각 개인의 마음과 뜻을 성실히 하는 것이고, 정심은 마음을 올바르게 닦아 정한 위치에 두는 것이며, 수신은 몸을 올바르게 닦는 일로 인격의 수양을 말하고, 제가는 집안을 바르게 다스리는 것이며, 치국(治國) 나라를 바르게 다스리는 것이니 이렇게 7단계가 되어야 평천하(平天下) 나라 전체가 평안해 진다고 하였다.

정치에 뜻을 두었다면 먼저 사물의 근본을 공부하여(格物) 지혜를 얻고(致知),

의지를 다하여 (誠意) 마음을 바로 잡아 (正心) 나를 다스리고 (修身, 修己)

이후에, 이웃과 세상을 돌보려면 집안을 다스리고(齊家), 나라를 다스리며(治國)

나아가 천하를 화평하게 해야 한다(平天下).

요즘 기본도 안 된 자가 정치에 기웃거리는 것을 많이 보게 된다.

정치는 아무나 하는 것이 아닌 것이다.

하늘을 나는 새는 좌우 날개가 있어야 제대로 비행을 할 수 있는 것 같이 정치에도 여·야가 반드시 존재해야 한다. 적절한 균형감이 있어야 목표를 향하여 갈 수 있는 것같이 기본이 충실하고 정치에 뜻있는 선량들이 "공천에서 당선까지" 책을 탐독하여 각자의 신념에 따라 국민이 바라는 정치인이 많이 당선되길 기원한다.

최상현 대전가오고등학교 교장

'김흥순 님이 회원님의 친구 요청을 수락했습니다.' 김흥순 원장님과의 인연은 이렇게 페이스북을 통해 시작되었다. 한 친구의 페이스북 타임라인에서 이분의 글을 보다가 마음에 들어 '친구 추가'를 한 것이다.

그 후로 매일 아침 일찍 부지런히 페이스북에 올리는 이분의 게시물을 읽는 것으로 하루를 시작하게 되었다.

김흥순 님은 정말 박학다식하다. 동서고금의 역사, 정치, 경제, 사회, 문화, 과학, 예술, 국제정세 등 이분의 글에 등장하지 않는 주제가 없다. 그런데 박학다식함보다 더 중요하고 가치 있는 것은 다양한 분야를 예리하게 분석하는 이분의 탁월한 안목과 드러나는 문제에 대하여 가하는 신랄하면서도 균형 잡힌 비평이다.

그리고 그 비평의 궁극적인 지향점은 정의와 국민의 행복이다.

김흥순 님이 『1등 당선 선거전술전략』이라는 책을 새로 썼다. 선거 전술 또는 전략이라 하면 흔히 전문 정치인인 정당인 또는 각종 선거 입후보(예정)자나 관심을 가지는 것이라고 생각하기 쉽다.

그러나 민주주의가 성숙하고 정치가 발전하면서 선거는 현대를 살아가는 모든 사람들의 관심사, 아니 일상사가 되었다. 그러므로 입후보자나 유권자나 모두 선거에 대하여 잘 알아야 한다.

선거는 후보자 또는 정당과 유권자 사이에서 벌어지는 하나의 큰 거래라고 할 수 있다. 거래는 당사자 간의 이익의 교환이다. 모든 거래는 팽팽한 줄다리기이다. 입후보자는 유권자의 표를 얻기 위해 유권자가 좋아하고 원하는 공약을 제시해야 한다. 유권자는 자기에게 가장 유리한 공약을 제시하는 후보자를 엄밀하게 검증하고 신중하게 투표해야 한다.

선거 전술과 전략은 입후보자에게 유권자의 마음을 얻고 궁극적으로는 투표를 통해 지지를 얻어 선거에 당선되기 위한 여러 가지 원칙, 기술, 방법들을 말한다. 시대의 변화와 문명의 발전에 따라 다양한 선거 전술과 전략이 필요할 것이다.

그러나 영원히 변하지 않는 전략은 교묘한 술수나 선전으로 표를 얻는 것이 아니라 유권자의 지속적인 지지와 신뢰를 확보하는 것이다. 그것이 없이는 어떤 전술이나 전략도 잔꾀에 지나지 않을 것이다.

이 책은 정치의 기본 원리부터 선거에서 적용할 구체적인 전략에 이르기까지 누구나 쉽게 이해할 수 있도록 명료하게 쓴 명저이다. 입후보 예정자뿐 아니라 유권자인 모든 국민이 이 책을 읽는다면 선거가 공정하고 아름다운 거래로 이루어지고 우리나라의 정치가 진일보하는 계기가 될 것이라고 믿는다.

만일 신이 국민이라면 그들의 정부는 민주적일 것이다.
그러나 그같이 완전한 정부는 인간을 위하여 존재하지
않는다.

– 루소

Ⅰ. 정치

1) 정치(政治, politics)

정치는 국가권력을 획득, 유지, 조정, 행사하는 기능, 과정 및 제도다. 정치란 국가권력을 둘러싼 여러 계급간의 싸움, 즉 국가의 지도·관리권, 국가 및 국가활동의 형태, 그 활동의 구체적 내용을 둘러싼 여러 계급 간의 싸움이다. 따라서 그것은 계급분열 및 국가의 발생과 함께 발생하며, 그것의 소멸과 함께 소멸하는 사회현상의 하나이다. 하여 기본적으로 각각의 시대의 주요한 생산관계와 그것에 대응하는 계급관계에 따라 규정되어 있다.

정치(政治, politics)에 대해 가장 널리 쓰이고 있는 학문적인 정의는 데이비드 이스턴(David Easton)이 내린 '가치의 권위적 배분(authoritative allocation of values)'이다. 또는 정치를 국가의 활동에 초점을 맞추어 정의하는 경향도 있는 바, 대표적으로 막스 베버는 정치를 '국가의 운영 또는 이 운영에 영향을 미치는 활동'이라고 정의하고 있다.

80년대 이후 포스트모더니즘의 영향으로 정치를 국가의 영역뿐 아니라 모든 인간관계에 내재된 권력 관계로 정의하는 경향도 생겼다. 이와 같이 정치는 '배분', '국가 혹은 정부의 활동', '권력관계'라는 세 가지 측면에서 정의되고 있으며 어느 한 측면도 소홀히 여겨질 수는 없다.

가장 이해하기 쉬운 정치의 정의는 아마도 해롤드 라스웰(Harold Lasswell)이 말한 '누가 무엇을, 언제, 어떻게 갖느냐?(Who g ets what, when and how?)'라는 것일 것이다. 라스웰 또한 정치를 '배분'의 측면에서 정의하고 있음을 알 수 있다.

정치학은 정치적 행동을 과학적으로 연구하고 분석하는 학문이다. 관련된 분야로는 정치철학, 비교정치학, 국제정치학 등이 있다.

2) 정치의 어원

정치(政治)에서 정(政)은 바르다의 正(정)과 일을 하다 또는 회초리로 치다의 의미인 攵(등글월문=攴)이 합쳐서 이루어진 말이다. 즉, 바르게 하기 위해 일을 하거나 회초리로 치는 것을 뜻한다.

정(政)은 특히 자신의 부조화로운 면을 다스려 극복하는 것을 의미한다. 치(治)는 물(氵=水)과 건축물(台 태)이 합하여 이루어진 말이다. 이것은 물(水)의 넘침에 의한 피해를 잘 수습한다는 것을 의미한다. 치(治)는 특히 다른 사람들이 스스로 자신들의 부조화로운 면을 극복할 수 있도록 돕는 것을 뜻한다.

정치(政治)는 자신과 다른 사람의 부조화로운 것, 네거티브한 것을 바로잡아 극복하는 일이다. 이러한 의미에는 다른 사람을 지배한다는 의미가 들어있지 않으며, 다른 사람을 돕는다는 의미가 주를 이루고 있다.

정치(政治)는 다른 말로는 수기치인(修己治人) 즉 자신을 닦은 후 남을 돕는 것이다. 따라서 정치가(政治家)는 먼저 자신의 부조화로운 것, 네거티브한 것, 즉, 천지자연의 이치에 조화하지 못하는 자신의 부정적인 측면을 다스려 극복한 후, 그것을 바탕으로,

다른 사람의 어려움, 곤란함, 부조화로운 면을 제거하는 것을 도와줄 수 있는 사람, 즉, 군자 또는 성인을 의미한다.

'정치'는 동양적 개념이고, 'politics'는 서양적 개념이다. '정치'란 용어는 근대에 이르러 일본학자에 의해 'politics'란 용어로 사용됐다. '정치'란 유교문화적 개념과 역사성이 함께 내재된 개념이고, 'politics'란 서구적 사변과 역사가 실천을 통해 굳어진 개념이다.

'정치'란 개념은 '엘리트에 의한 공동체 복리를 위한 봉사'라는 개념이 강한 의미론적 특성을 지니고, 그 실현방법이 덕치와 국민동원이라는 이중성을 지니는 교육적 성격을 지니고 있다.

정(政)이란 교화적 의미를 지니고 있는 이데올로기적 관념을 설명하는 것으로, 그 의미에 있어서 정(正)은 중(中)과 같고, 중(中)은 오(五)와 같다고 인지된다. 그것은 규범을 정하는 데에 있어서 수렴적 입장을 취하여 화해와 조화를 이루려는 의도 때문이며, 화해와 조화라는 갈등과 분쟁에 대한 평화론적 입장이므로 옳다는 것이 된다. 이런 의미에서 다스릴 정(政)이라는 단어가 갖는 뜻은 다분히 정치교육적으로서 관념적인 성격을 띠게 된다.

또한 정(政)의 실시자는 현안으로서 조정자여야 한다는 것이다. 치(治)는 '물을 좋게 한다.'라는 의미를 갖는 '다스림'으로서 현실적인 상황에 대한 자유책을 포함하고 있다. 곧, 농경을 국책으로 하는 고대 사회에서 물을 다스린다는 것은 농경에 있어서의 관개시설을 위시한 실질적 정책을 의미하는 것이며, 치자에 의한 치수 정책은 당연히 거대한 인적동원을 수반하는바, 그 목적은 혈연적

농경공동체로서의 사회 또는 국가복리를 위한 것이 된다.

이런 이유로 유교문화권에서 정치를 논함에 있어서는 '국가'라는 개념과 '관료'라는 개념이 수반되는 것이다. 동양적 관념에서의 정치란 '다스린다'는 의미와 상통하는 것이었다. 혈연성, 영토성, 안전을 위한 형태로서의 정치는 따라서 현인, 덕치, 교화, 방어라는 하부개념이 수반되는 것이고, 그것의 현실화는 정부, 곧 관료제에 의한 정치질서를 의미하는 것이었다.

민주주의(Democracy, 民主主義)를 정의해 보면, 민주주의란 억압과 굴종에 저항하는 개인의식을 지닌 주체들이 대의(代議)를 형성하기 위해 참여하고, 토론과 심의를 통하여 공동체의 복리를 추구하는 법을 형성하고, 그 속에서 각자의 효율을 극대화하기 위한 정부를 세우고, 그 목적에 합치되는 행위를 위한 통치제도인 것이다.

따라서 역사와 문화의 종합인식으로서 민주제에서는 다음의 원칙이 당연시된다고 할 수 있다.

(1) 자유로운 다원적 시민의식
(2) 참여와 합의의식
(3) 효율을 위한 경쟁의식
(4) 견제와 균형원리에 의한 정부
(5) 공동체의 지속성을 위한 법칙
(6) 시장경제

위의 사항에 어긋날 경우의 행태에 관한 당연한 비판의식과 저항의식이 바로 민주제의 철칙이라고 할 수 있을 것이다. 이것이 바로 유럽 정신사를 통하여 드러난 결과이면서 유럽 정치문화의 대강인 것이다.

3) 권력과 정치

공자에게 정치를 묻자, 그는 묻는 이에 따라 답변을 달리했다. 어떤 사람에게는 "식량과 군비를 갖추라" 했고, 어떤 이에게는 "군주는 군주답게, 신하는 신하답게 해야 한다"고 했다. 계강자라는 제후가 물었을 때, 공자는 "정치는 바로잡는 것이다"라고 대답했다.

그리고 "그대가 스스로 바르게 하면 누가 감히 바르지 않겠느냐"라고 덧붙였다. 이후 정치의 정(政) 자를 정(正)으로 해석하는 것은 통설이 되다시피 했다. 이렇듯 정치를 바라보는 사람의 시점이나 상황에 따라서 다르게 해석할 수 있는 것이 정치인 것이다.

정치에 대한 명확한 정의는 내릴 수가 없다. 사람마다 정치에 대한 견해가 다르기 때문이다.

가장 기본적인 견해는

(1) 안정 등 삶의 가장 기본적인 욕구를 추구하는 활동이라는 것
(2) 권력을 얻기 위한 국가의 활동이라는 것
(3) 정책을 형성하고 집행하는 활동이라는 것

(4) 사회통합 또는 어떤 목표를 달성하는 활동이라는 것 등이다.

그러나 정치는 인간욕구 때문에 생겼다고 보면 된다. 인간의 욕구는 무한하다. 하지만 이를 충복시킬 자원은 유한하다. 정치는 유한자원을 둘러싸고 벌어지는 이익분배의 대립과 갈등을 합리적인 원칙을 정하여 해결하려는 것일지도 모른다.

서양에서는 플라톤과 그 제자 아리스토텔레스를 두고 흔히들 정치를 논한다. 플라톤은 '국가편'에서 사람이 사람다운 삶을 유지하기 위해서는 국가가 정의로워야 하며, 정의로운 나라만이 좋은 나라라고 주장하였다.

플라톤은 인간이 가지고 있는 능력과 소질에 따라 모든 사람이 자신에게 알맞은 일을 한다는 사실과 관련지어 정의를 생각하고 있다. 한 국가는 생산자, 무사, 통치자의 세 계층으로 구성되어 있으며, 생산자 계층은 생산자로서 무사계층은 전사로서 통치자 계층은 통치자로서 자신의 본분을 다할 때 이상국가가 실현된다는 것이다. 이때 통치자가 갖추어야 될 덕이 지혜이며, 무사가 갖추어야 할 덕은 용기이며, 생산자가 갖추어야 할 덕이 경제이다. 그는 이 세 가지가 국가 안에서 조화를 이룬 상태를 정의라고 하였다.

이런 플라톤의 형이상학론 위에 경험적 현실론을 종합한 철학자가 아리스토텔레스다. 이런 관점에서 아리스토텔레스의 『정치학』은 어느 저서보다 중요하다. 정치라는 인간사에서 매우 현실적인 주제를 다루는 그의 학문은 형이상학(아리스토텔레스는 '제일

철학'이라고 불렀음)의 개념적 틀에 대한 분석을 바탕으로 하고 있기 때문이다.

정치의 개념은 그리스의 철학자 아리스토텔레스의 '인간은 정치적 동물'이라는 말 속에 그 의미가 가장 잘 녹아 있다. 인간은 혼자서는 생활할 수 없고 공동체를 꾸려서 살아갈 수밖에 없으며, 공동생활은 필연적으로 공동관심사를 조율하고 충돌하는 이해관계를 조정해야만 한다는 의미로 해석된다.

이때 공동의 관심사를 조율하고 상충하는 이해관계를 조정하는 인간의 활동을 정치라고 볼 수 있으며, 이를 볼 때 인간이 공동생활을 계속하는 한 정치적이 될 수밖에 없다는 것은 자명한 일이다.

국가차원의 정치는 공동체에서 일상생활을 영위하는 일반 시민들에게는 두 가지 모습으로 인식된다. 우선 정치는 지배의 모습으로 인식된다. 지배란 강제력을 가지고 억압하는 관계를 의미하는데, 국가는 갈등해소를 통한 질서유지의 명분으로 공동체 내에서 시민들을 대상으로 유일하게 합법적으로 제재를 가할 수 있는 주체가 된다.

그런데 중요한 것은 국가라고 불리는 활동단위를 실제로 움직이는 것은 인간이고, 이들 인간들의 상호관계가 실질적으로 정치관계의 실체가 된다. 우리가 정치인이라고 부르는 사람들은 직업적으로 정치를 하는 사람을 말하고, 직업적으로 정치를 한다는 것은 생계 수단으로 정치에 관여하는, 정치를 전문적으로 하는 사람을 말한다. 이때 정치인들은 국가권력이라는 배경을 가지고 일반

국민들에게 일정한 기준에 따른 행위를 요구하고, 그 기준을 어길 때 제재를 가하는 위치에 선다.

정치는 정말 사실적인 힘, 여론의 지지를 누가 받느냐에 따라 결정된다. 여론조사 기관이 먹고 사는 이유와 신문이 먹고 사는 이유, 정치인이 먹고 사는 이유는 이것 때문이다. 그런데 우리 사회 구성원 대부분은 사회를 법치가 지배하는 사회라고 말하고 그것을 실현해야 한다고 말하고 있다.

하지만 국민이라는 이름은 다수의 힘만 강조하기 위해서 사용되거나 여론에 나타난 결과를 정당화하는 근거로 사용되고 있다. 즉 자기 말에 찬성하는 사람이 많으면 그것이 옳다는 결론을 도출하고 있다. 문제는 이렇게 생각하면 좋은데 일관적이지 않다는 데 문제가 있다.

다수결을 존중해야 한다고 말한다. 자신들이 강조하는 다수, 즉 여론을 존중해야한다, 국민을 존중해야한다는 이러한 이유 때문이라고 생각한다. 그런데 다수라는 것은 올바른 것과 반드시 일치하지 않는다.

약육강식적 질서를 당연하다고 받아들이는 상대가 어떻게 원칙을 알아들을 수 있을까. 그들에게 다수결은 여론이란 이름으로 강자가 약자를 억압할 수 있는 도구일 뿐이다.

정치에 관한 두 가지 해석이 있다.
바로 '투쟁'과 '통합'이다.

권력을 장악한 소수의 특권을 위하여 다수가 억압을 받으며 봉사를 하게 된다면, 억압받는 자들에게 정치는 '투쟁'을 의미한다. 반면에 부유하고 만족한 상태의 개인과 계층에게는 정치가 사회를 조화롭고 안정적으로 유지시켜 주는 '통합'의 의미를 갖는다.

정치란 그 본질로써, 시간과 장소를 막론하고 서로 상반되는 양면성을 가지고 있기 때문이다. 두 요소는 시대나 상황에 따라서 비중을 조절하며 공존하는, 두개의 얼굴을 가진 야누스와 같다. 투쟁과 통합은 상반되는 것이 아니라 동일한 전체적 과정으로 조화로운 사회를 실현시키는 데 도움을 주기 때문이다.

권력투쟁은 '수평적 투쟁'과 '수직적 투쟁'의 두 가지 차원에서 이뤄진다.

마르크스주의자들과 자유주의자들은 투쟁과 통합의 어느 쪽에 상대적인 중요성을 부여하는가와 함께 투쟁의 개념과 발생 원인에 대해서도 견해를 달리하고 있다.

정치투쟁은 생물적·심리적·인구적·지리적·사회경제적·문화적 요인 등의 여러 가지 요인들이 상호 작용한 결과이다. 생물적 요인에는 다윈의 학설을 인간사회에 적용한 '생물경쟁이론'과 인종간의 능력차를 상정한 '인종주의이론'이 있다.

정치투쟁을 권력을 소유하려거나 대항하려는 개인의 투쟁으로 본 서구 사상가들에게는 심리적 요인이 1차적인 중요성을 갖는다. 인구가 과밀한 사회에서는 일정한 자원을 많은 사회 구성원이 차지하려 하기 때문에 정치적 분쟁이 일어나기 쉽고, 인구의 분포와

구성에 따라서도 정치 분쟁에 영향을 미친다.

기후와 천연자원, 섬이나 대륙 같은 공간의 차이 같은 지리적 요인에도 정치가 어느 정도 의존하고 있다. 사회경제적 요인은 정치투쟁의 가장 중요한 요인으로 꼽힌다.

권력을 장악하기 위한 계급간의 대립이 발생하거나, 기술의 진보로 인해 불평등이 덜 두드러지게 되면서 정치항쟁이 감소하기도 한다. 마지막으로 문화적 요인은 모든 정치적 대립에 끼어 있으며, 정치에 영향을 끼치는 모든 요인이 문화적인 것이라고 할 수도 있다.

사회경제적인 제도나 가치체계를 결정하는 이데올로기가 투쟁을 강화하거나 약화시킬 수 있으며, 국민문화는 정치투쟁의 형태를 결정한다.

4) 인간은 정치적 동물

변하지 않는 사실 중의 하나가 '인간은 정치적 동물'이라는 것이다. 이 사실을 가장 적나라하게 보여준 드라마가 오래전 방송된 〈하얀 거탑〉이다.

다음은 드라마의 대사 중 한 부분이다.

> 장교수 장인 : 자고로 큰일을 하려면 주변 사람부터 잘 주
> 물러야 돼. 어느 놈이 술잔에다 독을 타놓
> 을지 모르거든. 센 놈이 살아남는 게 아니
> 라 살아남는 놈이 센 놈이야. 이 말 명심
> 해.
> 장교수 : 네, 명심하겠습니다, 아버님.

하얀 거탑은 지금 한국이고, 정치이고, 선거이고, 현실이다.

하얀 가운만 입었다 뿐이지 하얀 거탑의 내용은 이 세상 어느 조직에 대입해도 공감이 갈 만하다. 외과과장 이주완 교수의 정년 퇴임으로 자리가 비게 되는 '차기 외과과장' 자리를 두고 이주완 과장의 직속 후배이자 성공의 야심까지 가진 천재의사 장준혁과 그의 독주를 막기 위해 후보로 내세워진(처음엔 본인 뜻과 상관없이) 유학파 출신의 노민국 교수, 이 두 후보들과 각각의 이해관계를 가진 주변인물들이 연일 '편 가르기' 싸움을 펼친다.

갖가지 배틀(battle)로 표를 모으고 배신을 하고 심리전을 하는 등 머리만 좀 썼다 뿐이지, 동물들의 영역 다툼과 다를 바 없다. 실제로 회사생활을 처음 시작했던 조직에서 겪었던 일과도 상당히 유사해 놀랐다. 이게 인간사회의 본질이다.

이러한 방법론으로 아리스토텔레스는 『정치학』의 첫 장에서부터 사람들의 통념을 비판한다. 흔히 국가의 위정자, 가정의 가장, 단체의 우두머리를 근본적으로 같은 성격의 것으로 보아 이들의 차이가 다스리는 사람 수에 따른 정도의 차이에 불과하다고 인식하는 것은 잘못이라는 것이다. 그러므로 대가족과 작은 국가를 유사한 것으로 보는 것도 비과학적이다.

그는 모든 학문 탐구에서 그러하듯 "국가를 연구하는 데서도 그것을 구성하고 있는 기본적인 요소들을 분석적으로 고려하지 않으면 안 된다"고 말한다. 그래야 각 공동체들 사이의 막연한 유사점이 아니라, 엄밀한 이치에 바탕을 둔 차이를 파악하고, 국가에 대한 체계적인 지식을 획득할 수 있기 때문이다.

이는 정치학이 제시하는 기초적인 가르침이다.

아리스토텔레스는 그의 다른 저서 『니코마코스 윤리학』의 결론에서 "이제 입법과 국가 체제에 관한 연구를 함으로써 우리의 힘이 미치는 데까지 인간성에 대한 철학을 완성하자"고 제안한다.

이는 정치학이 윤리학의 연장일 뿐 아니라, 오히려 윤리학을 포함하며 인간학의 핵심이라는 것을 의미한다. 즉 인간을 이해하기 위해서는 정치적 고찰이 필수적이라는 것을 뜻한다.

그래서 아리스토텔레스의 『정치학』에 나오는 두 문장은 그 간단 명료함과 인식적 효과로 인간학 연구에 지대한 영향을 끼쳤으며, 오늘도 인간을 정의하는 표현으로 인용되고 있다.

"인간은 본성적으로 정치적 동물이다. 그리고 인간은 유일하게 언어를 지닌 동물이다."

아리스토텔레스가 인간을 '정치적 동물'로 정의한 뒤, 곧바로 인간을 '언어를 사용하는 동물'이라고 정의한 것은 놀라운 일이다. 감각적인 신체의 일부분인 '혀'를 움직여 '의미의 소리'를 내고, 합리적인 공동체를 창조하는 인간은 이성적 판단을 말하는 존재로 공동체를 창조하며, 그 가운데 하나가 그리스의 공동체 '폴리스'다.

그런 의미에서 양의 동서나 시의 고금에서 공동체의 건강상태는 이성적인 말을 만들어내는 정치와 정치인들의 존재일 것이다.

5) 권력과 정치

권력이란 자신의 의지나 결정을 상대방에게 관철시켜 자신이 의도하는 대로 상대방의 태도나 행위를 변화시킬 수 있는 능력이다.

권력은 몇 가지 속성이 있다.

첫째, 조직과 밀접한 관련이 있다. 권력은 권력을 행사하는 주체와 대상 사이의 상호관계이다.

둘째, 권력은 불변하는 것이 아니라 변화한다. 즉 권력은 상황이나 개인이 변하면 같이 변화한다. 따라서 권력관계를 이해

하기 위해서는 관련된 상황이나 개인을 구체적으로 식별하는
것이 필요하다.

셋째, 권력은 권한과 관련이 있지만 완전히 동일한 의미를 지니
는 것은 아니다.

권한은 조직구성원에 의해서 올바르고 적절하다고 수용되는 합
법적 권력이다. 조직 내에서 상사와 부하 사이의 관계가 권한의
전형적인 예이다. 개인이 조직에 참여할 때 일반적으로 권한구조
를 합법적으로 받아들인다. 즉 조직구성원들은 경영자가 명령을
내리고 지시하는 행위를 인정하고 이를 받아들인다. 경영자의 명
령이 합법적이고 직무와 관련되는 한 조직구성원은 경영자의 명령
에 복종한다. 여기서는 먼저 개인의 권력기반 즉 개인이 타인의
태도나 행위를 성공적으로 변화시킬 수 있는 능력을 검토한다. 그
다음에는 집단의 권력기반 즉 조직 내 집단의 권력기반을 결정하
는 조직요소들을 검토한다.

영향력은 어떤 의미에서는 다른 사람에게 영향을 미치는 것을
의미한다. 우리는 비록 누군가에게 의도하지 않았더라도 그 사람
에게 우리의 행동은 폭넓게 영향을 주기 때문이다.

권력, 권한, 영향력의 핵심적 개념은 다음과 같다.

(1) 권력과 영향력
* 권력 : 상대방을 자신이 원하는 방향으로 움직이게 할 수 있
  는 잠재능력(정적인 개념)
* 영향력 : 잠재능력을 실제로 행동에 옮기게 하는 것(동적인 개념)

(2) 권력과 권한
권력 : 권한보다 포괄적인 개념으로써 개인의 권력은 원추의
수직적 지위와 원추의 중심으로부터의 거리에 달려 있다. 그 원추
의 중심을 권력의 핵으로 보고, 이 핵에 가까울수록 의사결정의
영향력이 증대된다.
* 권력(power) : 한 개인이나 집단이 타 개인이나 집단을 움직
  일 수 있는 힘
* 권한(authority) : 한 개인이 조직에서 부여한 공식적인 지
  위로 인하여 갖게 되는 합법적인 힘, 조직의 규범에 의하여
  그 합법성이 인정된 권력.

(3) 권력과 리더십
* 권력 : 목표와 큰 관련이 없고 조직 내 구성원간의 상하에 관
  계없이 모든 방향으로 영향을 미친다. 또한 권력에 관한 연구
  는 보다 넓은 차원에서 복잡하고 광범한 곳에 초점을 둔다.

* 리더십 : 목표 지향적이고 반드시 목표와 일치해야 한다. 특별한 경우를 제외하고는 리더가 부하에게 영향을 미치는 하향적인 개념이다. 또한 리더십 연구는 그 유형을 중심으로 리더와 부하 그리고 상황 등에 의한 상호한계에 초점을 둔다.

(4) 권력과 정치행동

정치란 자신의 이익이나 목표를 위해서 상대방에게 영향력을 행사하는 과정이다. 공식적 권한의 범위 밖에서 이루어지는 영향력 행사과정이 정치행위와 관계가 있다.

* 영향력(influence) : 한 개인 또는 집단이 타인이나 다른 집단의 태도 가치관 지각 행동의 변화를 가져오도록 움직일 수 있는 힘의 총량

권력보다는 권한이, 권한보다는 영향력이 미치는 힘이 더 크다.

(5) 개인 권력의 원천

통상 조직 내에서 권력의 분포는 균등하지 않다. 어떤 사람은 다른 사람보다 더 많은 권력을 갖고 있다. 권력의 불균등 현상은 왜 발생하는가. 또한 권력은 도대체 어디에서 나오는 것인가.

French와 Raven은 권력을 가진 자와 그렇지 않은 자 사이의 차이로 여섯 가지의 사회적 권력기반을 제시하였다.

* 보상적 권력 : 조직의 보상과 자원(임금 인상, 승진 등)으로 통제할 수 있는 능력

* 강제적 권력 : 다양한 벌(감봉, 정직, 해고 등)을 통하여 통제할 수 있는 능력

* 합법적 권력 : 조직적 지위 때문에 타인을 통제할 수 있다고 믿어지는(회사 내 상사) 능력

* 준거적 권력 : 부하로부터 존경(부하를 이해하는 상사, 종교 지도자 등)을 받을 수 있는 능력

* 전문적 권력 : 가치 있는 숙련이나 능력 및 지식을 가지고 있다는 믿음(전문적 기술 등)을 줄 수 있는 능력

* 정보적 권력 : 가치 있는 정보를 소유하고 있거나 분석할 수 있는 능력(사장 비서 등)

권력의 과정은

권력의 원천 → 권력의 사용 → 권력에 대한 반응으로 나타난다.

(6) 권력의 원천

가. 에치오니의 분류

① 강압적 권력 - 강압적 힘을 행사함으로써 권력 획득. 부정적이고 저항적 반응

② 공리적 권력 - 보상능력으로 권력 획득

③ 규범적 권력 - 조직성원들이 공유·준수하고자 하는 믿음을 기초로 권력 획득. 비공식적 합의나 규범 압력 등에 의한 권력행사 가능

나. 프렌치와 레이븐의 분류

① 보상적 권력 – 권력자가 원하는 보상을 줄 수 있는 자원능력을 가짐으로써 권력 획득

② 강압적 권력 – 처벌이나 위협을 통해 권력 획득

③ 합법적 권력 – 권력 행사에 대한 정당한 권리를 얻음으로써 권력 획득

④ 준거적 권력 – 자신보다 뛰어난 사람을 닮고자 하는 심리에서 권력 획득

⑤ 전문적 권력 – 전문적 기술 · 지식, 독점적 정보를 가짐으로써 권력 획득. 조직 계층의 상하에 관계없이 발생가능

다. 성공적인 권력의 사용

① 더 많은 권력의 원천을 개발하며 기존 권력의 원천을 확고히 한다.

② 권력의 사용에는 대가가 따르기 때문에 적절한 권력을 적절히 사용한다.

③ 권력을 사용하지 못하는 것은 곧 권력의 상실이다.

라. 권력에 대한 반응

① 복종 – 보상이나 처벌에 대한 하급자의 반응. 보상의 확대와 처벌의 최소화

② 동일화 − 상급자를 존경하고 상급자와의 관계를 발전시키기
위해 상급자의 요구 수용

③ 내면화 − 상급자의 요구와 하급자의 가치가 일치하는 경우

④ 분열화 − 권력 사용 시 하급자들의 연합을 고려

마. 권력에 대한 다양한 접근법들

① 상황모델

a. 끄로지에(Crozier)

− 권력의 원천이 업무의 상호의존성에 있다고 인식

− 둘 이상의 조직성원들이 서로 의존적일 때 권력관계가 성립

b. 프렌치(French)와 레이븐(Raven)

− 권력의 원천들 간에 상호관련성이 있음을 지적

c. 권력의 원천에 따라 권력이 적절히 행사되기 위해서는 피 권력자
의 잠재적 특성과 상황조건을 고려

예 즉 A가 B에 대해 전혀 권력이 없는 것은 아니다. 권력의 크
기는 비록 다를지언정 지배자가 100퍼센트, 피지배자가 0퍼
센트 권력을 갖는 것은 아니다. 아이가 공부를 하지 않을 때
어머니가 혼내고 겁을 준다면, 그 아이는 공부를 하게 될 것
이다. 그러나 아이 역시 공부 안 하고 심통을 부리든지 방문
을 닫고 하는 척만 함으로써 어머니의 명령에 복종하지 않
을 수 있는 힘이 있는 것이다.

일찍이 철학자 헤겔은 주인에 대하여 노예도 권력이 있음을 시사했다. 즉 주인이 너무 못살게 굴면 노예는 자살을 함으로써 주인에게 '손해를 끼칠 수 있는 힘'이 있으며, 그렇게 되면 주인은 그 노예에 대하여 가졌던 권력을 완전히 잃게 되는 것이다.

사실 한 쪽에만 권력이 존재하고 다른 쪽에는 전혀 권력이 없다면, 권력게임이나 권력투쟁이란 말은 존재하지 않았을 것이다. 또 다른 쉬운 예를 우리 조직행동수업시간에서 찾아볼 수 있다. 교수님은 학생들에게 발표수업 준비를 시키고 숙제를 많이 내줌으로써 권력행사를 할 수 있다. 그러나 우리는 발표수업준비를 하지 않음으로써 수업에 차질을 줄 수 있는 권력이 있는 것이다.

② 피 권력자의 잠재적 특성

a. 의존성 : A라는 인물이 B라는 인물에 대해 심리적으로 의존적이라면, B는 A에 대해 보다 큰 권력을 갖게 된다.

b. 불확실성 : 한 개인의 행동이 분명하지 못하거나 불안정할수록 상대방으로부터 행동변화에 대한 영향을 받기가 쉽다.

c. 성격 : 열등의식이 많은 성격의 소유자일수록 그것을 보호하려고 권력과 지배에 목말라한다.

d. 지적능력 : 지적능력이 높은 사람은 상대방의 주장에 주의 깊은 관심을 보이지만, 자기 자신에 대한 자신감이 크기 때문에 상대방으로부터의 영향에 대한 저항 또한 강하다.

e. 성별 : 여성이 자라온 환경으로 인하여 남성보다 영향을 더
   쉽게 받는 것으로 알려져 있다.

f. 연령 : 보통 8~9세의 어린이일 때부터는 외부로부터의 영향
   을 쉽게 받다가 청년기에 가서는 그 비중이 줄어들며, 그 이
   후에는 별 차이 없이 균일해진다.

③ 상황조건

권력의 효과는 그 권력이 행사되는 상황적 조건에 따라서도 달
라질 수 있다. 직무수행의 절차가 거의 표준화되어 있는 경우, 전
문적 권력의 발휘는 힘들어진다.

바. 권력행사의 요인과 과정

① 권력의 원천으로서의 권력행사자

a. 합법적 권력(legitimate power) : 리더가 보유하고 있는 지위에
   기반을 둔 권력이다. 지위가 높으면 높을수록 합법적 권력은
   더욱 높아지는 경향이 있다.

b. 보상적 권력(reward power) : 다른 사람에게 보상을 제공할
   수 있는 능력에 기반을 둔 권력이다. 보상적 권력이 높은 리
   더는 영향을 받는 사람이 리더의 의사에 복종을 하게 되면
   임금 승진 및 인정과 같은 정적인 유인을 얻을 수 있으리라
   믿기 때문에 권력을 행사할 수 있다.

c. 강압적 권력(coercive power) : 공포에 기반을 둔 권력이다. 강압적 권력을 사용하는 리더가 다른 사람들의 복종을 요구하는 것은 복종하지 않을 때 과업할당에 불리하고 징계 및 해고와 같은 처벌이 두렵기 때문이다.

d. 전문적 권력(expert power) : 리더가 가지고 있는 전문적인 기술 및 지식에 기반을 둔 권력이다. 이같은 전문성이나 기술지식은 존경을 통해 다른 사람에게 영향을 미친다. 전문적 권력이 높은 리더는 다른 사람의 작업수행 행동을 조작하기 위해 다른 사람들이 존경할 수 있는 전문성을 가지고 있어야 한다.

e. 준거적 권력(reterence power) : 리더의 개인적인 성격특성에 기반을 둔 권력이다. 준거적 권력이 높은 리더는 그의 성격특성 때문에 다른 사람들로부터 호감을 사고 존경을 받는다.

f. 정보권력(information power) : 리더가 다른 사람들이 가치가 있다고 지각하는 정보를 가지고 있거나 그 정보에 보다 쉽게 접근할 수 있다는 사실에 기반을 둔 권력이다. 이 정보는 희소가치와 중요성이 있어야 하는데, 조직 내에서 비밀이나 정보에 대한 접근제한 등의 방법으로 희소가치를 증대시킨다.

g. 연줄권력(connection power) : 리더가 조직 내외의 영향력 있는 사람이나 중요한 인물과의 연결 즉, 교섭력이나 연줄을

가지고 있다는 사실에 기반을 둔 권력이다.

② 권력수용자의 특성

a. 성격(personality) : 성격에 따라서 영향력에 대한 민감도가 좌우된다. 사회적 친교 욕구가 높거나 불확실성을 회피하려는 사람들은 권력행사자에 의해 쉽게 영향을 받게 된다.

b. 성(sex) : 초기연구에서 남자가 여자보다는 독립적 성향이 훨씬 더 강하다는 결론이었지만, 성역할에 따른 상동적 태도가 사라지면서부터 그러한 주장은 설득력이 줄어들었다.

c. 문화(culture) : 권력수용자의 문화적 환경도 영향력을 결정하는 주요 요인이다. 프랑스의 문화는 개성·독립성·다양성을 중시하며 이것이 영향에 대한 수용태도를 결정하게 되므로 영향력 행사에 대한 저항이 있을 것이고, 일본의 경우는 협동·순응·일치를 중시하는 문화를 갖고 있으므로 저항성이 적다.

사. 권력은 마약과 같다

권력에는 거대한 '함정'이 있다. 권력은 남을 마음대로 '간섭할' 힘을 의미하지만 동시에 자신을 마음대로 '쓰러뜨릴' 힘도 내포하고 있는 것이다. 이런 무시무시한 권력이 요즈음 권력의 심판을 받고 있다. 언론사 간부와 기자, 청와대, 검찰, 국정원 등 권력의 온실들이 모두 된서리를 맞고 있기 때문이다.

권력은 불과 같다. 가까이 하면 타고, 멀리하면 춥다. 권력은 마약과 같다. 그 유혹은 너무나 크다.

그 '권력'은 얼마 전까지만 하더라도 '무소불위'의 권력을 휘둘러 남을 마음대로 유린하였고, 또 그들끼리만 서로 '밀월'하고 '협작'해서 권력에 소외된 사람들을 마구 '격추'시켰던 '힘'이다. 하지만 그들이 서로를 물어뜯고 있다. 기자는 기자대로, 정치인은 정치인대로 말을 막 하고 있다.

혹자는 후련하다고도 하고 혹자는 답답하다고 하는데, 이 세월이 얼마나 야속하냐 하면 그 '후련'과 '답답'의 '모호한' 언어의 심중에서는 잘 알아낼 수 없기 때문이다.

이렇게 된 것은 결국 권력이 '양심'을 갖고 있지 않기 때문이다. 기자며 언론사 간부들이 자신들의 권력 내지 기득권을 유지하기 위해 전 정권에 어떻게 싹싹 빌었는지 아는 사람은 다 아는데도 지금은 그런 후안무치는 안중에도 없다.

우리는 이 시점에서 권력의 제자리 찾기가 얼마나 힘든 것인지를 직시해야 할 필요가 있다. 즉 정권교체라는 절차적 민주주의는 시연됐지만, 권좌의 교체가 아닌 문화 혹은 문명의 자리바꿈과 자리매김이 이뤄지지 않고 있는 것이다.

어쩌면 그것의 '제자리 찾기'는 과거 우리가 정권교체를 이루기 위해 뿌렸던 피와 땀보다 더 많은 희생과 노력을 요구할지도 모른다. 그래서 지금 한국 사회의 '권력'에게 '양심'을 요구하기보다는 차라리 지금의 '권력'간 '공방'을 축하하고 지원해야 옳을지도 모르겠다.

권력은 시계추처럼 왔다갔다해야 한다. 아니면 축구공처럼 어디에 머물지 몰라야 한다. 하지만 그러기엔 우리의 노고가 아깝다. 정권교체를 원했든, 원하지 않았든 우리의 피와 땀을 고스란히 양도해도 옳을 사람들에게 정녕 권력이 제대로 행사되는 걸 볼 때까진 아직도 우리가 경멸해야 할 상대는 명확하다.

권력은 물과 같아야 한다. 흐르고 변해야 한다. 고여 있거나 정체돼서는 안 된다.

권력에 양심은 없다. 특히 한국의 수구기득세력은 양심도, 간도 없다. 그들에겐 오로지 마약 같은 권력만 있을 뿐이다.

6) 정치권력

다른 인간(개인 또는 집단)이 소유 내지 추구하는 가치의 박탈과 그에 대한 위협을 무기로 하여 그 인간행동양식을 규제하는 능력이 정치권력이다. 즉 쉽게 말해, 의도한 효과를 창출하는 '힘'이다. 다르게 표현하면, 사회나 공동체에 광범위하게 영향을 미치는 구속력을 가진, 결정을 내리는 사회적 능력이다.

(1) 실체설

권력을 하나의 실체라 생각하여, 이러한 실체를 가진 소수의 사람들이 권력 장악자가 되어 다수의 사람들을 지배한다는 주장.

사회체제가 고정되어 유동성이 매우 낮은 나라와 시대에서는 일반적으로 실체적 권력개념이 지배적이다. 홉스, 헤겔, 마르크스, 레닌, 히틀러 등 전체주의자들과 독일, 러시아 등 대륙계의 학자 중에 많은 지지자를 갖고 있다.

소수의 치자(지배)와 다수의 피치자(복종) 사이에서 보다 능동적인 역할을 하는 존재를 전자로 보고, 소수의 치자의 힘을 중시한다.

(2) 관계설

권력을 치자가 가진 실체로 보지 않고 치자와 피치자 사이의 관계로 본다.

로크(J. Locke)를 비롯한 실증주의자, 자유주의자 등 대부분의 현대 정치학자들의 지지를 받고 있다.

권력은 피치자의 적극적 또는 소극적인 지지가 없이는 성립할 수 없으며, 일시적인 압제나 지배가 가능할지 몰라도 장기간 지속할 수 없는 것이다. 최소한의 복종의욕과 관심이 없는 곳에서는 지배 자체가 불가능하다.

이러한 점에 있어서 관계설은 정당한 것이다. 그러나 관계설은 권력관계에 있어서의 강제의 계기를 무시 내지 경시한다는 점에서 취약점이 있다.

(3) 권력의 지배수단

일단 권력을 장악한 후에는 그것을 계속 유지, 확대시키려 한다. 이러한 활동은 지배의 안정화 과정을 통해 이루어진다.

① 설득

적극적인 복종자에 대해서는 설득의 방법으로 상대방을 이해시켜서 합의에 의한 지배를 하는 것이 이상적인 방법이라 할 수 있다.

a. 합리적 설득 : 피지배자의 동의를 구하는 것으로 지배수단으로서는 가장 이상적인 것이다. 이것이 유효하게 받아들여지기 위해서는 정치권력의 목적이 공동생활의 안전과 복지를 위한 것이며 피지배자의 정치교양 및 의식수준이 높아야 한다.

b. 전통 및 관습에 의한 설득 : 대중의 전통 및 관습을 의식적으로 유리하게 재편성하여 권력구조를 공고히 하고, 힘들이지

않고 권력 장치를 유지할 수 있다.

대중이 제 1차적 기반으로부터 완전히 벗어나지 못하고 수
동적 복종을 하고 있는 경우 전통이나 관습이 매우 큰 위력
을 발휘할 수 있다. 통치자는 거의 무의식적으로 답습되는
전통이나 관습을 조작함으로써 대중의 감정에 호소한다.

c. 상징적 설득 : 인간의 감정에 호소하는 것으로써 직접적으로
지시 · 명령하는 것이 아니라 간접적 암시나 조정을 통해 행
동을 유인 · 통제하는 방법이다. 전통과 관습의 이용, 새로운
신화나 상징의 창조 등이 그런 것이다.

d. 보상적 설득 : 인간의 이기심, 명예심, 허영심 등에 호소하는
방법으로써 가장 원시적이면서 가장 효과적인 방법이다. 경
제적 가치나 인간의 명예심과 허영심에 호소하여 피치자를
권력에 참여시키며, 피치자의 참정범위를 확대함으로써 권
력의 안정을 확보하는 것이다.

7) 압력단체(pressure group)

이익집단, 정치적 이익집단, 정치적 집단, 조직단체 등의 사적
집단을 일컫는다. 명칭이 여러 가지인 것은 집단현상에 대한 파악
방식과 평가의 차이에서 연유한다.

즉, 압력단체라는 말은 이러한 집단들이 정치에다 그 의사를 반
영시키고자 행사하는 수단에 중점을 둔 것이고, 이익집단 또는 조

직집단은 그 목적 내지 조직에 중점을 두고 있다고 볼 수 있다. 보통 '압력단체'로 불린다.

(1) 압력단체의 특징

- 정치에다 압력을 가한다는 점에서 단순한 업자들의 친목단체는 아니다.
- 항구적인 조직을 갖고 있다는 점에서 마찬가지 모양으로 정치적 압력을 가하는 일시적인 모임인 시민대회와도 다르다.
- 선거로써 공직을 싸우지 않으므로 항구적인 정치집단인 정당과도 다르다.
- 그 당시 정주의 정책에다 영향을 미친다 하더라도 그 책임을 지지 않기 때문에 정부기관은 아니다.

(2) 정당과 압력단체의 차이

- 정당은 선거 때 국민에게 공약한 정견 실현(국민적 이익)을 기하고, 압력단체는 그 자체의 특수이익의 실현을 추구한다.
- 정당은 합법적으로 정권쟁취 위해 공직후보자를 공천하고, 압력단체는 공직후보자 공천이 없다.
- 정당은 정책이 포괄적이며 탄력성이 있고, 압력단체는 고정적이며 탄력성이 없다.
- 정당은 정치인사와 정치투쟁을 주요목적으로 하고, 압력단체는 그것을 중요시하나 개입하지 않는다.
- 정당은 국가의 중요문제를 정치적 쟁점으로 국회에 상정해

현실 정치에 구체적으로 반영하고, 압력단체는 시위나 진정서 제출 등으로 이익을 실현한다.
- 정당은 일반 대중이 기반이고, 압력단체는 각종 이익집단이 발전의 기반이다.

(3) 압력단체의 분류
- 당파적 집단(공통된 직업과 경제적 이익 기반)
- 촉진집단(사회·복지적 특수한 동기와 주의·주장에 힘쓰는 집단)
- 기타

(4) 압력행사의 방법
- 개인적 친교
- 개개 국회의원에게 가장 강한 영향력을 행사하는 유력자 움직이는 방법
- 선거구민이 의원에게 편지와 전보 보내기
- 대표단 파견
- 라디오, TV, 신문광고 등

(5) 압력단체의 플러스적인 측면과 마이너스적인 측면
① 플러스적인 측면
- 정당이 더욱 구체적인 정책을 내걸고 선거에 임하도록 한다.
- 공약에 따른 정치를 하도록 한다.
- 순환과정(Feedback)이 이루어지게 한다.

② 마이너스적인 측면
- 특수이익과 지위권력의 야합
- 정당의 조직화 저해

(6) 코모라티즘(corporatism)

이익집단의 정치적 발언권이 증대되어 가면 중요한 정책결정이 이익집단과 행정부 관료와의 협의에 의해서 진행되게 되는데, 이를 '코모라티즘'이라 한다. 조합주의, 단체통합주의, 협조주의라고도 한다.

8) 파벌

'사분오열(四分五裂)', '사색당파(四色黨派)'로 표현되는 추잡한 파벌현상은 우리 민족의 오랜 병폐로 지적되어오고 있다. 국민 하나는 자갈처럼 강하나, 모이면 모래처럼 섞이지 못하고 반목과 대립을 반복하기 일쑤다.

파벌은 통합과 단결을 저해한다. 파벌은 정치에만 있는 것이 아니라 모든 조직체에 기생하는 일종의 실체와 그림자다. 원래 파벌은 조직과 활동목적의 달성을 위한 수단과 방법에 대한 지도권·대표권·지배적 지위를 둘러싸고 다양한 견해가 생기는 데서 형성된다.

(1) 긍정적 측면

운영과 결정에 있어서의 견제와 균형(정책상 이론이나 학설상의

차이)

(2) 부정적 측면

전근대적 인간관계에 의한 파벌은 정당(party)이 아닌 도당(clique), 코드인사로 인사의 공개념이 사라짐. 자주국민의 의사 무시·왜곡, 밀실정치로 대표되는 근친증오적인 치열한 싸움과 거래에서 불미스러운 수단이 구사됨으로 정치부패 초래

9) 관료제(bureaucracy)

관료제는 오늘날 일반적인 의미에 있어서는 집단 또는 조직 속에서 직무를 계층적으로 나누어 대규모적인 행정관리활동을 수행하는 조직유형으로, 계급조직이라고 하는 상하수직적인 지배형태다. 쉽게 말해 하나의 권력이요, 또 하나의 특수한 정당 내지 정치공동체로 보면 된다.

- 일정한 특권층을 이루는 관리의 집단이 주된 정치권력의 담당자

  민중에 의해 지도되는 것을 원하지 않고 엘리트 의식을 가지고, 국가와 자신들을 동일시한다. 시민적 자유와 민주적 자유를 보장하는 통치 구조를 싫어한다(프로이센의 관료제).

- 근대관료제 개념 규정(막스베버)

  계급조직으로서의 관료제, 대중국가의 출현과 권력관계의 사회현상으로 말미암아 필연적으로 생겨지게 되는 합리적인 조직

(1) 근대관료제의 사회적 및 경제적 전제조건

- 화폐경제의 발달
- 행정기능의 양적확대
- 행정사무의 질적 발전
- 행정에 있어서의 전문적 요소의 우위
- 관료제에 있어서의 물적 경영수단의 집중
- 관직을 보유해가는 요소로서의 경제적 및 사회적 차별의 철폐

(2) 현대관료제의 문제점

- 의회의 지위 약화시킴
- 일반 국민과의 관계에서 위로부터의 정책 결정은 밑으로부터의 정책 결정 과정을 도식화시킴(민중의, 민중에 의한, 민중을 위한 정치가 아닌 관료의, 관료에 의한, 관료를 위한 정치로 변질될 우려 농후)
- 정당과 관료기구의 밀착현상(비인격성, 규칙의 지배, 전문화, 계층적 권한질서의 관료제 4대속성에 의한 형식적 합리화)

(3) 관료제의 건전한 운영과 대안

- 관료기구의 육성책(훌륭한 인재 흡수, 관료에 대한 전문적 훈련 실시, 복무규정의 합리적 강화, 과학적 관리)
- 관료기구의 민주적 규제책에 대한 강구

대안 Ad-hocracy(엘빈 토플러)

라틴어의 'ad-hoc'(어떤 특정을 위해서라는 의미)로 만들어진 용어로, 기간부 프로젝트마다 팀원이 이합집산하는 조직형태를 의미한다. 일종의 TF 팀이라 할 것이다.

10) 정치발전

어떠한 민주국가를 막론하고 그 나라의 안정성 여부는 경제적 발전에만 있는 것이 아니라 또한 그 정치체제의 유능성(효율성)과 정통성에도 달려 있는 것이다.

The stability of any given democracy depends not only on economic development but also upon the effectiveness and the legitimacy of its political system.

— S.M Lipset, Political Man

(1) 루시안 파이의 10개의 정치발전

- 경제발전의 정치적 필요조건으로서의 정치발전
- 산업사회의 전형적인 정치로서의 정치발전
- 정치적 근대화로서의 정치발전
- 국민국가의 운영으로서의 정치발전
- 행정적 · 법률적 발전으로서의 정치발전
- 대중동원 · 참가로서의 정치발전
- 민주주의 건설로서의 정치발전

- 안정과 질서 있는 변화로서의 정치발전
- 동원과 권력으로서의 정치발전
- 다원적인 사회변동과의 일측면으로서의 정치발전

(2) 정치발전 신드롬

가. 평등화를 지향하는 일반적인 정신 또는 태도

a. 일반대중의 정치참여 증대

b. 모든 사람들에 보편적인 법 적용

c. 입적본위주의적인 충원

나. 정치체계의 능력의 증대

a. 정부의 기능수행의 규모와 범위의 확대

b. 보다 더 능률적이며 철저한 공공정책의 수행

c. 행정에 있어서의 합리적이고 세속적인 정책의 지향

다. 분화와 전문화다

a. 분업과도 같은 구조의 분화와 기능의 전문화

b. 복잡화된 구조와 과정의 통합

어쨌든 정치발전에 따라서 평등의 주장과 그리고 그것에 기인되는 대중의 정치참여, 정치체계의 능력의 증대, 구조의 분호라는 세 가지 변호가 발생한다고 파이는 본 것이다.

정치발전의 단계 → 초기 통일의 정치 → 공업화의 정치
→ 국민복지의 정치 → 풍부의 정치

11) 정치와 싸움 그리고 지도자

정치인이 꼭 읽어야 할 책 중의 하나가 『로마인 이야기』이다.

이 책에서 저자 시오노 나나미(鹽野七生)는 "정치는 필연적으로 싸움이고 연출이고 드라마다. 정치는 이해관계의 이합집산이며, 가장 큰 싸움터다. 정치인들에게 싸움을 하지 말라고 하는 것은 정치를 하지 말라는 것과 같다. 싸움이 싫고 못하겠으면 정치를 그만두고 관료를 해야 한다."라고 말했다. 또 "지도자는 인간적 매력을 가져야 하며, 상대의 속을 읽는 인텔리전스도 가져야 하며, 노블리스 오블리제(Noblesse Oblige)를 실천할 줄 알아야 된다."고 했다.

동양에 삼국지가 있다면, 서양엔 로마사가 있다.

로마사 즉 로마인 이야기는 지도자론, 조직론, 국가론 등이 함축된 것이며, 그것을 가장 잘한 지도자로 카이사르를 말했다. 카이사르는 지력, 설득력, 육체력, 내구력, 지속하는 의지, 자기 제어에 뛰어난 인물이었고 저술가였다. 지도자들은 현상의 보이지 않는 이면까지도 볼 수 있는 능력을 갖추었고, 상대의 속을 읽는 인텔리전스도 가지고 있다.

지도자에는 보스형과 리더형이 있다.

난세에는 보스형 지도자가 필요하고, 치세에는 리더형 지도자가

필요하다. 리더는 다른 사람에게 자극을 줄줄 알아야 하고, 새로운 생각을 갖도록 하는 힘을 만들어낼 줄 알아야 한다. 지도자는 싸움에서 이기고 질서를 만들어내야 한다. 이기지 않고 양보하면 질서가 생기지 않는 법이다. 이기고 양보해야 질서가 생기지, 이기지 않고 싸움도 하지 않고 양보만 하면 질서는 생기지 않는 법이다.

로마는 일종의 다국적 기업이었고, 로마를 다스리는 소프트웨어는 로마법과 로마의 지도자들이었다. 마키아벨리는 "지도자는 지옥으로 가는 길을 숙지하고 있어야 대중을 천국으로 이끌 수 있다"고 말했다. 결국 이 말은 대중을 천국으로 이끌고 지도자 본인은 지옥으로 떨어진다는 뜻이다. 지도자는 말을 줄여야 하고, 높아질수록 말을 줄임에 유의해야 한다. 생각나는 대로 말하면 지도자로서 자격이 없어지고 아랫사람들이 불행해진다. 대중은 구체적으로 말해주면 옳은 판단을 하는 편이지만, 추상적으로 말하면 엉망이 되기 때문이다.

지도자는 보좌진을 잘 만나야 하고, 보좌진도 지도자를 잘 만나야 한다. 보좌하는 참모의 덕목은 헌신과 충성이다. 어쨌든 정치는 불가근불가원(不可近不可遠)이고, 인간 복덕방적인 사람들이 해야 제대로 되는 종합예술이다.

위선의 손

공화정치의 본질은 명령이 아니다. 그것은 동의이다

— A. 스티븐슨

II. 매니페스토
(Manifesto)

IMF 금융위기를 극복하는 과정에서 대다수 국민들의 삶은 더욱 어려워졌고 미국발 위기는 그 고통을 가중시키고 일본지진, 양극화, 중동발 민주화, 자원전쟁 등을 지나 저유가, 기후변화와 민주화로 인한 난민문제와 고용 없는 성장으로 세계인들이 고통을 겪는 중이다.

일자리 양극화문제, 사교육비 폭증, 전세대란, 저출산 고령화 문제가 심각한 현실이다. 이는 무엇보다 정치소비자인 유권자들의 고통을 가중시킬 수 있으며 우리사회의 갈등과 분열이 더욱 심각해 질 수 있는 증거라고 하지 않을 수 없다.

17대 대통령 선거공약은 92개, 민선4기 광역단체장 16명 공약은 1,008개, 230명의 기초단체장 공약은 약 8,000개다. 18대 국회의원 299명과 민선4기 지방의원의 공약을 모두 포함하면 그 수는 그의 무한대다. 19대 국회는 국회의원 300명으로 더 늘어났고, 20대 국회에 들어가는 지금 선거구획정도 정하지 못하고 있다.

화려한 경력과 말 잘하는 인물만을 뽑는 것이 아니라 정당과 후보자의 정책공약을 꼼꼼히 따져보고 선택했다면 현재의 모습은 달라질 수 있었을 것이다.

선거는 민주주의의 꽃이다. 정당과 후보자의 가치와 철학, 정책 대안들을 지역주민 스스로 선택하는 과정이다. 선거매니페스토(elect manifesto)는 표를 얻기 위한 거짓말을 응징하는 운동이다.

선거에서 국민들의 의사가 정책공약에 전혀 반영되지 않는다면 그들만을 위한 시끄러운 이벤트에 불과하다. 국민들의 의사가 전혀 반영되지 않고 급조되어 만든 공약과 빈약한 정책 아이디어와 컨텐츠를 가지고 일부의 엘리트들이 책상머리에서 만든 설익은 정책공약은 집행과정에서 천문학적인 사회갈등비용을 초래한다.

해택은 늘리고 부담은 줄이겠다는 표를 얻기 위한 거짓말과 무엇이든 다 해주겠다는 백화점식 나열공약, 따뜻한 곳만을 찾아 날아가는 철새 정치인과 무분별한 계파 줄서기, 국민보다는 정략과 개개인의 이해가 앞서는 술수정치. 현명한 유권자의 힘이 필요하다.

1) 어원

라틴어 manifestum에서 파생한 이탈리아어 마니페스투스(manifestus)다. 이 라틴어는 현대 영어에서의 manifest(특히 감정·태도·특질을 분명히 나타내다, 보거나 이해하기에 분명한)의 어원이기도 하다. 또한 manifesto는 현대영어에서 성명서, 성명의 의미이다.

옥스퍼드 영어사전에 의하면 영어권에는 1620년 영국의 나타니엘 브렌트가 이탈리아인 파울로 사프리의 책을 번역한 『History of the council of Trent』에서 처음 나타난다.

당시에는 '증거' 또는 '증거물'이란 의미로 쓰였다. 이 단어는 이탈리아어로 들어가 마니페스또(manifesto)가 되었는데, 그때는 '과거 행적을 설명하고, 미래 행동의 동기를 밝히는 공적인 선언'이라는 의미로 사용되었다.

매니페스토(Manifesto)는 개인이나 단체가 대중에 대하여 확고한 정치적 의도와 견해를 밝히는 것으로 연설이나 문서의 형태다. 종종 비정치적인 분야에서도 자신의 주장과 견해를 분명히 밝히는 때에도 사용된다.

같은 의미로 1644년 영어권 국가에 소개되었고, 우리사회가 쓰고 있는 것이다. 매니페스토는 더 이상 표를 얻기 위한 거짓말을 하지 않겠다는 선언이며, 6하 원칙에 의해 진심을 담아 쓴 거짓말하지 않겠다는 반성문과 같다.

비이탈리아어권에서 정치적인 의미로 사용된 경우를 살펴보면, 벨기에의 독립선언서였던 "the Manifesto of the Province of Flanders(1790년)"가 미국 독립선언서에 영향을 준 것으로 유명하다.

개인이 정치적인 견해를 분명히 하기 위한 매니페스토로는 버트런드 러셀과 아인슈타인이 핵과 핵전쟁에 대한 반대를 표명한 "Russell-Einstein Manifesto(러셀-아인슈타인 선언, 1955년)"가 유명하다.

예술분야에서는 이탈리아 시인 피리포 토마소 마리네티가 프랑스어로 발표한 "Futurist Manifesto(프랑스어 : Manifeste du futurisme 1909년)"가 효시다.

기술분야에서는 리처드 스톨만의 "GNU Manifesto(GNU 선언문 1985년)"가 유명하다.

선거나 정당정치에서 정책과 정강을 분명히 하기 위한 의도로 쓰인 것은 1835년 영국 탐워스 선거구의 보수당 후보였던 로버트 필의 "Tamworth Manifesto"가 효시다.

이후 영국의 총선에서는 각 정당이 책자로 된 매니페스토를 베포한다. 선거에서 승리한 정당이 매니페스토에 따를 의무가 있는지에 대해서는 1947년 하원에서 법적인 구속력은 부정되었으나 성격상 정치적인 구속력은 존재한다.

타인과의 차이를 존중하지 않고 소모적 갈등과 분열이 끊이지 않았던 것에 대한 반성문이다. 자신의 이익만을 주장하며 추호의 양보도 없었던 것의 반성과 함께 앞으로는 자신의 가치와 지향, 대안들로 상대방과 경쟁하겠다는 구체적인 계획을 공개적인 방식으로 약속하는 것이다.

그럼에도 불구하고 같은 잘못을 저지른다면 어떠한 처벌도 달게 받겠다는 약속과 함께 상대방이 실천내용을 쉽게 검증할 수 있도록 주기적으로 약속의 이행 과정의 정보를 밝히는 것이다.

2) 매니페스토(manifesto) 운동

참공약 선택하기가 매니페스토 운동이다. 후보의 공약이 진짜 좋은 건지 찬찬히 한번 따져보자는 것이 바로 매니페스토 운동이다.

구체적인 예산과 추진 일정을 갖춘 선거 공약이다. 한국에서는 예산확보, 구체적 실행계획 등이 있어 이행이 가능한 선거 공약의 의미로 주로 쓰인다. 선거와 관련하여 유권자에 대한 계약으로써의 공약, 곧 목표와 이행 가능성, 예산 확보의 근거 등을 구체적으로 제시한 공약을 말한다.

3) 매니페스토 평가기준

현재까지 발표된 스마트(SMART), 셀프(SELF), 파인(FINE) 3 가지 평가지표로 공약을 평가한다.

(1) 스마트(SMART)지수

매니페스토 출발지 영국에서 개발한 것으로 분야별 공약 평가에 사용된다. 공약의 구체성(Specific), 측정가능성(Measurable), 달성가능성(Achievable), 적절성(Relevant), 시간적 가능성(Timed)을 근거로 0~5점까지 점수를 매긴다.

(2) 셀프(SELF)지수

셀프지수는 정책의 종합적 평가를 위한 것이다. 지속가능(Sustainability)한가, 자치역량 강화(Empowerment)에 도움이 되는가, 지역성(Locality)을 반영하는가, 이행(Follow up) 가능한가의 4개 항목별 100점 만점으로 구성된다.

(3) 파인(FINE)지수

파인은 한국의회발전연구회의 작품이다. 공약의 실현가능성(Feasibility)을 타진하고 유권자의 반응(Interactiveness)과 효율성(Efficiency)을 기준으로 한다.

이런 지수 평가를 통하여 선거에 승리한 정당이나 후보자에게 이행에 대한 책임을 물음으로써 이행 정도에 따라 다음 선거에도 영향을 끼친다. 그러나 이러한 지표는 유권자와 밀접한 선거인 지방선거에서 더 의의가 있다.

이 개념은 1834년 영국 보수당 당수인 로버트 필이 유권자들의 환심을 사기 위한 공약은 결국 실패하기 마련이라면서 구체화된 공약의 필요성을 강조한 데 기원을 둔다. 1997년 영국 노동당의 토니 블레어가 집권에 성공한 것은 매니페스토 10대 정책을 구체적으로 제시한 데 힘입었다. 2003년 일본에서는 가나가와현(神奈川縣) 지사 선거에서 마쓰자와 시게후미(松澤成文) 후보가 매니페스토 37가지를 공표해 당선됨으로써 주목받았다.

한국에서는 2000년에 전개되었던 낙천·낙선운동의 연장선상에서, 2006년 5월 31일의 지방선거를 계기로 후보자들이 내세운 공약이 구체성을 띠고 있으며 실현 가능한지, 곧 '갖춘 공약'인지의 여부를 평가하자는 매니페스토운동이 시민단체를 중심으로 전개되었다.

4) 한국의 매니페스토

한국에서 쓰이는 매니페스토의 의미는, 정치인의 매니페스토와 매니페스토운동으로 나누어 적용하고 있다. 정치인의 매니페스토는 더 이상 표를 얻기 위한 거짓말을 하지 않겠노라는 선언과 함께 구체적인 정책을 문서로서 내 놓는 행위 혹은 정책공약집을 말한다.

2006년 5월 31일 지방선거를 계기로 한국매니페스토실천본부가 발족하면서 시작되었다. 한국형매니페스토운동은 우선 선거에서 정당과 후보자의 철학과 문제의식, 이에 따른 핵심정책과 우선순위를 구체적으로 밝히게 하고 있다.

이것도 저것도 다 해주겠노라 말하는 것이 아니라 이것만은 꼭 하겠으며, 그 우선순위는 무엇인지를 명확히 밝히는 것이다. 그리고 유권자들은 정당과 후보자의 과거 행적에 비춰볼 때 믿을 수 있는 정책공약인지를 판단하게 하는, 정책공약의 변별력을 높여주어 철학과 가치, 정책중심으로 판단하여 선택하는 시민주권운동이다.

또한 정책공약을 책자형태나 문서로서 발간하게 하여 통상적인 방식으로 서점 등을 통해 판매하는 것을 유도하고 있다. 이는 선거에서는 이것도 저것도 다 해주겠노라 약속했다가 선거 이후에는 약속한 바 없다는 발뺌을 절대 하지 못하도록, 오리발 정치를 근절하기 위한 증거로 남겨놓기 위함이다.

5) 세계 각국의 매니페스토

(1) 영국

매니페스토 개념은 1834년 영국 보수당 당수인 로버트 필이 "유권자들의 환심을 사기 위한 공약은 결국 실패하기 마련"이라면서 구체화된 책임공약의 필요성을 강조하면서 시작되었다. 이 정신이 꾸준히 이어지다가 지난 90년대부터는 출마자가 투명한 공약을 제시하는 게 당연한 일이 되었다.

1997년 영국 노동당의 토니 블레어가 집권에 성공한 것은 과거의 노선을 공식적으로 반성하며 매니페스토 10대 정책을 구체적으로 제시한 데 있다. 노동당과 보수당은 2.5 파운드, 우리 돈으로 4천6백 원 정도에 매니페스토 정책공약도서를 판매하기도 합니다. 인터넷에서 공약을 확인할 수 있지만 선거 때가 되면 공약집을 사는 사람들도 많다.

당연히 유권자들은 공약을 꼼꼼히 따져 보고 이행 여부를 챙긴다. 당연히 유권자들은 공약을 꼼꼼히 따져 보고 이행 여부를 살핀다. 영국에서는 주요 정당의 매니페스토가 발표되는 날이면 주가가 출렁인다고 한다. 주요정당의 정책방향을 매니페스토를 통해 알 수 있기 때문이다. 646명의 하원 의원 모두가 늘 지역구민의 검증을 받고 있고 그 결과는 곧바로 다음 선거에 반영되고 있다.

(2) 일본

영국을 모델로 1998년 통일지방선거 때에 처음으로 매니페스토가 선을 보였다. 그러나 매니페스토의 배포는 공직선거법의 '불특정다수에게 문서도화 배포 금지' 조항에 위배되어 선거위반으로 간주되었다.

선거 전의 배포는 금지되다가 2003년 공직선거법 이 개정되어 보궐선거를 제외한 국정선거에서는 정당이 매니페스토를 선거기간 중에 배포할 수 있게 되었다.

특히, 2003년 11월 9일 총선에서는 각당이 매니페스토 작성기

시작했으며 가나가와현(神奈川縣) 지사 선거에서 마쓰자와 시게후미(松澤成文) 후보가 매니페스토 37가지를 공표해 당선됨으로써 주목받았다. 학계 등 전문가 집단이 수시로 검증과 평가 작업을 벌여 유권자들의 판단을 돕고 있으며 후보자와 유권자가 '부탁'이 아닌 '약속'과 '계약'으로 맺어지는 새로운 선거 문화 실험이 한창이다.

지난 2009년 총선에서는 매니페스토를 통해 평화적 정권교체를 이루는 기적을 이루었다.

(3) 미국

미국은 신용을 가장 중요시 하는 사회다. 상호 계약을 합리적 토론을 통해 문서화하고 상호 계약을 이행하지 않을 때는 사회적 질타를 피하지 못한다. 때문에 매니페스토 운동에 가장 익숙한 나라라고 볼 수 있다.

공화당과 밀접한 관계를 갖고 있는 보수 성향의 연구소인 '헤리티지 재단'과 민주당과 가까운 것으로 알려진 '브루킹스 연구소' 구체적인 정책제안집을 만들고 있다. 또한 정치권, 행정부와의 개별 토론이나 의회 청문회 출석 등을 통해 끊임없이 자신들의 이념을 정책에 반영하도록 압력을 가하고 있다.

미국은 당원들이 참여하는 지방의 정당대회(코커스)에서 인물만을 선택하는 것이 아니라 각종 현안을 풀어가는 방향과 당의 정책들을 당원들의 치열한 토론을, 대통령후보로 나설 인물과 함께 당의 정책을 동시에 선택한다. 더불어 당내경선 이후의 후보단일화의 명분, '승리한 후보가 패배한 후보의 정책을 얼마나 수용했는가'로 기준을 삼는다.

지난 대선에서 반대(Anti) 테제로 일관하던 공화당 후보와 다르게 미국의 변화와 개혁을 주장한 버락 오바마 대통령이 압승을 거두기도 했다.

민주주의는 뗏목과 같아 쉽게 전복할 수 없다.

- J. 쿠크

III. 정당과 선거게임

1) 정당(政黨, political party)

(1) 정당

정권 획득을 목적으로 결성된 조직을 말한다. 정당은 정치적 이슈를 형성하고 이것을 정책으로 공약화함으로써 유권자의 지지를 호소한다. 정당은 특히 정책의제 설정 과정에서 이익 결집 기능을 수행한다. 이익 결집 기능이란 각종 집단의 요구를 행정 및 정치체제를 통해 정책대안으로 전환시키는 것을 말한다.

대의제민주주의는 여론정치에 바탕을 둔다. 여론을 기초로 국가정책을 결정하고, 나아갈 진로를 결정한다. 여론의 조직화를 위해 정당이 필요한 것이다. 조직화되지 않은 여론은 통일성도 없고, 조직성도 없는 그냥 민중의 소리일 뿐이다. 정치적 결단의 기초가 되지 못한다.

정당의 요건은 여론의 조직화, 구체화, 통일화, 가치화다. 대의정치는 의회를 통하여 그 기능을 발휘한다. 대의정치의 첫 단추는 선거다. 선거는 민주주의의 꽃으로 유권자와 정치를 매개하는 중요수단이다.

유권자들은 선거라는 매개없이 누구를 대표자로 선택해야 될지 망설이게 된다. 선거에 내보낼 대표를 공정하게 선발하는 것이 정당의 공천이다. 과연 누가 국민의 대표로 나를 대신해 나의 주장 요구조건 이해관계 등을 잘 조정해 줄 것인가를 결정하는 것이다. 그리고 대표에게 국정을 신탁하는 것이다. 여기에 정치적 견해를 같이하는 사람들이 모여 적당한 후보자를 선정해 유권자(정치소비자)들에게 내세우는 것이다. 이게 정당이다. 정당이라는 정치집단이 없다면 유권자들은 우왕좌왕(右往左往)하고 여론의 반영은 분산되고 투표결과는 대다수의 민의를 대표하는 사람을 뽑기 어려워질 것이다.

그 본래의 목적을 이룰 수가 없다. 정당 존재의 이유 중 하나다. 'free organization of opposing opnionous'을 주장하는 정당의 존재 필요성이다. 정당은 결혼처럼 불가피한 존재다. 정당이 없는 나라는 없다. 정당이 없는 대의정치는 혼돈이다. 정당은 무질서하고 혼돈된 정치소비자의 투표 속에서 질서를 가져다 준다.

정당은 이데올로기적인 이념지향적 견해와 권력추구적인 선거지향적 견해로 나누어진다. 이념지향적 견해는 영국의 에드먼드 버크(Edmund Burke)의 '정당이란 어떤 특정한 주의에 동의하는 사람들이 그 주의에 의거해 공동의 노력으로써 국민의 이익을 증진시키기 위해 결합된 단체'라는 정치 고전적 철학적 정의에서 유래한다. 엘리넥, 맥키버 같은 사람들이 뒤를 잇고 있다.

대중정당이 등장함에 따라 대중정당은 선거에서 일반대중의 많은 지지에 정권장악의 사활을 걸게 됐다. 이념지향보다는 선거에서의 승리에 관심을 두게 된 것이다. 프랑스의 유명한 정치학자 모리스 뒤베르제(Maurice Duverger)는 '정당은 권력의 획득 또는 그 행사의 참가를 직접 목적으로 한다. 즉, 정당이 추구하는 것은 선거에서 승리해 국회의원이나 장관 같은 공적 지위를 획득해 정부를 장악하는 일이다.'라고 정의했다.

미국의 다운즈 등이 대표적인 학자다. 정당은 (1) 국민의 부분적 단체다. (2) 정당은 자주적, 계속적인 조직 단체다. (3) 정당은 정치과정의 통제, 특히 정권의 획득 유지를 통해서 그 정권을 실현하려는 단체다.

대의제 민주주의는 여론정치에 입각하고, 그것은 의회를 통해서 비로소 그 기능을 발휘한다. 대의제 민주주의 하에서는 서로 대립하는 여론의 자유로운 조직을 주장하는 근거가 정당의 존재 필요성이다.

국가사회 안에서의 투쟁은 '당과 당과의 투쟁'으로 나타난다. 이러한 투쟁에 있어서의 권력을 가령 핵탄두라고 한다면, 정당은 바로 이 핵탄두를 운반하는 미사일이다.

정당은 불가피한 존재다. 자유로운 나라치고 정당을 갖고 있지 않은 나라는 없다. 정당이 없는 대의정치 운영의 기능이란 없는 것이다. 정당은 혼돈된 투표자의 무리 속에 질서를 가져다준다.

정당은 국민의 부분적 단체다. 정당은 자주적 · 세속적인 조직단체다. 정당은 정치과정의 통제, 특히 정권의 획득 · 유지를 목적으로 한다.

한스 켈젠(Hans Kelsen)은 그의 명저 『데모크라시의 본질과 가치』에서 "데모크라시는 필연적으로 정당국가(Parteienstaat)로 될 수밖에 없다."고 말하고 있다.

가. 부르주아 민주주의와 간부정당 (Cadre Party)
- 명사들의 엘리트정당으로 간부회의(caucus)가 중심으로 비
  공식 사교모임
- 선거는 서로가 잘 아는 교양과 재산을 가진 소수의 같은 세
  계 사람들 사이의 일
- 선거권의 확대와 보통선거제의 도입은 간부정당에 중대한 도전

나. 대중민주주의와 대중정당 (Mass Party)
- 보통선거제 확립의 원인인 동시에 결과
- 지지자의 수가 중요
- 이데올로기 지향성
- 지부조직과 규율

다. 복지민주주의와 캐치올 정당 (Catchall Party)
- 선거전문 정당
- 계급적 연대의 이완
- 국가와 정당관계의 변화

라. 산업민주주의와 담합정당 (Cartel Party)
- 선거의 승패나 생존을 위한 경쟁, 정책결정을 주도하기 위한
  경쟁보다 정당의 공존에 관심을 갖는 정당
- 정당과 국가의 상호침투와 정당의 공모현상
- 정당재정의 정부보조금 의존
- 정당의 준국가기관화

- 정치적 목표와 정당경쟁의 기반변화
- 선거경쟁양상의 변화
- 당원의 위상변화
- 문제점 : 집권당과 반대당의 경계 모호, 정당 · 정치인의 과잉 직업의식

국가보조금 제도의 비교

구분	(1) 독일	(2) 일본	(3) 미국(연방)
근거	정당법	정당조성법	• 대통령 예비선거 동액보조계정법 • 대통령선거운동기금법
재원	연방예산 및 주예산	국가예산	국민의 기금
규모 (총액)	매년 2억 3천만 마르크 ※정당의 전년도 연간 총수입액(당비, 기부금, 자산수입, 인쇄출판수입 등)의 범위 안에서 지급	매년 기준일(12.31)의 인구수 *250엔 ※정당의 전년도 수입총액(전년도 교부금총액, 차입금총액, 이월금 제외)의 2/3의 범위 안에서 지급	• 대통령 선거운동기금 조성 - 3달러 이상 소득세를 납세하는 자가 납세액 중 3달러를 지정할 수 있음 - 내 4년에 약 1억 달러 조성, 관리 책임자 : 재무장관
종류	정당운영비 보조	좌동	대통령 선거비용과 대통령후보자 지명 전당대회 비용보조
지급 시기	매년 12.1 지급결정 : 25%씩 3회 (2.15, 5.15, 8.15) 분할지급 가능	매년 7월 : 12 10월 : 1/4 12월 : 1/4	• 대통령예비선거운동 비용보조 : 선거 실시연도 초일부터 전당대회에서 후보자가 지명된 날까지 • 대통령본선선거운동 비용보조 : 수령요건을 갖춘 날부터 10일이내(선거일 전일까지 지급요건 수락문서 제출)

지급 요건	제1투표(후보자투표)에서 - 유럽의회 의원선거 0. 5% 이상 득표 - 연방의회 의원선거 0. 5% 이상 득표 - 주의회 의원선거 1.0% 이상 득표 제2투표(정당투표)에서 10% 이상 득표	• 당해 정치단체에 소속하는 중의원 또는 참의원의원이 5 이상 있는 단체 • 최근 실시한 중의원 총선거의 소선거구 선출의원선거 비례대표 선출의원 선거에서 당해선거의 유효투표총수의 2/100 이상 득표한 단체	• 대통령 예비선거운동 비용보조 : 1인당 250달러 이하의 소액 현금을 20개 주 이상에서 각 5,000달러 이상씩 모금하여 총 10만 달러 이상을 모금한 후보자 • 대통령 본 선거운동 보조 : 대정당(대통령 본 선거에서 25% 이상 득표한 정당), 소정당(5% 이상 25%미만 득표), 신당(5% 이상 득표한 경우 소급지급) • 대통령 후보자지명전당대회 비용보조 : 대정당(대통령본 선거에서 25% 이상 득표한 정당), 소정당(5% 이상 25% 미만 득표)
지급 방법	① 제1투표로서 최근에 실시한 유럽의회의원 선거 또는 연방회의 의원선거에서 0.5% 이상 획득하거나 주의회의 원선거 1.0% 이상 획득한 정당 : 제2투표의 득표수당 1DM을 계산 ② 제2투표에서 10% 이상 획득한 정당 : 당해 선거구의 제투표의 득표수당 1DM을 계산 ③ ①에 해당하는 정당의 자체수입금액(당비와 기부금) : 1D당 0.5DM ※ 선거에서 유효투표총수 중 5백만 표까지는 1표당 1.3M를, 이를 초과한 표에 대해서는 1표당 1DM씩 계산	① 의원 수 비율 : 총액의 1/2 ② 득표수 비율 : 총액의 1/2 중의원총 선거(전회) • 소선거구 선거와 비례대표선거구 선거의 득표율 평균 *1/4 - 참의원의원통상선거(전회, 전전회) • 소선거구 선거와 비례대표선거의 득표율 평균*1/4	① 대통령 예비선거운동 비용 보조 : 모금액에 상응한 금액 ※ 지출한도액(1천만 달러+물가변동 가산금)의 50% 범위 내 ② 대통령 본 선거운동비용 보조(직전선거에서의 득표율에 다라 다름) - 대정당 후보자 : 2천만 달러+물가변동가산금 - 소정당후보자 : 대정당후보자 수령액 * 당해정당의 득표수/대정당 평균 득표수 ③ 대통령후보자 지명전당대회 비용보조(직전선거에서의 득표율에 따라 다름) - 대정당 : 4백만 달러+물가변동 가산금 - 소정당 : 대정당 수령액 * 당해정당의 득표수/대정당 평균 득표수

(2) 정당과 후보

후보추천, 후보지명, 후보선출은 뒤섞여 사용되는 비슷한 용어들이다.

정당의 후보추천은 민주적 선거와 정당정치의 양 측면에서 대단히 중요하다. 정당은 선거를 통해 정권획득을 최대목표로 하는 정치조직이다. 따라서 당선 가능성이 높은 후보를 물색하여 추천하는 것은 선거승리에 절대적인 요건이다. 선거과정에서 정당후보는 그 조직구성원이나 정강정책을 포함한 어떤 정책선언보다 유권자들에게는 더욱 직접적인 정당의 얼굴로 비춰지기 때문이다.

정당 내부 파벌 간 긴장이 가장 격렬한 대립이 후보선출 문제를 중심으로 전개되는 것은 흔히 보는 현상이다. 민주적 선거의 측면에서 정당후보의 추천은 중요하다. 현실적으로 후보자의 인성, 경력, 정책 등을 꼼꼼히 따져서 투표하는 유권자는 많지 않다.

투표할 후보자를 선택하는 과정에서 유권자들은 후보자의 소속 정당을 가장 중요하게 생각한다. 정당은 엄격한 인선절차에 따라 당선 가능성이 가장 높은 후보를 선출했기 때문에 소속 정당 후보에게 투표를 하면 무자격자를 지지하게 되는 위험을 덜 수 있게 된다.

가. 후보 지명

선거업무를 관장하는 기관이 법적 요건을 구비한 특정인(정당후보, 무소속후보 포함)에게 후보 자격을 공인하여 그의 이름을 투표용지에 기재하도록 허가하는 공식적 절차

나. 후보 선출

정당이 후보지망자들 중에서 정의 규정이 정한 절차에 또 정당 후보자로 추천할 인물을 인선하는 과정

다. 공천

개인적인 자격의 무소속 후보와 인선과정을 거친 정당 후보를 구분하는 의미

1990년대 이후 전 세계에서 공통적으로 나타나는 현상의 하나는 정당에 가입하는 사람이 줄어드는 반면, 각종 NGO에 참여하는 사람은 늘어나고 있다는 사실이다.

정책전문가·학자·시민운동가·일반시민에 이르기까지 많은 사람들은 국가가 책임지고 모든 서비스를 제공해야 한다는 좌파의 주장이나, 서비스의 제공과 갈등의 조정을 시장에 맡기면 효율뿐만 아니라 평등까지도 가능하다는 우파의 주장에 회의적이다. 그 대신 자발적인 각종 결사체들이 활동하는 시민사회가 민주주의를 진척시키고 삶의 질을 높일 수 있다는 것에 공감을 표시하고 있다.

선진국 사람들은 국가의 관료주의와 정치적 무관심으로 인해 형해(形骸)만 남은 민주주의를 자율·참여·연대의 정신이 배태되어 있는 시민사회의 역동에 의해 활성화시킬 수 있다고 본다.

그런가 하면, 후진국 사람들은 시민사회가 권위주의국가를 견제하고 국가를 대신하여 각종 사회경제적 개혁프로그램을 추진하여 국가발전을 이룰 수 있다고 본다. 물론 후진국에서는 시민사회가

선진국의 자금을 지원받아 이러한 개혁 프로그램을 진행하기 때문에 각종 단체가 누리는 특권과 부패에 대하여 냉소적인 반응을 보이기도 한다.

현대사회에는 인구의 급격한 증가와 복합적이고 중층적인 사회구조로 인해 국민의 직접적인 정치참여 대신 정당을 중심으로 한 의회정치가 민주정치를 위한 하나의 방법으로 발달하고 있다.

그동안 많은 학자들이 정당의 이론화를 위한 연구를 수행해왔다. 여기에는 정당 발달사뿐만 아니라 정당의 유형, 이념, 정책·정강, 행태 등 다양한 논의가 포함되어 있으며 아직도 이에 대한 연구가 진행 중이다. 그 이유는 아마도 정당이라는 구체적인 실체를 통해 현실정치를 분석하려는 학문적 열망에서 연유할 것이다.

그러나 대의민주주의가 국민의 정치적 무관심(apolitical)과 '우민화'를 유발하고 있다는 비판과 함께 현대 정당정치의 대의성에 대한 논쟁 역시 만만치 않다. 따라서 좀더 대표성을 확보하는 정치형태를 요구하는 이론적·실천적 논의들이 제기되고 있다. 이는 '정치의 생활화'와 함께 '열린 정치'와 '시민참여'의 활성화가 본격화되면서 더 많은 설득력을 얻고 있는 듯하다.

그럼에도 불구하고 현대정치에 있어 정당이 국민의 정치적 요구를 수렴·조정·통합하여 정책화하는 중요한 기능을 담당하고 있는 점을 부인키는 어려울 것이다. 정당은 도당(faction)과는 달리 공적인 정치기구로서, 선거라는 합리적인 선택과정을 통해 정권을 창출하는 수단이기 때문이다. 또한 정당은 이념과 정강정책을 통해 국민들의 선택을 유도하기 위한 리트머스시험지 역할을 하기 때문이다. 이는 대중의 정치참여(political participation)와 정치동원(political mobilization)을 위한 효과적인 메커니즘으로서, 정당의 역할과 기능이 정치적 제도화와 민주적 정책결정과정을 측정하는 중요한 바로미터임을 의미한다.

특히 상대적으로 안정된 정치체제를 구축하고 있는 서구사회에서 정당은 정책결정자와 일반대중과의 연계역할(linkage role)을 담당하는 중요한 기제이다. 그러나 정당을 포함 정치적인 제도화가 성숙된 국가이건 그렇지 못한 국가이건 간에, "정치권력이 누구를 위해, 무엇을 위해, 그리고 누구의 희생 위에서 창출되고 있는가?"라는 물음은 정당정치와 사회체제간의 상관관계를 규명하는 데 있어 보다 본질적인 문제라 할 수 있다.

2) 선거

(1) 선거

유권자들의 지지를 설득하는 선거운동은 경쟁선거의 필수요건이다. '민주주의'가 정치의 꽃이라면 '선거'는 꽃 중의 꽃이라 할 것이다.

선거운동은 정당에 의해 주도된다. 모든 선거의 결과가 정당에 미치는 영향은 엄청나기 때문에 정당은 선거의 승리를 위해 총력을 다 한다. 정당은 후보자를 추천하고 주어진 정치자원을 최대로 활용할 수 있는 캠페인 전략을 수립하여 시행한다.

| 선거의 4대 원칙 |

현대의 모든 민주국가가 선거제로서 채택하고 있는 보통, 평등, 직접, 비밀의 4대 원칙을 말한다. 우리나라는 국민으로서 만 19세가 되면 법률이 정하는 바에 따라 공무원에 대한 선거권을 가지게 된다.

선거(選擧)는 공직자나 대표자를 선출하는 의사결정 절차로, 대개 투표를 통해 진행된다. 한국은 대개 수요일에 치러진다. 다만, 네덜란드, 사우디아라비아, 레소토 같은 왕을 모시는 나라는 선거가 없거나 있다하더라도 의회선거 밖에 없다.

(2) 선거의 종류

㉠ 선거권의 부여에 따른 구분

- 보통선거 : 일정 연령 이상의 모든 주민에게 선거권 부여
- 제한선거 : 재산이나 납세액 등의 조건을 두고, 조건을 만족시키는 자에게만 선거권 부여(초기의 선거법에서는 백인이어야 하고, 남성이어야 하며, 21세 이상이어야 하는 것은 물론 재산이 있어 세금을 낼 수 있는 자에게만 선거권을 부여했다).

ⓛ 표의 가치에 따른 구분

－ 평등선거 : 모든 투표자의 표의 가치가 평등함

－ 차등선거 : 일정한 조건에 따라 투표자 간의 표의 가치가 다름

ⓒ 투표 내용의 공개여부에 따른 구분

－ 비밀선거 : 투표의 내용을 투표자 이외에는 알 수 없는 제도

－ 공개선거 : 투표의 내용을 제3자에게 공개하는 제도(예, 북한의 黑白投票制).

ⓔ 투표자에 따른 구분

－ 직접선거 : 선거권자가 직접 후보자를 선택(직접 선거 국가에서 장애인이 투표할 경우에는 장애인용 기표소를 마련하거나 장애인 전용 투표용지를 주는 것으로 배려하는 경우가 있다. 예를 들어, 시각 장애인들을 위한 점자 투표용지나 지체 장애인들이 휠체어를 타거나 목발을 짚고 들어갈 수 있도록 전용 기표소를 마련하는 경우가 있다).

－ 간접선거 : 선거권자가 선거인단을 선출하여 그 선거인단의 투표를 통해 당선자를 결정(예로 미국의 대통령 선거를 들 수 있다. 미국은 면적이 넓은데다 6개의 시간대가 공존하고 있어 전국의 각 주의 모든 투표함이 수도로 집결하는 데에는 최소한 1주일 이상(러시아는 10일 이상)이 걸려서 간접 선거를 채택하는 것이다).

(3) 투표권행사의 강제여부에 따른 구분

- 강제투표제 : 선거권자가 정당한 이유 없이 투표하지 않았을 경우에 일정한 제재를 가하는 제도(의무투표제가 강제선거이다).
- 자유투표제 : 선거권자의 선거 참여 여부를 선거권자가 자유로이 선택하는 제도. 임의선거.
- 기표 방법에 따른 구분
- 자서식 투표 : 투표자가 백지 투표지에 투표하고자 하는 후보자의 성명이나 부호 등을 자필로 기입하는 제도.
- 기표식 투표 : 후보자의 성명이 미리 인쇄된 투표지에 선거인이 투표하고자 하는 후보자의 란에 일정한 기호를 이용하여 기표하는 제도. 현대에는 대개 도장을 이용한다.
- 투표용지 선택 투입식 투표 : 투표자가 비치된 후보자의 투표용지 중 하나를 선택하여 투표함에 투입하는 제도.
- 전자투표 : 비교적 최근의 투표 방식으로, 전자 기기를 통하여 후보자를 선택하는 제도(대한민국에서는 아직 전자투표가 보급되지 않았지만, 2015년 (빠를 경우 2011년~2014년 사이)에서 2022년 사이에는 전국에 보급될 예정이다.).

(4) 복수선택 여부에 따른 구분

- 단기투표제 : 투표자가 1명의 후보자를 선택하여 투표.
- 연기투표제 : 투표자가 2명 이상의 후보자를 선호순위에 따라 선택하여 투표.

(5) 투표장소에 따른 구분

- 투표소투표 : 선거권자가 선거일에 스스로 투표소에 가서 투표. (징병제 국가에서는 선거권을 가진 남자가 군대에 일정기간 복무하거나 공익근무요원으로 일해야 하는 원인으로 젊은 남자들은 투표소투표를 경험하는 횟수가 줄어든다.)
- 부재자투표 : 선거권자가 선거일에 투표소에서 투표할 수 없는 경우에, 우편이나 대리인 등을 통하여 투표를 대행함. (예 선거일 전날에 해외여행을 가서 4박 5일 동안 머무른 경우나 선거권을 가진 자가 선거일에 군대에 복무하거나 예비군 훈련을 받아야 하는 경우 등)

(6) 범주투표와 순위투표

- 범주투표 : 정당에서 제출한 후보자명부만을 선택하여 투표할 수 있는 투표방법.
- 순위투표 : 선거인이 명부상의 후보자에 대하여 선호순위를 부여하여 선택하는 투표방법.

(7) 재·보궐선거

㉠ 재선거

국회의원 선거를 포함하여 공직선거가 당선인의 선거법 위반 등으로 공정하게 치뤄지지 않았을 경우 당선을 무효화시키고 다시 선거를 치르는 것을 말한다.

선거결과 당선인이 없거나 당선인이 임기개시전에 사퇴·사망하거나 피선거권이 없게 된 때, 또는 법원으로부터 당선무효의 판결이 있을 때에는 선거를 다시 실시한다.

ⓒ 보궐선거

당선인이 임기중에 사직, 사망, 실격함으로써 궐석이 생길 경우에 그 자리를 보충하기 위하여 실시하는 선거이다. 당선자는 전임자의 잔임기간만 재임하는데 보궐선거에 의하여 당선되는 의원의 잔여임기가 1년 미만인 경우에는 보궐선거를 실시하지 않을 수 있다.

즉, 재선거는 임기 개시 전의 사유발생으로 인하여, 보궐선거는 임기 중의 사유발생으로 인하여 실시하는 점이 다르다.

ⓒ 재·보궐선거 개선방안

원칙 없는 재·보궐선거 제도를 고치자. 재·보궐 선거가 많아졌다. 집권당측은 항상 여소야대를 두려워한다. 선거에서 거대여당이 되면 문제가 없지만, 그렇지 않을 경우 인위적인 정계개편을 시도하든지, 아니면 야당 등의 선거법 위반을 적발해 재·보궐선거를 실시하다 보니 재·보궐이 많아지는 것이다.

재·보궐선거에 대해 시민사회단체를 중심으로 재·보궐 선거에 대한 논란이 많다. 논란의 중심은 지역주민을 위해 열심히 일하겠다고 해서 당선된 인물 중 일부는 범법자 자리를 채우는 선거고, 일부는 금배지를 달기위해 중도하차 함으로 인해 치르지는 선거다. 사망을 한 분을 위해 불가피하게 치르지는 선거는 없는 경우가 많다.

　정치권은 불경기에 불구하고 국회의원 선거에 대한민국의 사활이 걸린 양 행동들 하고 있다. 보기에 별로 좋지 않다. 권력에 걸신들린 것 같은 더러운 작태다. 책임 있는 지역에 당당하게 후보를 내보내지 않는 그런 호연지기(浩然之氣)는 없다.

　재 · 보궐 선거(再 · 補闕選擧)는 대통령이나 국회의원 또는 기초 · 광역단체장 등의 빈자리가 생겼을 때 이를 메우기 위해 실시하는 선거다. 재 · 보궐 선거는 재선거와 보궐 선거로 나눈다.

　재선거는 정식 선거에서 당선된 후 당선인이 임기 개시 전 사망하였거나 불법선거 행위 등으로 당선 무효 처분을 받게 된 경우에 치러진다. 보궐선거는 선거에 의해 선출된 의원 등이 임기 중 사퇴, 사망, 실형 선고 등으로 인해 그 직위를 잃어 공석 상태가 되는 경우가 있는데, 이를 궐위(闕位)라고 한다.

　보궐 선거는 궐위를 메우기 위해 치러진다.

　2009년 4월 28일, 10월 28일 두 번 실시했다. 2008년도 한나라당 이은재 의원은 불가피한 사안이 아닌데도 국회의원 출마 등으로 재 · 보궐선거를 실시하게 하는 지자체장이나 의원들에게 제재를 줘야한다고 주장했다.

　이 의원은 당시 "최근 5년간(2003~2007년) 재 · 보궐선거에 972억 원, 즉 1천억 원의 국민 혈세가 낭비된 걸로 드러났다."며 구체적인 방안을 검토해야 할 단계라고 지적했었다. 재 · 보궐선거

이유는 사망 등의 불가피한 사안 보다는 선거법위반 및 국회의원 선거 출마 등에 그 원인이 있는 걸로 나타났다.

보궐선거 원인제공자에게 당초 선거 종료 후 지급했던 보전비용 등에 해당하는 금액 또는 그 일정 금액을 반환하도록 규정하는 방안, 각 정당에서 임기를 마치지 않고 국회의원 출마를 감행하는 자치단체장 또는 지방의원들에게 타 후보자와 차등적으로 선거비용을 지원하는 방안을 검토해야 한다.

사법처리 돼 행정공백은 물론 재·보궐선거에 따른 인적 물적 낭비가 너무 많다. 범법행위로 인한 당선무효 등으로 재보선이 치러질 경우 재보선 비용을 원인제공자에게 부담토록 하는 공직선거법개정안을 대표발의가 됐으나 부결 된 것으로 알고 있다.

원인을 제공한 정당이나 개인은 출마를 금지 시켜야 한다. 서울 양천구의 경우도 2007년 양천구청장 보궐선거가 있었다. 재·보궐선거를 하게 된 결정적 원인은 이ㅇ구 전 양천구청장의 공무집행방해 및 공문서위조 위반(검정고시대리시험)으로 재·보궐선거를 치르게 된 선거였다.

이 의원 발표 후에도 재·보궐 선거가 여러 번 있었으니 금액은 2천 억 원대에 이를 것으로 추정된다. 연 이은 선거는 경제난 속에서 치르지는 선거는 해당 지역주민들에게 '투표 피로감'을 줄 수도 있다. 이들 지역을 지켜보고 있는 국민들 또한 반복되는 선거에 지쳐있다.

우리 국민 모두가 잘 알고 있듯이 재·보궐선거는 당선된 일꾼이 정당한 선거운동으로 당선이 되었거나, 주어진 임기동안 자신이 맡은 역할을 성실하게만 수행해 나간다면 전혀 필요가 없는 선거다.

재·보궐선거는 원칙적으로 그 자리에 있는 분이 죽음의 이유로 궐위되지 않는 이상 시행할 이유가 없다. 뭔가 법적 문제를 만든 일이 있기에 실시하는 선거다. 우리는 재·보궐선거의 투표 참여를 해당지역 주민들에게 권고하기에 앞서 재·보궐선거를 만든 장본인들과 그들을 공천하였던 정당의 책임을 묻지 않을 수 없다.

재·보궐선거는 막대한 선거비용의 낭비뿐만이 아니라 더 크게는 선거제도 자체에 대한 불신을 키워줄 수 있다. 민주주의 발전에 걸림돌이 됨을 알아야 한다. 앞으로는 이러한 재·보궐선거가 필요 없도록 정치권은 각성해야 한다. 재·보궐에 책임이 있는 정당은 후보 공천을 못하게 해야 한다.

재·보궐 원인 제공자는 선거 비용을 모두 자신의 비용으로 부담해야 한다. 18대 국회에서 관련법을 개정하여 재·보궐선거의 원인을 제공한 사람이나 정당에는 해당 선거에 후보출마를 제한하거나, 소요비용에 대한 국고지원금을 삭감할 것을 제안한다.

재·보궐을 어차피해야 한다면 1년에 한 번 몰아서 하는 것도 좋을 것이다. 책임규명과 향후 개선방안에 대한 논의는 보다는 당장의 투표가 중요하다. '투표 피로감'에 지쳐있고 파렴치한 정치권에 염증이 나더라도 반드시 투표장에 가서 보다 나은 지역일꾼을 선택해야 한다.

최선의 후보가 없으면 차선의 후보를, 차선의 후보자가 없으면 차차선의 후보라도 택해 투표를 해야 한다. 앞으로는 기권란도 만들어 당당하게 기권할 권리도 줘야 한다.

행동하는 것만이 무너지는 민주주의의 보루를 지키는 최후 행동이다. 아무리 정치권의 파렴치한 행태가 지긋지긋하더라도 외면해 버리면 미래를 약속할 수 없다.

특히 재·보궐선거는 주민들의 삶에 가장 큰 영향을 정책을 계획하고 추진해 나가는 국회의원, 기초지방자치단체장과 지방의원, 교육감을 선출하는 선거임을 주민들은 인식해야 한다. 선거지역 주민들은 지금이라도 후보자들이 보내 온 선거공보물을 다시 한 번 꼼꼼히 살펴보고 후보자에 대한 정보를 수집하여 깐깐하게 따져보고 투표장으로 나가길 간곡히 권유한다.

재·보궐선거에 유권자 모두가 민주시민의 권리를 투표참여로 꽃피울 수 있기를 기대한다.

정치권 또한 유권자에게 부당하게 부담을 주는 이러한 재·보궐선거가 재발하지 않도록 각고의 노력을 다해 주기를 재차 촉구한다. 세비, 운영비, 연수비 등을 받으면서 선출직공직자 신분을 유지하고, 선출직 공직자 이력이 남게 돼 '당선만 되면 된다.'는 생각이 문제다.

공명선거를 저해하는 것은 물론 재·보궐선거가 반복되는 악순

환이 이어지는 이유다. 일단 당선되고 보자는 부정행위자들에게 우선 재선거비용이라도 부담토록 하는 것이 공명선거를 실현하는 대안이자 혈세를 아끼는 대안이다.

범법자인 원인 제공자에게 공천을 해준 정당도 문제가 있는 것이다. 재·보궐선거 비용환수 전국네트워크라는 시민단체는 비리나 총선 출마 등을 이유로 사퇴한 선출직 공직자들이 재·보궐선거로 축나는 주민 세금을 직접 물어내야 한다고 주장했다.

네트워크는 이에 따라 재·보궐선거의 원인을 제공한 공직자들에게 손실에 대한 구상권을 행사하지 않는 지방자치단체장들에 대해 감사원 감사를 청구키로 했다고 밝혔다. 사망을 제외하고 당선무효에 해당하는 형이 확정돼 쫓겨나거나 총선에 나가려고 중도에 사퇴하는 등 행태는 주민들에 대한 고의성 짙은 기만이다.

이런 무책임 때문에 재·보궐선거 때마다 전국적으로 어마어마한 혈세가 낭비되고 있다. 재·보궐선거가 '민주주의 축제'가 아니라 '고통'일 때가 많다. 재정자립도가 낮은 지자체는 선거비용이 부담스럽고 지역 주민은 안 해도 될 선거를 하면서 자긍심을 잃고 정치 불신만 키우며 선거 당일 일상생활이 차질을 빚어 짜증난다.

중도하차하는 단체장 및 지방의원들로 인해 유권자들의 정치 불신이 팽배해지는 것도 심각한 문제다. 현재 지방선거에 대한 투표율은 계속 하락하고 있는 추세이며 더군다나 보궐선거의 경우 그 투표율은 경우 20% 안팎이다.

그러다보니 심한 경우엔 지역 유권자 대비 5% 조금 넘는 지지를 받고도 버젓이 단체장이나 지방의원이 됨으로써 그 대표성에 대한 문제까지 거론되고 있다. 재·보궐 선거의 경우 대부분을 자치단체의 예비비에서 충당하고 있다.

예비비는 긴급 재난이나 긴급한 사안이 생겼을 때를 대비하여 책정된 예산이지만 이렇게 엄청난 돈이 무책임한 정치인들로 인해 낭비되고 있는 셈이다. 정당 공천을 받아 당선된 후 재·보궐 선거를 유발시켰을 경우 해당 정당의 국보보조금을 소요된 액수만큼 감액하고 일부는 당사자에게 청구해야 한다.

만일 그 원인 제공자가 무소속 출마했을 경우에는 그 개인에게 전액 구상권을 청구해야 한다고 본다. 지금 재·보궐선거 제도는 전면적으로 바뀌어야 한다.

가장 좋은 방법은 불가피한 경우가 아니라 당사자의 귀책사유로 재·보궐선거가 실시되는 경우에는 굳이 또 한 번의 선거를 치를 필요 없이 원 선거의 차점자가 승계하도록 하는 것이다.

이는 세금과 행정력의 낭비를 막으면서, 재·보궐선거의 원인을 제공한 후보자를 공천한 정당에 책임을 물을 수 있는 가장 확실한 방법이다.

(8) 선거구 종류
㉠ 대선거구제
한 선거구에서 여러 명(보통 5인 이상)의 대표를 선출하는 제도를 말한다. 이 제도는 소선거구제와 같은 선거 간섭, 매수 등 부정선거가 줄며, 인물 선택의 범위가 넓은 반면, 후보자의 인물이나 식견을 판단하기 어려운 단점이 있다.

ⓛ 중선거구제

대선거구제의 일종으로, 선거구가 전국을 단위로 하지 않고 도의 크기 정도 지역을 단위로 하여 2~4명을 선출하는 제도이다.

ⓒ 소선거구제

한 선거구에서 한 사람의 대표를 선출하는 제도를 말한다. 이 제도는 군소정당(群小政黨)의 난립을 방지하고 정국의 안정을 도모할 수 있으며, 선거인들이 후보자 선별이 용이하여 그에 따른 후보자 난립을 막을 수 있다. 반면에 지역이 좁기 때문에 선거 간섭, 매수 등의 부정선거가 행하여질 위험성이 많고 지방이익에 집착하여 지방인사가 유리해 전 국민을 위하는 후보자의 선택의 폭이 좁다.

3) 선거구 및 행정구역 개편

(1) 개황

1890년대 행정구역이 정해져 시행됐다. 벌써 120년 가까이 됐는데 농경시대 행정구역으로 현대를 살고 있는 것이다. 모든 균형 발전이 행정구역에 따라 하게 됐는데 지역을 만들어줘야 발전할 수 있다. 국가의 발전을 위해 행정구역개편이 시급하지만, 선거구와 맞물려 개편이 쉽지 않다. 지방자치단체별로 행정구역 통합 움직임이 활발하게 전개되면서 행정구역 개편이 선거제도 개편 논의와 연계될지 주목됐으나 진전이 없다. 선거구는 행정구역과 긴밀히 연관돼 있는데다 선거제도 개편과 행정구역 개편 논의가 모두 '광역화'에 초점이 맞추어져 있기 때문이다.

우선 행정구역이 개편되면 현재의 행정 구역에 기반을 둔 선거구 역시 조정이 불가피하다. 가령 경기도 성남시와 하남시가 실제 통합될 경우 선거구 인구의 상·하한선 등을 감안, 이 지역 5개 선거구의 수나 구역 등도 변경될 가능성이 크다.

특히 행정구역 개편논의가 기초단체의 인구를 70만~100만 명 수준으로 재편, 전국을 60~70개의 자치단체로 광역화하는 것으로 모아지는 만큼 선거구 개편은 전국적이 될 전망이다.

여기에 선거구를 광역화, 한 선거구에서 2~5명의 국회의원을 선출하는 중·대선거구제의 도입으로 선거제도 개편논의가 진행될 경우 행정구역과 선거구제 개편은 맞물릴 공산이 크다.

다만 현재 행정구역 개편은 지자체별 활발한 움직임을 기반으로 국회에서도 특위 차원의 논의가 본격화되고 있는 반면 선거제도 개편은 여야는 물론 정당 내에서도 지역별로 이해가 엇갈려 논의는 답보상태이다.

이 때문에 행정구역과 선거제도 개편 논의가 서로 촉매역할을 하겠지만 실제로는 개별적으로 진행될 가능성도 없지 않다는 관측이다. 행정구역과 선거제도는 긴밀히 관련돼 있지만 행정구역 개편이 선거제도 개편으로 이어지기 위해선 정치권의 합의가 선행돼야 한다.

여야 간 협의를 통한 선거구제 개편은 쉽지 않을 것으로 전망된다. 선거구제 개편에 대한 각 정파 간 이해관계가 첨예하게 대립하고 있기 때문이다. 당장 한나라당은 권역별 비례대표제를, 민주당은 중·대선거구제를 각각 선호하고 있는 것으로 알려졌다.

특히 선거제도 개편은 자칫 개헌으로 이어질 수도 있다는 점에서 야당이 곱지 않은 시선을 보내고 있는 점도 걸림돌이다.

현재 행정구역 개편안에 대해선 시·도를 폐지하고 시·군·구를 통합해 전국을 광역단체 60~70개로 재편하는 방안 등이 제시돼 있는 상태로, 여야가 일정부분 공감대를 형성하고 있다.

행정구역 개편은 몰라도 선거구제 개편 문제를 놓고는 언제든 여야가 충돌할 수밖에 없다.

(2) 게리맨더링(gerrymandering)

특정 정당이나 특정인에 유리하도록 선거구를 정하는 것을 게리맨더링(gerrymandering)이라 한다. 예컨대 반대당이 강한 지구를 억지로 분할하거나 자기 당에게 유리한 지역적 기반을 멋대로 결합시켜 당선을 획책하는 것을 말한다.

선거구를 정함에 있어 특정 정당이나 후보에 유리하도록 정했을 경우 선거의 공정을 기할 수 없다. 따라서 이런 행위를 방지하기 위해 선거구는 국민의 대표기관인 국회의 의결을 거쳐 만들어

진 법률로 정하도록 되어 있으며, 이러한 원칙을 선거구법정주의
(選擧區法定主義)라 한다.

| 게리맨더링의 유래 |

게리맨더링이란 용어는 미국 메사추세츠 주지사였던 엘브리지
게리(E. Gerry)가 1812년의 선거에서 자기 당에게 유리하도록 선
거구를 정했는데, 그 부자연스러운 형태가 샐러맨더(salamander
: 불 속에 산다는 그리스 신화의 불도마뱀)와 비슷한 데서 유래하
였다.

1812년 미국 매사추세츠 주지사 게리(E. Gerry)는 공화당에게 유
리한 상원의원 선거구 개정법을 통과시켰다. 이때 새로 획정된 선거
구는 자연적인 형태나 문화·관습을 무시하고 이상야릇한 모양으로
이루어졌는데, 지역신문기자가 그것을 도마뱀(salamander)에 비유
하였고 게리 주지사의 이름과 합성하여 게리맨더(Gerrymander)라
는 말이 생겼다.

당시 공화당은 5만 164표를 얻어 29명의 당선자를 낸 데 비해,
야당은 5만 1766표를 얻고도 11명의 당선자밖에 내지 못했다고
한다.

게리맨더링을 하게 되면 특정 정당이나 후보를 지지하는 층이
다수가 되도록 선거구를 지리적인 구역이 아닌 인위적인 모양으로
재구획한다. 이를 막기 위해서 한국에서는 선거구를 법률로 정하
게 돼 있다. 행정구역 경계를 깨지 않도록 하고 있다.

그래서 선거구의 인구 기준보다 약간 미달하는 지역을 다른 선거구에서 조금 떼서 선거구를 유지시키는 것도 금지 된다. 떨어져 있는 지역을 한 선거구로 묶는 행위도 금지 된다. 실제로 15대 국회 선거구 획정 시 옥천군, 보은군, 영동군이 묶여진 선거구에서 옥천군이 분리돼 떨어져 있는 보은군과 영동군이 단일 선거구로 묶였다가 위헌 결정을 받아 다시 합쳐지기도 하였다.

4) 대표제

(1) 소수대표제

소수 득표자라 할지라도 정원수의 범위 안에서 득표순위에 따라 대표자를 선출될 수 있는 제도로 중·대선거구제와 결합된다. 우리나라 국회의원은 소선거구제, 비례대표제, 소수대표제, 지역대표제에 의해 산출된다.

(2) 비례대표제

둘 이상의 정당이 있는 경우, 그들 정당수이 비례하여 당선자수를 공평하게 배정하는 제도이다. 소수파에 유리하고 사표가 방지되어 국민의 의사가 투표결과에 잘 반영된다.

우리나라 현행헌법에도 국회의원 선거에서 비례대표제를 규정하고 있으나 의석분배의 불공정성 등이 쟁점이 되고 있다.

비례대표 명부 결정방법 비교

비례대표제(proportional systems)	
비례대표제는 다른 선거체제에 비하여 유권자의 표가 의석수로 전환되는 과정에서 공정한 비례대표성을 반영하고 유권자가 의도하는 선호도를 수적 비율로 정확하게 보여줌. 지배적인 한 정당이 의석독식을 방지하는 장점이 있는 반면, 유권자와 의원 간 1대1의 책임지는 위임권과 대표권이 분명치 않은 단점이 있음	
1. 명부제(list system) 유권자가 일반적으로 정당명부에 투표 하지만 점차 여러 나라에서 유권자가 당화 후보 개인을 혼합하여 선택할 수 있게 바뀌고 있음. 정당이 받은 투표지 지율에 비례하여 의석을 배분함	이탈리아 하원의원 선거, 노르웨이 의원선거, 스위스 하원의원 선거
2. 단기이양식(STV) 유권자가 후보들을 선호도에 따라 순위를 매김. 1차 투표에서 1위 쿼타를 충족시키지 못했을 경우, 선호도 최하위를 마크한 후보를 제거하고 그 후보가 가진 표도 나머지 후보들에게 비례적으로 이양됨	아일랜드 하원의원 선거, 몰타의원 선거, 타스매니아 지방의회 선거
3. 혼합제(Mixed system) 다수제, 비례대표제, 절대다수제들이 한 선거에서 동시에 활용되는 선거체제	① 프랑스는 전국적으로 일부분에 비례대표제를 적용하고 나머지 지역에서는 다수제 또는 절대다수제를 적용함 ② 일본은 중의원선거에서 전국을 소선거구(1석 선거구)와 비례대표제를 구분하고 소선거구에서는 다수대표제에 의해 선출하고 나머지 의석은 명부식 비례대표제에 의해 11개 지역 선거구에서 선출함(1인 1표제) ③ 독일은 1인 2표제가 적용되며 첫 번째 용지는 소선거구(1석선거구)에 출마한 후보에게 투표하고 두 번째 용지는 정당리스트(고정 명부식)에 투표하는 것임 독일의 경우 초과위임의석에 대한 계산법 때문에 특정정당이 지역구에서 확보한 의석수가 정당에 대한 제2투표의 득표율을 기준으로 그 정당에 배분된 의석수보다 많은 경우가 발생할 수 있는데 그 의석을 초과의석이라 함

5) 투표행태

우리나라의 초대 대통령 선거는 국회의원에 의한 간접선거로 실시되었다.

1948년 7월 실시하지 못한 제주도의 2명을 제외한 198명의 재적의원 가운데 196명이 참석하여 간접선거로 실시되었다. 그 후 자유당 정권에서의 제2~4대 대통령선거는 직접선거로 치러졌다. 그러나 제4대 대통령선거는 3·15 부정선거로 인한 4·19혁명으로 무효화 되고 권력구조가 내각제로 개편되어 국회에서 간접선거로 실시하게 되었다.

다시 제5대 대통령선거부터 제7대 대통령선거까지는 직접선거로 이루어지다가, 제8~11대 대통령선거는 통일주체국민회의에 의한 간접선거가 실시되었다. 그리고 제12대 대통령선거는 대통령선거인단에 의한 간접선거였으며, 제13~17대 대통령선거는 직접선거로 실시되었다.

직접선거로 치러진 대통령선거의 평균투표율을 살펴보면 제7대, 제16대 대통령선거 20일 제헌국회에서 정수 200명의 국회의원 중 치안관계로 만 80퍼센트를 밑돌았을 뿐(79.8%/70.8%) 비교적 높은 투표율을 보여 왔다.

그것은 대통령중심제의 권력구조에서 대통령이 갖는 강력한 권한으로 인해 유권자들의 투표가치에 대한 인식이 국회의원선거보다 높게 나타났다는 측면을 보여주고 있는 것이다.

역대 대통령선거에서 나타난 한국 국민의 투표행태는 후보자의 자질, 품성, 능력, 소속정당이 제시하는 정책보다 혈연·지연 같은 지역주의가 결정적 영향을 끼쳐왔다. 특히 1960년대 이후 최근까지의 대통령선거는 유권자의 투표성향이 압도적으로, 지역감정 내지는 지역주의에 의해 좌우되어 왔다. 1963년 제5대 대통령선거에서 추풍령을 경계로 하여 표의 '남북현상'이 나타났는데, 충청 이북은 야당의 윤보선, 전북 이남은 여당의 박정희를 지지하여 '남여북야' 현상을 보였다.

유권자들은 어떠한 기준에 입각하여 후보자를 선택하는가?

보다 직설적으로 표현하자면, 유권자들은 후보자의 인물됨을 기준으로 선택하는가? 정당을 기준으로 선택하는가? 혹은 정책적 입장을 기준으로 선택하는가?

이러한 선택 기준의 현실에 관한 의문은 선거가 민주주의의 원동력으로 작동하고 있는 모든 사회에서 논란의 대상이 되어 온 문제들이다. 또한 이러한 논란에 있어서 한 가지 분명한 사실은 민주주의 이론가라면 누구나 후보자들의 정책적 입장이 선택의 근거가 되는 소위 이슈 본위의 투표가 유권자들 사이에서 적어도 상당 수준 발현되어야 함을 하나의 당위로서 인정한다는 점이다.

이러한 당위성의 주장은 민주적 선거과정에서 이슈 본위의 투표가 지니는 이론적 중요성에 기반을 두는바, 다음과 같은 두 가지 관점에서 논의의 전개가 가능하다.

이슈 본위의 투표는 정치체제에 대한 '국민의 요구(demands)'

가 반영되는 기제로서 간주될 수 있다. 기본적으로 선거과정이란 후보자들이 유권자들의 지지를 획득할 수 있는 이슈를 경쟁적으로 개발하여, 이를 공공정책상의 논점으로 제시하는 특성을 보유한다. 즉 유권자로서의 국민은 선거기간을 통하여 수많은 정책대안 혹은 정책 아이디어를 이슈라는 형태로 공급받게 된다. 여기서 유권자가 제시된 제반 정책대안 중 특정 안을 자신의 정책적 입장에 비추어 선택한다면 이는 곧 정치체제의 기능수행에 자신의 요구를 투사시키는 일이 된다.

다른 관점에서 볼 때, 이슈 본위의 투표는 정치권력의 획득 및 행사에 정통성을 부여하는 '국민의 지지(supports)'라는 측면에서 이해될 수 있다. 즉 선거과정을 통하여 제시된 각종 이슈에 대한 후보자의 입장이 유권자들의 투표선택의 근거로서 기능한다면, 유권자는 당선자에게 선거과정에서 제시된 이슈를 당선자의 정책적 선호에 입각하여 정의·해결하도록 다음 선거 시까지 권력을 위임한 것이 된다.

결국 전통적 민주주의 이론에 입각하자면, 주권자로서의 국민은 이슈 본위의 투표를 통하여 자신을 대표하여 정책의 결정과 집행을 담당할 것으로 판단되는 후보자를 선출하고, 이들 정치세력에 일정기간 정치권력을 위임함으로써 대의제도를 현실화시키게 되는 것이다.

6) 재외국민참정권, 재외국민투표권(在外國民投票權)

2009년 2월 12일 공직선거법 개정안이 국회를 통과함에 따라 재외국민에게 부여된 투표권이다. 대한민국 국적을 가진 19세 이상의 재외 영주권자와 선거 기간 중 국외 체류 예정자 또는 일시 체류자에게 부여하는 투표권이다.

재외국민 투표권 문제가 다시 불거진 것은 1997년 이부영 당시 신한국당 의원이 재외국민의 서명을 받아 선거권 보장을 위한 청원을 국회에 제출하면서부터다.

이후 재일한국인과 프랑스 거주 상사주재원과 유학생이 투표권 보장을 요구하는 헌법소원을 청구하기도 했으며, 1999년 헌법재판소는 기술적인 어려움과 해외거주 사유를 본인 스스로 만든 점

등을 들어 청구를 기각했다. 다만, 해외파견군인과 공무원 등에 대해서만 후속조치를 권고했을 뿐이다.

관련법 통과로 국내 대통령 선거와 국회의원선거에 투표할수 있게 된 재외동포 숫자는 약 240여만 명이다. 한 표가 아쉬운 정치권의 입장에서 이들은 무시할 수 없는' 유권자 집단'이다.

재외국민은 크게 해외국적을 취득한 시민권자, 영주권자, 일시체류자로 구분할 수 있다. 일단 해외국적 취득자, 이른바 시민권자는 재외국민 선거에서 제외된다. 국내에 거주지를 갖고 있는 일시 해외거주자는 국내 주소지 지역구 의원과 비례대표, 그리고 대선 투표를 할 수 있다. 국내에 주민등록지가 없는 영주권자는 지역구 국회의원은 뽑지 않고, 국회의원 비례대표와 대통령 선거를 한다.

21개국에서 모의투표까지 해 보았다. 2012년 선거일 현재 만 19세가 되는 재외국민 선거인 수는 229만 5000명 정도로 추산하고 있다. 경제협력개발기구(OECD) 국가 중 일본 이탈리아만이 재외국민 투표를 시행하지 않다가 일본은 2000년부터, 이탈리아는 2003년부터 재외국민 투표를 하고 있다.

우리나라도 그 시행을 앞두고 정치권에서 여당과 야당이 서로 유불리를 따지고 있는 것 같다. 재외국민은 영주권자와 선거 기간 중 국외 체류 예정자 또는 일시 체류자를 포함한다. 영주권자는 거주국으로부터 영주권 또는 이에 준하는 거주 목적의 장기체류 자격을 취득한 사람과 영주 목적으로 외국에 거주하는 사람을 포함하며, 국내에 주민등록이 말소된 사람들이 해당된다.

국외 일시 체류자는 국내에 주민등록이 되어 있으나 여행·학업·업무 등의 목적으로 해외에 체류하는 사람으로서 현재는 국내에 있으나 장차 해외에 나가 국내에서 투표할 수 없는 국외 체류 예정자도 여기에 포함된다.

이 법에 따라 선거일 현재 대한민국 국적을 가진 19세 이상의 재외국민은 주민등록 여부에 관계없이 대통령선거와 임기 만료에 따른 비례대표 국회의원 선거에서 주권을 행사할 수 있으며, 주민등록 또는 국내거소신고를 한 재외국민은 임기 만료에 따른 지역구 국회의원 선거까지 참여할 수 있다.

국회의원 재선거 및 보궐선거, 지방선거, 국민투표와 주민투표는 해당되지 않는다. 국내거소신고를 한 재외국민이란 '재외동포의 출입국과 법적 지위에 관한 법률' 시행령에 따라 해당 지방자치단체의 국내거소신고인명부에 올라 있는 국민을 말한다.

국내에 주민등록이 되어 있지 않고 국내거소신고도 되어 있지 않은 영주권자나 장기체류 자격 취득자, 영주 목적의 외국 거주자 등은 해당 재외공관에 직접 방문하여 재외선거인 등록 신청서를 제출하여야 하고, 국내거소신고를 한 영주권자가 외국에서 투표를 하고자 하는 경우에는 국외부재자 신고를 하여야 한다.

선거 기간 중 국외 체류 예정자나 일시 체류자의 경우에는 신고 기간에 국내에 있으면 해당 시장·군수·구청장에게 국외부재자 신고서를 제출하고, 외국에 있는 경우에는 해당 재외공관에 신고서를 제출하여야 한다.

선거인등록 신청 및 국외부재자 신고의 기간은 선거일 전 150일부터 선거일 전 60일까지이다. 투표는 선거일 전 14일부터 선거일 전 9일까지 6일 동안 해당 재외공관에 설치·운영되는 투표소에서 이루어진다. 재외 선거권자를 대상으로 한 선거운동은 인터넷, 전자우편, 전화 또는 말로 하는 방법, 위성방송을 이용한 방송광고·방송연설, 인터넷 광고만 허용되며, 단체는 그 명의나 대표의 명의로 선거운동을 할 수 없다. 공정한 선거가 이루어지도록 각 공관에 재외선거관리위원회가 설치되며, 국외 선거범에 대한 공소시효는 해당 선거일로부터 5년이다.

재외국민(在外國民)이란 국외에 거주하고 있으나 국적을 유지하고 있는 사람을 지칭하는 말이다. 예를 들어 외국 영주권을 가진 사람은 재외국민이지만 이중국적을 허용하지 않는 나라의 국적을 취득하면 자국의 재외국민 지위를 상실하게 된다.

대한민국의 경우 재외국민이 현지 공관에 재외국민 등록을 하도록 되어 있다. 대한민국 대학의 경우 재외국민 전형을 일반전형에서 특별히 실시하여, 해외거주 경험이 있는 학생을 선발하고 있다.

대한민국에서는 1967년 대선 및 총선과 1971년 대선 및 총선 등 4차례에 걸쳐 재외공관원, 월남 파병군인, 지·상사 직원, 독일 광부와 간호사 등에 대해서도 우편투표 방식의 참정권이 주어졌다.

그러나 해외 한인사회의 반정부 성향을 우려한 유신정권은 197
2년 선거법 부칙에 "부재자 가운데 외국 거주 유권자는 제외한
다."는 조항을 삽입함으로써 재외국민 참정권을 서둘러 폐지했었
다. 그 때문에 대한민국은 OECD 가입국가 중 재외국민의 참정권
을 허용하지 않는 유일한 국가였으나, 2010년 국회에서 "공직
선거법(재외국민 참정권법)"이 개정 통과되어 2012년 4월로 예정
된 국회의원 투표부터는 투표권이 부여된다.

참정권(參政權, suffrage, political rights)은 국민이 국가 정
책이나 정치에 직접 또는 간접으로 참여할 수 있는 권리 전반을
가리키며, 선거권 및 피선거권, 공무원 담임권 등이 포함된다. 참
정권은 공민권(公民權)이라고도 한다.

정치적 자유권이라고도 하며, 일반적으로 선거권·피선거권·
국민투표권·국민심사권·공무원과 배심원이 되는 권리 모두를
포함하나, 협의로는 선거권과 피선거권만을 말한다.

과거 전제정치 하에서는 일부 특권계층에게만 참정권이 부여되
었으나, 18~19세기 프랑스와 미국의 인권선언을 계기로 그 이후
에는 많은 민주주의국가에서 일반국민들에게 평등하게 참정권을
인정하였다. 근대민주주의국가에서 국민주권주의는 국민자치의 정
치형식에 의하여 실현되는데, 국민자치의 정치형식으로는 직접민
주제(국민투표제)와 간접민주제(대표민주제)가 있다.

근대적인 참정권은 13세기 영국의 대헌장에 귀족 계급의 참정
권을 명시한 이래로 꾸준히 확대되어 왔다. 참정권의 확대는 신분

계급으로부터, 신분 계급의 철폐 이후에는 재산권에 따라 참정권의 행사가 법적으로 명시되었다. 20세기에 이르러, 여성 해방 운동등과 함께 남성의 일반투표에 이은 여성의 참정권 또한 많은 국가들에서 차례로 보장되기에 이르렀다. 대한민국에서는 1948년 성인남녀의 참정권이 법적으로 보장되었다.

재외국민의 투표권을 둘러싼 논쟁은 권리부여 대상의 범위 문제가 핵심이다. 생활 기반이 국내에 있으면서 일시적으로 해외에 머물고 있는 사람들에게만 투표권을 보장할 것인지, 아니면 해외에 거주할 목적으로 영주하고 있는 이들에게까지 투표권을 보장할지에 대한 것이다.

전자가 주로 기술적인 측면 때문에 투표권이 부여되지 못하고 있었으나 투표권 부여의 당위성에 대해서는 큰 이견이 없었다면, 후자는 갑론을박이 존재했다. 헌재 또한 1999년의 판결과 2007년의 판결이 달랐듯이, 쉽게 판단할 수 있는 법리적 다툼은 아니었다.

이 문제는 법학자들 사이에서도 의견이 갈리며, 정치적 이해관계에 따라 입장이 변해오기도 했다. 예전에는 주로 진보적인 인사들이 재외국민 투표권에 관심이 높았지만, 최근에는 재미한국인의 보수적 성향에 대해 확신을 느낀 한나라당이 훨씬 적극적인 자세를 보였다.

첨예한 갈등 구조 속에서 종종 몇 표 차이의 박빙승부를 볼 수 있는 한국정치 지형에서 지지표가 더 생긴다는 것은 쉽게 뿌리칠 수 있는 유혹이 아니다. 최근 대통령 선거에서도 17대 대선을 제외하면 대통령 선거에서 당선자와 2위 득표자의 차이는 크지 않았다. 더구나 단 몇 표 차이로 승부가 갈리는 국회의원 선거에서는 말 그대로 '한 표가 아쉬운' 판이다. 재외국민 240만 표가 단순한 선거권 보장 문제가 아님을 보여준다.

이런 상황에서 불공정 시비가 등장하는 것은 오히려 당연하다. 재외국민은 재외선거인 등록신청을 한 이들만 투표할 수 있으므로, 일종의 '유권자 등록운동'을 펼칠 수 있는 재력과 조직을 가진 해외 단체의 정치적 성향에 따라 국내 후보의 득표율이 달라질 수 있다. 마치 낮은 투표율 속에서는 촘촘히 짜인 선거조직을 동원할 수 있는 기성정당의 당선율이 높아지는 것과 비슷하다.

게다가 공직선거법 개정안에서는 재외 선거권자를 대상으로 한 선거운동을 위해 국외에서 지출하는 비용은 선거비용으로 포함하지 않는다는 조항도 추가되었다. 따라서 소수정당이나 원외정당은 해외에서 기성 정당과 경쟁하는 것이 거의 불가능하다. 해외 불법 선거운동 시비를 접어두더라도 애초에 재력과 조직의 차이가 자신에게 유리한 유권자의 등록과 정보전달 상의 차이를 만들어내고 있는 것이다.

주요지역 재외국민 현황

지역	국가	재외국민수(명)
아시아 · 대양주	일본	59만 7572
	중국	51만 7762
	기타	34만 7089
미주	미국	119만 1411
	캐나다	12만 1566
	중남미	8만 9456
유럽 · 러시아	러시아 등 구소련 연방국가	3만 5539
	유럽	9만 8651
중동		9358
아프리카		8298
총계		301만 6702

※ 자료, 외교통상부(2007년말 현재), 유권자 수는 240여만 명으로 추정

(1) 시민권자

전통적으로 언론에서 '시민권자'라고 표기하고 있는데, 조금 문제가 있다. (한국 국적자가 아닌) 외국 국적자가 더 정확한 표현이다. 국가 전체의 정책과 대표를 선출하는 데, 외국 국적자에게 투표권을 주는 나라는 전혀 없을 것이다. 다만, 지방자치단체 대표 선출시 외국 국적자에게도 투표권을 주는 나라는 소수 있고, 유럽을 중심으로 조금씩 늘고 있는 추세다.

현재로서는 어떤 외국 국적자도 투표권을 요구하지 않는다. 재외 '동포(한국 핏줄)'와 재외 '국민'만 명확히 구분되면 좋을 것이

다. 재외국민 참정권에 대해서는 납세와 국방의 의무를 들이대며 반대하면서, 정치, 경제적 이익이나 정파적 유리함을 이유로 국적 불문, 동포, 핏줄 등 어떤 연줄이라도 끌어드리며 호의적으로 대하는 태도는 삼가야 한다.

시민권자는 해당 국가의 국적을 획득한 자로 법에 따라 국적상 실신고를 하고 대한민국의 국적을 포기하도록 되어 있다. 국적상 실신고를 하지 않은 경우에는 이중국적자로 남게 되는데, 대한민국은 이중국적을 허용하지 않기 때문에 여전히 대한민국의 국적은 인정되지 않는다. 따라서 시민권자는 재외국민의 범주에는 포함되지 않는다.

(2) 영주권자

늘 영주권자를 중심으로 투표권 부여 여부에 대한 논란이 있었다. 어 떤 이는 거주국 국적을 취득할 수 있는 데도 한국 국적을 유지하고 있고, 어떤 이는 이중국적을 가지기도 한다.

한국에서 범죄를 저지르고 도피했던 과거 때문에 한국으로 돌아올 수 없는 경우도 있고, 독재 정권에 맞서겠다고 도피했던 경우도 있을 것이다. 영주권자는, 그가 국적을 받기 위해 기다리는 사람이건, 한국 국적을 영원히 가지고 있을 사람이건, 추후 상황에 따라 국적을 신청할 수도 있으나 망설이는 사람이건, 한국 국적자로 재외국민이란 것은 분명하다. 일괄적으로 어떤 사람이라고 말하기 곤란하기 때문에 영주권자는 한국인의 권리와 의무를 동시에 갖는다.

그런데, 대한민국에 살지 않고, 세금 납부나 병역의무 등 의무를 이행하지 않는다는 사실 때문에 시류에 따라 부정적인 여론의 대상이 되기도 한다.

(3) 재외동포

재외동포(在外同胞) 또는 해외동포(海外同胞, overseas Koreans)는 해외에서 체류 또는 거주하고 있는 한국인 또는 한국계 자계를 뜻한다. 본국인구 대비 재외동포 비율은 세계 최상위권에 속해 있다. 엄밀히 말하면, 재외한국인(在外韓國人)이란 표현은 재외동포 중 대한민국 국적보유자만을 말하며, 보통 재외교민이라고 한다.

재외동포란 대한민국 국민으로서 외국 영주권을 취득한 자 또는 영주할 목적으로 외국에 거주하고 있는 자와 대한민국의 국적을 보유하였던 자 또는 그 직계비속으로서 외국국적을 취득한 자 중 대통령령으로 정하는 자를 말한다.

(4) 투표권 부여 비판과 민주주의

해외영주권자에게 투표권을 주는 것에 대한 가장 흔한 비판은 납세와 병역의 의무를 수행하지 않는 이들에게 권리만 보장한다는 것이다. 일면 타당하지만, 그들 또한 정치적 권리를 누려야 할 주체이기 때문에 어떤 형태로든 선거권 등 기본적인 정치권리가 보장되어야 한다.

'영주권을 가진 재외국민에게 투표권을 주어야 하는가?'라는 기존의 프레임을 벗어나 새로운 질문을 던져볼 수 있다. 바로 무엇이 '민주주의'에 부합하느냐에 대한 것이다.

재외국민이 투표권을 행사한다는 것은 어떤 정치적 결정 과정에 개입하게 된다는 것을 의미한다. 공직선거법은 우리의 삶을 규정짓는 법을 제정하는 대표자를 선출하는 것이며, 국민투표권은 더욱 직접적으로 결정과정에 개입하게 한다.

저명한 독일 사회학자인 하버마스는 근대 법질서는 자신의 정당성을 오직 자기결정의 사상으로부터만 끌어올 수 있다고 했다. 시민들은 법의 수신자로 법에 종속되어 있지만, 동시에 항상 그 자신을 그 법의 저자로도 이해할 수 있어야 한다는 것이다. 다시 말해 어떤 결정(법)에 영향을 받는 이들이, 그 결정을 스스로 만들도록 하는 것이 근대 법질서의 정당성이다.

따라서 대의제 민주주의의 원리에서도 정치적 대표자를 뽑는 선거권은 그 대표자의 결정에 따라 영향을 받는 이들이 포함되어야 한다. 그렇다면 해외 영주권자의 경우는 어떻게 해석해야 하는가?

해외에 영주할 목적으로 살고 있는 이들에게 (가장 크게) 영향을 미치는 정치적 결정은 어디에서 이루어지며, 이제 그들이 투표해서 선출할 대표자의 결정은 누구에게 (가장 큰) 영향을 미치는가?

여기에서 법이나 중요한 결정을 만들어내는 과정과 이것이 규제하는 영향력의 범위 사이에 묘한 불일치가 발생한다. 해외 영주권자들은 그들이 선출한 대표들의 결정에서 받는 규제의 강도와 폭이 국내 거주자들보다 작으며, 그들에게 더 강한 영향을 미치는 정치적 결정은 다른 곳에서 이루어진다.

그들에게 더 큰 영향을 미치는 결정은 이곳 의회에서가 아니라 영주국 대표들에게서 이루어진다. 해외 영주권자들은 해당국가에 세금을 내며, 그 곳 법률가들과 정치인들의 결정에 따라 생활을 조직하고 영향을 받는다. 결국 해외 영주권자들이 투표권을 행사해야 할 곳은 대한민국 선거가 아니라 영주하고 있는 나라의 선거다.

타지에 영주하면서도 모국에 대한 정체성을 잊지 않으려 하는 재외국민의 심정을 탓할 수는 없다. 그러나 예를 들어보자. 고향을 떠나 타지에서 살아가는 사람들은 자기 고향에서 선거권을 행사하는 것이 옳은가, 자기 거주 지역에서 자기에게 영향을 미칠 결정을 내리는 정치인을 선거하는 것이 옳은가?

고향을 떠나 살고 있다고 해서 자기 고향에 대한 정체성이 사라지는 것은 아니다. 그러나 지역과 혈연적 연대성을 가진다는 것과 정치적 결정을 행사할 범위를 일치시킨다는 것은 다른 문제다. 고향의 문제에 대해 어떤 연대감을 가지거나 특별한 행동을 할 수는 있지만, 정치행위는 자신 삶의 영역에서 이루어져야 하기 때문이다.

이를 세계적 수준으로 확대시켜보아도 마찬가지다.

한국이 고향인 재외국민은 한국민과 당연히 민족적, 국가적 정체성을 공유할 수 있다. 해외 원정 경기에 나선 한국 선수들을 응원하는 재외국민의 열광은 그런 민족적 정체성의 전형적인 표출이다. 그러나 그들의 삶을 규정짓는 정치적 대리자를 선택하는 것은 모국이 아닌 자기 삶의 영역에서 행사되어야 할 문제다. 따라서 미국 영주권자는 미국 의원 선거나 대통령 선거에 참여해야 하며, 다양한 국민투표에서 투표권을 행사할 수 있는 권리를 보장받아야 한다.

우리의 경우도 마찬가지다. 우리나라에 거주하고 있는 외국인은 국내 선거에 참여할 수 있어야 한다. 이미 우리 주민투표법에는 국내 거주 외국인의 투표권을 인정하고 있다. 주민투표법 제5조에는 "출입국관리 관계법령에 따라 대한민국에 계속 거주할 수 있는 자격(체류자격변경허가 또는 체류기간연장허가를 통하여 계속 거주할 수 있는 경우를 포함)을 갖춘 외국인으로서 지방자치단체의 조례로 정한 사람"에게 투표권을 부여하고 있다.

일정한 자격을 갖춘 국내 거주 외국인에게 지방선거 투표권을 부여하는 것은 유럽 여러 나라들에게서도 찾아볼 수 있지만 아시아에서는 한국이 최초다. 그러나 우리의 경우도 이주노동자에게 영주권이 매우 제한적으로 부여되고 있고, 선거에 참여한 이들도 압도적 다수가 국내 화교들이다.

아직까지 외국인에게는 대통령 선거와 국회의원 선거권을 부여하고 있지 않다. 그들도 각자의 모국이 있지만, 그들 삶의 영역이 대한민국이라면 여기에서 정치적 권리가 행사되어야 한다. 국내에 거주하는 외국인 또한 해외에 영주하는 우리 국민들처럼 민주주의를 향유할 권리가 있다

(5) '시민적및정치적권리에관한국제규약'(속칭 'B규약')

국내에 거주하고 있는 외국인에게, 해외에 거주하고 있는 재외국민에게 각각의 나라에서 투표권을 보장해야 한다는 국제 규약을 이미 비준했다. 바로 '시민적및정치적권리에관한국제규약'(속칭 'B규약')이다.

세계 147개국이 비준한 이 국제 규약은 1966년 12월 16일 채택되었으며, 우리는 1990년 7월 10일부터 채택국에 가입했다. 이 규약의 제2조 1항에는 "이 규약의 각 당사국은 자국의 영토 내에 있으며, 그 관할권 하에 있는 모든 개인에 대하여 인종, 피부색, 성, 언어, 종교, 정치적 또는 기타의 의견, 민족적 또는 사회적 출신, 재산, 출생 또는 기타의 신분 등에 의한 어떠한 종류의 차별도 없이 이 규약에서 인정되는 권리들을 존중하고 확보할 것을 약속한다."고 되어 있다.

제25조에는 "모든 시민은 제2조에 규정하는 어떠한 차별이나 또는 불합리한 제한도 받지 아니하고 다음의 권리 및 기회를 가진다."고 명시하면서 다음 세 가지 제시하고 있다.

(a) 직접 또는 자유로이 선출한 대표자를 통하여 정치에 참여하는 것

(b) 보통, 평등 선거권에 따라 비밀투표에 의하여 행하여지고, 선거인의 의사의 자유로운 표명을 보장하는 진정한 정기적 선거에서 투표하거나 피선되는 것

(c) 일반적인 평등 조건하에 자국의 공무에 취임하는 것

다시 말해, B규약은 재외국민의 국내 투표권을 인정하고 있는 것이 아니라, 해외에 거주하고 있는 이들이 그 나라의 정치적 권리를 차별 없이 행사할 수 있도록 한 것이다. 이것이 '자기 결정성'을 핵심으로 하는 민주주의 원리에 보다 부합하는 방향이다.

우리가 일정한 자격을 갖춘 외국인에게 주민투표권을 인정하고 있듯이 대통령과 국회의원에 대한 선거권도 인정해야 하며, 해외 영주권자 역시 그 나라에서의 정치적 권리가 보장되어야 한다. 2007년 미국 보스턴에서도 영주권자에게 시 선거 투표권을 부여하는 문제를 두고 뜨거운 논란이 일어난 바 있다. 이처럼 영주권자는 해당국에서 시민권자와 동일한 법률적 규정을 받고 동일한 방식으로 세금을 납부하기 때문에 앞으로도 끊임없는 논쟁이 벌어질 것이다.

(6) 세금과 참정권

납세의 의무를 지지 않으니 투표권을 주면 안 된다는 주장이 많다. 그럼 재외국민 중 세금을 내는 사람에게만 투표권을 줄 수 있을까? 동시에 국내 거주자 중에 세금을 내지 않는 사람은 투표권에 제한을 가해야 할까? 세금 내는 액수에 따라 차등을 둘 수 있는가? 한국에 거주하는 외국인들에게 지방자치 선거는 물론 대선과 총선에 투표권을 부여할 수 있을까? 그럼 차라리 일정 납세액 이상 납부자에게 투표권을 부여하는 것은 어떨까?

(7) 병역의무와 참정권

재외국민은 병역의무를 지지 않으니 참정권을 주지 말아야 한다는 주장도 있다. 그렇다면 이미 병역의무를 마치고 해외로 진출해 영주권을 가지고 생활하는 사람들에게라도 참정권을 주어야 한다. 외국 국적자에게도 주어야 한다는 주장도 나올 수 있다. 그렇다면 여성들에게는 병역의무가 면제되는데, 여성들에게는 원천적으로 참정권을 주지 말아야 할까?

(8) 정치권

정치권은 순수하게 재외국민 참정권을 만든 것이 아니다. 표를 의식했다. 이 법이 개정되게 된 이유는 정당이 원해서 된 것이 아니다. 헌법재판소에서 관련규정이 위헌이라고 판결했기 때문이다. 개정하지 않으면 국내 선거를 제대로 치를 수 없게 돼 할수 없이 개정하게 된 것이다.

(9) 선거비용

선거비용에 대해서는 아직 구체적인 통계나 추정치가 나오는 걸 보지 못했는데, 제법 들것으로 생각하지만 재외국민을 위해 한국의 세금을 쓰면 안 된다는 논리는 근거가 희박해 보인다.

(10) 투명성

투명성 문제는 한국 언론들이 해외 한인회 선거의 부정적인 사건들만 보도하기 때문에 생긴 인식이다. 국내 투표에 참여할 정도면 인터넷으로 한국 뉴스 다보고 잘 안다. 해외에 있으니 제대로 판단 못한다고 생각하는 것은 선입견이다. 일부는 이권 때문에 어떤 정당을 더 선호하는 사람이 있겠지만 그렇다고 투표권을 제한할 수는 없다.

(11) 예상되는 문제점

ㄱ 투표방법 문제

현재 우리 공직선거법 218조 16에서 재외투표소에 가서 직접 투표하는 방법만 규정하고 있는데 이는 공관투표를 의미한다. 만약 공관투표만 허용하면 자칫 우리 헌법 47조와 67조의 보통선거 원칙 규정에 위배될 소지가 있다.

왜냐하면 공관에서만 투표하게 되어 물리적으로 거리가 너무 멀어 갈 수 없는 지역에 공관이 있는 경우 결국 제한선거의 의미가 되기 때문이다. 현재 프랑스 캐나다 스웨덴 일본 등은 우편투표와 공관투표를 병행하여 시행하고 있고 미국 독일 호주 등은 우편투표만 시행하고 있다. 대만은 귀국투표만 허용하고 있다.

ㄴ 둘째, 선거운동과 관리의 공정성 확보 문제

선거운동 기간 내의 선거 부정과 감시는 국내 선거에서도 공정선거 확보의 가장 큰 주요 관심사다. 그러나 외국에서의 선거운동을 어떻게 어떤 방식으로 감시하고 적발할 것인지 그리고 대리투표와 불법·탈법 선거운동을 어떻게 처벌하며 또한 그 투표의 유효성을 판단할 것인지가 불투명하다. 각종 선거사범에 대한 제재 방법과 수단도 현재는 마련된 것이 없다.

ⓒ 셋째, 선거정보 불충분 문제

재외국민에게 발송되는 것은 선거안내문과 우편투표 용지뿐으로 선거후보자에 대해 알 수 있는 기회가 거의 없다는 문제가 있다. 공관 게시판에 선거후보자를 게시하거나 인터넷으로 안내한다고 하더라도 극히 제한적일 수밖에 없어 유권자가 후보자에 대해 충분히 사전 정보를 숙지한 후에 투표하기가 어렵다.

ⓔ 넷째, 선거준비 부실, 선거관리 부실 문제

우리나라 재외공관은 모두 161개다(일부 대표부 제외). 이 가운데 총 55곳에만 재외선관원이 파견된다. 그것도 1곳에 1명씩만 간다. 이 사람들이 가서 선거관리계획에서부터 재외선관위 구성, 재외투표소 설치, 재외선거 명부 작성 등 하나부터 열까지 다 준비해야 한다. 무엇보다도 공정 선거를 위해 불법 선거운동을 사전에 예방하고, 단속을 벌여야 한다.

일단 한 사람이 관할해야 하는 지역이 어마어마하다. 일례로 미국 시애틀에 파견되는 선관원은 알래스카도 관할해야 한다. 영국 전 지역은 혼자 관할한다. 이집트에 파견되는 선관원은 아프리카 거의 절반을 감당해야 한다. 아무리 생각해도 부임지를 벗어나 관할구역 전체를 돌며 일을 할 수 있을 거라곤 생각하기 힘들다.

선거인명부 작성할 때도 부정 선거인을 구분할 수가 없다. 해외국적을 취득한 시민권자는 재외국민 선거권이 없다. 그러나 이 사람이 영주권자인지, 시민권자인지는 본인이 자진신고하지 않고서는 구분하기 어렵다. 본인이 시민권자인데도 영주권자라고 속여 투표에 참여해도 이를 골라내기 어렵다. 나중에 부정 선거 논란이 충분히 나올 만한 대목이다.

현실적으로 선거인 접수와 등록이 부실하게 이루어지면 정부의 선거 준비 부실로 인한 기회 균등의 침해로 이어질 수 있다. 지난번 국정감사에서 재외국민등록부에 기재된 123만명을 전수 조사한 결과 주민등록번호가 틀린 사례가 약 38.7%인 47만6000명이고 중복 등록된 경우도 10만1000여 명이나 되는 것으로 나타났다.

㉤ 다섯째, 재외선거인 등록 문제

현재 공직선거법 제218조 5에 의하면 외국에서 투표하려는 선거권자는 선거일 전 150일 전부터 선거일 전 60일까지 공관을 직접 방문하여 재외선거인 등록을 하여야 하고 관련 증빙서류를 첨부하도록 하고 있다. 재외선거인 등록 절차가 사실상 생업이나 생활에 지장을 줄 정도로 복잡한 것이다. 따라서 이 경우 저조한 투표율을 초래할 수 있으며 결국 재외국민 투표의 전체 대표성을 약화시키게 되어 개선이 필요하다.

㉥ 여섯째, 선거 범위 문제

현재 재외국민투표는 공직선거법상 대통령과 국회의원 선거에 한하여 해당되고 헌법 제72조의 개헌과 국가정책에 관한 투표는 인정하고 있지 않아 선거투표와 정책투표의 투표범위 형평성에 문제가 있다. 여기에 관한 것도 향후 국민투표법과 공직선거법의 동시 개정이 필요한 사항이다.

㉗ 일곱째, 불법 선거운동 문제

불법 선거 운동 단속도 사실상 불가능하다. 형사처벌을 전제로 한 단속은 주재국의 주권 침해 문제와 충돌할 수 있는 문제이기 때문에 해당 국가 안에서 대놓고 선거사범 단속을 할 수 없다. 즉 누가 불법 선거 운동을 한다고 제보를 줘도 그 현장을 덮쳐서 증거를 확보하거나 당사자들을 불러 조사할 수 없다.

보다 근본적으로는 공관 1곳에 1명 나가 있는데 증거 확보나 조사가 가당키나 하겠는가? 중국 같은 곳은 내국민의 정치 활동을 전면금지하고 있다. 다른 나라 선거활동을 허용할까? 중국에 파견되는 선관원들은 본인들 표현대로 그야말로 '암약'할 수밖에 없다.

한인사회에서 나름 힘 좀 쓸 수 있는 사람은 대체로 시민권을 갖고 있는 사람이 많다. 거꾸로 생각해보면 시민권을 획득해야 그 지역에서 어느 정도 기반을 닦을 수 있다. 당연히 선거운동은 이런 사람들이 주가 돼서 움직일 공산이 크다. 그러나 현행법상 불법이다. 그래도 현실적으로는 시민권자인 한인회장 등이 선거 운동을 강행해도 이를 처벌할 근거조차 없다.

재외투표소도 열악하기 그지없고, 한국어 구사능력이 취약한 사람들은 주민번호라든지, 생년월일 등을 제대로 기재하기 어려울

게 뻔하다. 투표용지 발송은 제대로 할 수 있을까? 정당이나 후보자 정보는 어떻게 전달할까? 등등 문제점을 열거하자면 한도 끝도 없다.

이와 같은 여러 가지 문제점을 종합해 보면 재외국민 투표의 경우 그에 걸맞은 공정한 선거관리의 준비가 없이는 애초 기대하는 목표를 달성하기 어려울 것이다. 우리 해외 공관은 아직 선거관리 업무를 해 본 경험이 없어 이에 대한 선거업무관리 능력 향상도 우선 필요할 것이다.

법무부는 재외선거사범 대처에 한계가 있는 부분에 대해 입법 보완을 하려고 준비하고 있다. 선거사범을 공관 영사가 조사해도 법적인 효력을 인정한다거나 화상 조사를 가능하도록 하는 등의 법 개정을 준비하고 있다.

투표 방법도 공관투표 외에도 제한적 우편투표 등도 병행해보면 어떨까 하는 궁리도 하고 있다. 하지만 근본적인 문제를 해결하기엔 한참 부족한 건 명백한 사실이다.

재외국민 선거에 들어간 돈과 들어갈 돈도 상당하다. 앞으로 들어갈 돈은 어마어마할 것이다. 해외 국민의 참정권 부여라는 거창한 목표도 있지만 현실적으로 돈 값을 해야 할 것이다. 돈은 돈대로 쓰고, 온갖 불법이 판치는 유명무실한 선거, 결국은 해외동포 사회의 분열만 초래하는 천덕꾸러기 같은 제도가 되선 안 될 것이다.

딱히 해결 방안이 있는 건 아니다. 선관위도 이 점을 매우 답답해한다. 근본적으로 전 지구를 대상으로 상대국의 주권을 침해 하지 않은 범위에서 고작 55명에게 제대로 된 선거관리, 단속을 하라고 요구하는 거 자체가 무리다. 재외국민들의 높은 의식 수준만 믿을 수밖에 없는 현실이 너무 안타깝다.

민주주의에 두 가지 갈채를 보낸다. 하나는 다양성을
용인하기 때문이요, 또 하나는 비판을 허락하기
때문이다

- E. M. 포스터

IV. 공천

1) 공천(公薦, public recommendation)

대통령선거나 국회의원선거에서 정당이 후보자를 추천하는 일을 말한다. 정치권에서 공천이란 일반적으로 정당이 공직선거후보자를 추천하는 것을 말한다. 즉, 정당에서 대통령선거나 국회의원선거에 출마할 후보자를 추천하는 것이다.

국회의원 선거의 경우, 우리나라는 비례대표제를 실시함에 따라 지역구의원 후보자와 비례대표 의원(전국구의원)을 동시에 추천하게 된다.

공천(公薦)에 대해 국어사전은 여러 사람이 합의하여 추천함, 공정하고 정당하게 추천함, 공인된 정당에서 선거에 출마할 당원을 공식적으로 추천하는 일이라 풀이하고 있다.

국회의원후보자든 다른 후보든 입후보하는데 정당 공천이 꼭 필요하지는 않다. 헌법에서 무소속의원을 인정하고 있으므로 정당의 공천을 받지 않고도 탈당하여 무소속으로 국회의원 선거 후보자로 출마할 수 있다.

하지만 정당의 공천을 받아 정당 차원의 선거 지원을 받을 경우 당선되기가 쉽기 때문에 법적 요건이 아니더라도 정당의 공천을 받기 위한 경쟁이 치열하다.

정당의 입장에서도 다수의 후보자가 나오게 되면 표가 분산되어 선거에서 패배할 수 있기 때문에 후보자 1명을 정당 차원에서 집중적으로 지지하는 것이 선거에서 유리하므로 선거 승리를 위해서 공천이 필수적인 과정이 되고 있다.

정치에서 공천은 개인의 입장이 아니라 정당을 대표해 출마를 한다는 뜻이다. 선거가 인물위주냐 정당위주냐 하는 것이 문제가 될 때, 공천이 중요한 역할을 한다.

공천은 이론도 없고 이론이 있다고 하더라도 원리원칙에 따라 이루어지지 않고 있다. 공정공천, 원칙과 현실의 조화, 정당정체성 강화, 견제와 균형 등 공천쇄신을 위한 원칙이 필요하다.

현재 정치문화가 국회의원의 자율성을 회복하는 방향으로 모아지고 있는 상황에서 공천제도라는 원인을 해결하지 않고서는 의원의 자율성 문제도 근본적인 한계를 가질 수 밖에 없다. 항상 선거를 목전에 두고 공정 공천을 약속하지만 공염불이다. 제 18대 총선 때도 총선을 앞두고 한나라당의 경우 이명박 대통령과 박근혜 전 대표가 만나 공정 공천을 약속했다.

하지만, 공천 받은 사람, 떨어진 사람 모두 공천결과가 왜 그렇게 됐는지 몰랐고, 승복할 수없는 공천이 이루어져 큰 파문이 일었다. 한나라당은 친이(친이명박)−친박(친박근혜) 계파 간 공천 갈등과 밀실공천 문제가 있었고, 한나라당이 도입한 상향식 공천제의 한계점이 도출됐다.

공천 개선방안은 선거 때마다 나오지만 정당들의 공천이 잘 안되는 이유는 실천의지가 없기 때문이다. 이해관계에 따라 밀실공천, 나눠먹기 공천이 이루어지기 때문이다. 공천 쇄신의 핵심은 권력배분 의지와 계파정치의 타파에 두어야 한다.

중앙당 당대표 체제가 존속하고, 현역 의원이 당협위원장을 독점하는 상황에서는 상향식 공천제를 추진해도 근본적인 처방이 되지 못한다. 공천문제는 대한민국 정당들의 분열과 갈등을 증폭시키는 뇌관역할을 해왔다.

국민의 뜻에 충실한 공천제로 가야한다는 원칙하에 당화합을 저해해온 지뢰를 제거해야 한다. 시, 도당 차원의 공천 심사위 구성 등 공천 분권화, 경선 선거인단 규모의 대폭확대, 국민참여 경선시 당원 대 일반 국민 비율 확대, 국민 참여비율이 적을 경우 경선결과 무효화, 정당법 및 선거법에 공천 일정 명문화, 과학적인 공천지수 개발 등이 필요하다.

공천은 대한민국 정치권 전체의 문제다. 정치리더십이 필요한 만큼 시대정신을 대변하는 사람의 공천이 필요하다. 당의 정체성과 이미지를 강화하는 방향으로 공천이 이루어져야 한다. 공천쇄신이 힘을 얻기 위해서는 원칙과 명분이 중요하다.

2) 공천과 대표성

공직후보 선출방식과 생산적 정당정치와는 밀접한 상관관계가 있다. 공직후보를 어떤 방식으로 선출하느냐에 따라 선출된 후보자의 전문성과 대표성, 자율성에 지대한 영향을 미치기 때문이다.

일반적으로 제일 중요한 요소가 대표성(representation)이다. 선출된 후보자와 주민들과의 관계를 의미하며 이 관계가 어떻게 구성되어 잇는 가를 말하는 것이 대표성이다. 즉, 선출된 후보자와 지역구 주민들이 상호 설득과 영향력을 행사하여 공통의 문제점을 해결하기 위한 대책을 강구하기 위한 과정이다.

공천방식은 대표성에 직접적인 영향력을 미친다. 예를 들어, 하향식 공천방식보다는 상향식 공천방식이 선출된 후보자가 대표성을 확보하기 좋다. 만약 지역주민이나 다원들의 의사와 상관없는 사람들이 공천되면 과연 이들이 누구를 대표하는지 문제가 발생할 수 밖에 없다.

지역주민은 자신들의 선호와 전혀 무관한 후보자들 중에서 강요된 선택을 할 수밖에 없는 상황이 된다. 이렇게 되면 낙하산 공천 대상자들은 자신을 뽑아준 지역 주민보다는 자신을 공천해준 정당이나 정당지도자를 자신이 대표하는 대상(representative focus)으로 인식하게 된다.

즉, 지역구 대표자가 정당 지도자의 추종자로 전락하게 된다. 과거 한국정치에서 하향식 공천이 국회의원들로 하여금 자신의 소신보다는 당 총재나 대표의 거수기로 활동하게 만든 주된 요인인 이유가 대표성 결여에 있다.

3) 공천의 역사

㉠ 국회발전사

자유민주주의가 먼저 발달된 서구의 정치사에서 절대왕권에 의한 권위주의 통치에서 자유민주주의로 전환과정은 피의 역사였다. 그 가운데 가장 중요하며 핵심적인 역할을 담당한 것은 의회였다. 영국을 예로 들면, 민의를 바탕으로 한 의회의 영향력은 강력한 전제군주의 권력을 효율적으로 제어하였고, 이러한 의회를 기반으로 서구 자유민주주의 정치 체계가 확립 됐다.

대한민국 구회가 민주적 정치 체계로 개원한 지도 60주년이 넘었다. 지난 60년간 국회를 돌이켜보면 많은 발전과 아쉬움이 있다. 1948년 제헌국회로 시작된 한국의 국회는 제 4대 국회까지 권위주의 이승만 정부하에서 입법부로서의 기능이 비정상적으로 왜곡되고 축소됐었다. 제 1공화국 붕괴와 함께 1960년 의원내각제의 양원제 국회가 새롭게 출발하였으나 1961년 5.16 군사쿠테타로 국회의 기능은 중단됐다.

대통령제의 단원제 국회로 다시 출범한 1963년 제6대 국회부터 대통령 3선 개헌을 허용한 제 7대 국회, 유신헌법을 채택한 제8대 국회, 유신체제의 제9, 10대 국회, 전두환 정부의 제11, 12대 국회까지 한국의 국회는 권위주의 체제에서 '행정부의 시녀'라는 명예롭지 못한 멍에를 짊어진 채 존속하였다.

대통령직선제 쟁취 후 치러진 1988년 제13대 국회의원 선거는 헌정사상 처음으로 여소야대의 국회가 됐다. 이는 1990년의 3당 합당의 빌미를 제공했다. 민주화 이행기인 제14대 국회를 거쳐 문민정부에서 치러진 제15대 국회의원 선거는 민주화된 한국정치에서 제대로 된 경쟁의 장을 확인할 수 있었다.

그리고 건국 이래 최초의 여야 간 평화적 정권 교체를 가져온 1997년 12월의 대선이 치러졌다. 2년 뒤 2000년 제16대 총선과 대통령 탄핵 돌풍 속에서 치러진 2004년 제17대 총선까지 대한민국 국회역사는 한국정치 흐름의 굴곡과 파란을 그대로 반영하고 있다.

이러한 이회정치의 변화 속에서 정당들의 부침도 많았다. 출발에서부터 정치권력자의 이해관계를 도모하기 위한 도구에 불과한 정당으로 기능했다. 한국정당들의 특성은 오랜 세월이 흐른 지금까지도 좀처럼 변화되지 않고 있다. 정치적 신념이나 주장, 가치관을 공유하는 사람들이 정권획득을 통하여 자신들의 정책을 실현하기 위해 조직한 결사체인 서구의 정당들과 한국의 정당들 사이에는 메울 수없는 간극이 존재한다.

ⓒ 공천의 역사

공직후보 추천은 정당의 핵심적 기능인 정치 엘리트 충원기능이다. 1948년 제헌 국회와 1950년 제2대 국회에서는 공천이 유명무실하였다. 공천의 효시는 1954년 제3대 국회의원 선거를 앞두고 당시 집권당이었던 자유당이 실시한 국회의원 후보 공천이다. 정당의 국회의원 공천제도가 본격적으로 도입된 직접적인 이유는 이승만 대통령의 정치적 목적을 달성하기 위한 것이었다.

즉, 제3대 국회에서 대통령의 중임제 제한을 철폐하기 위해 개헌에 찬성할 인물들을 당선시키기 위한 목적이었다. 함께 충성스럽지 못한 현역의원들을 정리하기 위한 뜻도 포함됐다.

예에서 보듯이, 한국의 정당 국회의원 후보 공천제도는 그 시작부터 정치발전을 위한 훌륭한 인재들의 정치권 영입이 목적이 아니었다. 단지 정치권력자의 목적 달성을 위한 도구였던 것이다.

잘못된 출발의 공천제도도 형식상으로는 상향식 공천을 표방하고 있었다. 제1단계로는 지역구 대의원들이 후보자를 평가하고, 이어 2단계로 각 도당부의 평가를 거쳐 마지막 3단계로 중앙당의 후보 평가가 있다. 이러한 과정을 거쳐 최고득점자가 당 총재인 대통령에게 추천되고 최종결정권을 가진 대통령의 재가가 나야 후보로 공천되는 식이었다. 최초로 공천제도를 도입한 자유당 공천제도는 실질적으로는 당 총재에 의해 공천여부가 결정되는 하향식 공천제도나 다름없었다.

이렇게 왜곡된 공천제도는 자유당 정부가 붕괴된 이후에도 바로 잡아지지 않고 오늘날까지 지속되고 있다. 제2공화국의 내각제 하에서 국회의원 후보자 공천도 여전히 하향식이었다. 이승만 정권 붕괴 이후 민주당 프리미엄으로 인해 민주당 내 파벌들 간 국회의원 공천을 둘러싼 경쟁은 극심하였다.

결국 민주당이 공식적으로 민의원과 참의원의 후보들을 공천해 발표하였음에도 불구하고 당내 신·구파, 각 계파는 별도로 후보들을 내세웠다. 결국 정단의 국회의원 공천제도는 제도화되지 못했고 계파 간 이해관계와 정치적 목적을 위한 수단으로 전락해 버렸다.

1961년 쿠테타로 집권한 권위주의 군사정부는 정당의 공천 제도를 정치적 통제의 수단으로 더욱 강화하였다. 제6, 7, 8대 국회에서는 무소속 출마를 불허했다. 정당의 공천을 받지 못한 후보는 출마 자체가 불가능했다. 기존의 부패 정치인 청산을 기치로 내걸고 집권한 정당은 민주공화당이었다. 민주공화당은 공천에서 당선 가능성이 높다는 이유로 부패정치인으로 지목되던 구자유당 출신의 공화당 당원을 지명했고, 그 중에는 당외 인물까지 공천해 당내 반발을 샀다.

이에 대해 박정희 당시 공화당 총재는 국회에서 여당이 과반수 의석을 확보해야만 하는 현실적 필요를 충족하기 위한 어쩔 수 없는 선택이라고 합리화 했다. 제6대 국회에서 처음 도입된 전국구 비례대표 공천은 더욱 심각한 문제였다. 직능대표를 선출한다는 본래의 취지와는 달리 지역기반이 미약한 군출신, 지역구 공천탈락자, 권력자에 충성하는 인물들의 정치등용문으로 변질됐다. 정당 공천 문제는 비례대표제 도입으로 가일층 악화된 것으로 평가된다. 최고권력자의 의중에 기초한 하향식 정당 공천방식은 신군부 정권에서도 계속됐다.

동일한 기간 야당 공천과정도 크게 다르지 않다. 정치권력이 없는 야당이라 여당만큼 공천경쟁이 치열하지는 않았지만 야당 역시도 보스 정치 1인이나 소수 계파의 정당지도자들에 의해 공천이 주도되고 왜곡돼 여당과 별 차이가 없었다.

야당은 정부와 여당의 집중통제로 항상 정치자금이 부족했다. 비례대표 경우 거액의 정치자금을 헌납하고 돈으로 국회의원 자리를 산다고 해서 전(錢)국구로 불렸다.

1987년 직선제 개헌과 함께 유신체제 이후 지속됐던 중선거구제가 한 지역구에서 최다 득표 1인을 선출하는 과거의 소선거구제로 환원하면서 정당 공천은 선거에서 당선이나 다름없다. 공천이 곧 당선이다.

이후 선거법이나 정치자금법 등 제도적 측면에서 민주화 이행이 본격화되었음에도 불구하고 정당 국회의원 공천 제도는 백년하청이다. 민주화 이후 국회의원 공천과 관련된 변화라고 하면 과거 제도권 진입이 막혔던 운동권 출신이나 재야인사들이 국회에 진출하게된 정도다. 이들도 최고권력자의 낙점에 의해 공천을 받는 식이었다. 이런 공천방식은 2000년 제16대 국회총선까지 지속됐다.

약간의 변화는 2002년 6.15 지방선거에서 하향식 공천에 부분적인 경선방식이 도입되고, 12월 대통령 선거에서 국민참여경선제가 실시되면서 부터였다. 2004년 제17대 총선에서 각 정당들이 경쟁적으로 상향식 경선제도를 도입해 민주주의적인 방법으로 국회의원 후보자를 결정하려고 노력했으나 실제적으로 상향식 경선제도가 제대로 실행됐다고 평가할 수 없다.

이유는 17대 총선 경우에 전체 공천중 상향식 경선방식은 일부에 그쳤고 대부분은 하향식 비경선 방식으로 공천됐기 때문이다. 그나마 18대 총선에서는 상향식 공천을 숫자로 헤아릴 정도로 전무하게 후퇴했다. 계파별 싸움이 치열했다.

ⓒ 공천의 평가

해방이후 지금까지의 공천은 다음과 같은 평가를 할 수 있다.

첫째, 한국의 공천방식은 하향식 공천방식이었다.

정당이 활성화돼 있는 서구 민주주의 체제의 공천은 아래로부터 민의가 수렴되는 상향식 경선방식이나 한국은 정반대로 여당 경우에는 대통령에 의해, 야당 경우에는 당 총재나 대표에 의해 공천이 결정되는 일방적인 하향식 방식이다. 학자들의 평가는 폐쇄적이고 비민주적인 방식의 공천이라는 의견이 지배적이다.

둘째, 상향식 경선방식의 문제점 보다 긍정에 주목해야 한다.

2002년 지방선거와 대통령 선거, 2004년 17대 국회의원 선거를 거치면서 점차적으로 도입되고 있는 상향식 경선의 시도는 내용상 많은 한계와 문제점이 있음에도 불구하고 긍정적이다. 그 이유는 민주주의적인 공천이 이루어지기 위해서는 소수의 일방적인 결정보다 다수의 후보자에 대한 평가에 더 비중을 두기 때문이다. 상향식 경선 방식을 통해 공천받은 후보자는 당선된 후에도 당 지도부의 통제로부터 상대적으로 자율성을 확보할 수 있고, 긍정적으로 의회정치의 활성화를 가져올 수 있다.

셋째, 국회내 여성의 과소대표성 문제는 심각하다.

여성유권자가 50%를 차지하고 있음에도 불구하고, 국회 내 여성의원의 비율이 17대 국회에 와서야 10%대의 벽을 넘은 사실에서 볼 때, 한국 정당과 국회 내 여성 과소대표성 문제는 심각하다. 17대 국회의원 선거에서 정당명부식 비례대표 후보공천에 여성후보를 50% 공천하게 함으로써 여성의원 비율이 증가된 선례에서 경험 하였듯이 정당들이 국회의 지역구 후보 공천에 여성을 일정비율 이상 공천하도록 하는 강제 규정이 필요하다.

넷째, 직업대표성의 편중문제다.

한국 내 직업이 3만 가지라고 가정할 때, 현재 국회의원의 숫자는 299명이다. 약 300명으로 생각할 때, 직업대표성은 100개 직업당 1명의 대표성이 나와야 한다. 다당한 세상을 반영하는 방법이다. 그런데 현실은 여당만 되면 여소야대를 강하게 의식해 선거에서 지더라도 검찰의 힘을 빌리기 위해 검찰출신, 넓게는 법조계(검찰, 법원, 변호사)에 과도한 공천장을 상납하다시피 하고 있는 현실은 매우 심각하다.

다섯째, 연고탈피가 안된 공천이다.

한국 정당은 지역에 뿌리를 둔 지역정당으로 공천도 인연맺기의 확장에 지나지 않는다. 경상도 출신은 경상도 정당으로, 전라도 출신은 전라도 정당으로, 충청도 출신은 충청도 정당으로 거의 공식적이다. 지방의회와 많이 겹친다.

여섯째, 공천기간이 짧다.

공천기간이 짧아 제대로된 심사가 어렵고, 그렇다보니 유권자 선택권 폭이 줄어든다.

일곱째, 높은 진입장벽과 비용

공천은 국회의원으로 당선되는 초청장이다. 공천룰과 진행과정이 기득권에 주어지다 보니, 정치신인에게는 진입장벽이 높고 그 비용이 불리하게 작용한다.

여덟째, 공천민주주의는 낙제점이다.

한국의 민주주의는 아직도 후진적이고 낙후돼 있다. 삼권분립, 국회, 정당, 공천제도 등에 관한한 한국 민주주의는 낙후된 상황이다. 1980년대 후반 민주화 이행이 시작되고 문민정부 출발과 함께 민주화가 본격화된 이후 정기적인 선거에 의한 정권교체, 지방자치 확립, 선거법 및 정치자금법 정비, 그리고 두 차례 여야 간 정권 교체가 이루어지는 등 여러 가지 긍정적인 결과들이 가시적으로 나타나고는 있다.

그러나 유독 민주화 이행의 변화 속에서도 과거의 관행이 그대로 유지돼온 영역이 바로 정당의 공직후보자 공천과 관련된 사안들이다. 쉽게 말해 정당내 권력분배인 '정당 내 민주화'를 위해 노력을 계속해야 된다는 점이다.

4) 공천기준

㉠ 가장 중요한 기준

왜 국회의운이 되고자 하는지에 대한 평가와 검증이 필요하다. 평가와 검증의 구체적인 방법으로는 '자기소개서'와 '의정활동계획서'를 활용하는 방법이다. 이들 서류를 토대로 신중한 평가와 검증을 위해 일정기준에 도달한 경합자들의 경우, 심사위원들의 심층면접, 다면평가, 국민제보 등 후보자 주변 사람들로부터 평가를 종합하여 판단 할 수 있을 것이다.

ⓛ 현역의원 평가

현역의원 경우는 의정활동 평가가 최고다. 현역의원 경우 선수 (選數), 연령, 당에 대한 충성도, 대통령과 친밀도, 여론조사 순위, 대중적 인기 등 여러 가지 요소들이 많다. 객관적 신뢰성을 담보할 중요한 자료는 의원 재임기간 중의 개개인 의원들의 의정활동에 대한 평가다. 일부 시민단체에서 의원들의 본회의 및 상임위 출석률, 법안 발의 및 발의한 법안 통과 여부, 지역구 활동 평가 등을 정리해 제시하고 있다. 이런 자료들을 모아 종합적으로 활용하는 방법이다. 현역 지역구 의원 경우는 특히 지역구민들의 의정활동에 대한 직접적인 평가가 중요한 기준이 돼야 한다.

ⓒ 정치신인 평가

정치에 대한 소신, 가치관, 정책 비전과 더불어 이력, 경력에서 독재, 독단, 독선, 탐욕, 부정부패 등을 면밀히 검증해야 한다.

ⓔ 여성후보 공천 비율 준수 점검

세계화(World), 웹(Web), 여성(Women)이라는 '21세기 3W 시대'를 맞이해 그로벌 마인드를 갖춘 인사와 여성 인재를 대폭영입해 당선가능성이 높은 지역에 전략공천이라도 하는 대담성을 보여야한다. 해당지역에 적정비율 여성 공천이 이루어지지 않으면 다른 남성 후보들의 공천접수를 받아주지 않아야 한다.

ⓜ 공천신청자 평가
- 일정기간 지역구에 거주한 사실 여부를 고려해 평가해야 한다.
- 당선가능성만 고려한 공천결정은 안 된다.
- 후보자의 도덕성, 윤리성도 엄격히 검증해야 한다.
- 논공행상에 기초한 공천은 안 된다.
- 비례대표 공천의 경우, 특정분야나 영역 편중이 안되게 안배가 필요하다.
- 객관적이고 독립적인 공심위 구성이 필요하다.

공천심사도 하기 전부터 당 지도부가 후보신청기준에 대한 유권해석(일종의 가이드라인)을 내리면 공심위는 허수아비 거수기로 무력화될 수밖에 없다.

5) 과학적인 공천지수(매니페스토 평가)

의정활동 매니페스토 평가 항목

심사항목	심사내용	배점	총점
구체성 (Specification)	국회에서 꼭 제정하고 싶은 법률(안), 혹은 개정하거나 폐기해야 할 구체성을 얼마나 가지고 있는가?	20	
측정성 (Measurement)	일반국민들이 제안들을 얼마나 체감할 수 있고, 개혁적이고 창의적인가?	20	
달성가능성 (Achievement)	실현가능성이 있는 제안인가?	20	100 점
지역 및 경력연계성 (Relevance)	제안 내용이 얼마나 지역 및 자신의 경력과 연계돼 있는가?	20	
시간 계획성 (Time-table)	의정활동을 위해 필요한 재정규모 포함한 연차별 활동목표 및 계획의 수립은 잘 돼 있는가?	20	

과학적 공천 지수와 연계된 각종 세부 항목

평가항목	방법	세부사항	최종판단
교체지수 (지역구, 현역)	지역구 여론조사	교체/유지	교체지수가 1.75면 위험, 영남권, 호남권 등 안정지역에서는 더욱 엄격하게 적용
의정활동지수 (유권자평가)	지역구 여론조사	잘한 편 / 못한 편	최종활동지수 작성시 50% 반영
의정활동 평가지수 (정량평가)	국정감사, 본회의, 상임위 활동 평가	국감, NGO, 모니터단 우수 의원 수상경력, 법안 발의 횟수, 발의 법안 원안 통과 횟수, 국회 본회의 출석률, 기타 분야	최종활동지수 작성시 50% 반영
인지도	여론조사	전체 유권자 및 자당 지지층 대상	상세인지도+ 단순 인지도
적합도	여론조사	자당 공천 신청자 대상	주요 경력 2개 활용
가상대결 지지도	여론조사	전체 유권자 및 자당 지지층 대상	자당 출마시/무소속 출마시 경쟁력
의정활동, 매니페스토지수	서류심사	스마트지수공약의 구체성, 검증 가능성, 달성가능성, 타당성, 시간 계획성	5개 측정 항목별로 20점씩 부여해 100점 만점

도덕성지수	자당 당규 적용	부적합	적합/부적합
사회활동 평가지수	서류심사	10점	왕성 10점, 보통 5점, 전무 0점
당 기여도	서류심사	10점	아주 높음 10점, 보통 5점, 전무 0점

공천 경쟁의 핵심은 과학적인 공천기준을 마련해 예외 없이 적용하는 것이다. 공개적인 토론을 거쳐 누구도 거역할 수 없는 과학적 공천지수(SNI : Scientific Nomination Index)를 마련하고 공심위가 이를 철저하게 적용하는 것이다.

예를 들면, 현역 국회의원 중 공천신청자에 대해서는 '교체지수'와 '의정활동지수' 등을 '1차 기준'으로 삼고, '정치 신인'에 대해서는 의정활동 매니페스토 지수, 경쟁력 지수 등과 같은 과학적이고 객관적인 공천지수를 개발해 그 기준에 맞춰 투명하게 공천해야 한다. 지수를 만들 때 시대적 조류에 맞게 탈이념, 실용주의, 자유민주주의, 시장경제에 기초한 공동체주의, 세계화 등과 같은 시대정신을 고려할 필요가 있다. 더불어 구태정치의 표징인 색깔론, 지역주의, 부정부패, 철새정치 등에 물든 인사들을 과감하게 퇴출 시켜야 한다.

6) 공천과 권력투쟁

국회의원들 자신과 일반 국민 모두 표현은 선출직 공직자들을 국민의 머슴(종)이라 한다. 그들은 공복(公僕) 즉 공노비(公奴婢)들이다. 공천은 사전적 표현으로는 전통적 신분 사회에서 왕실과 국가기관에 소속, 사역됐던 최하층 신분인 공천(公賤)이다.

공천(公賤)이 되기 위해 공천(公薦)을 받는 것인데 이것이 왜곡되고 잘못됐다. 국회의원이 무보수 명예직이라도 저렇게 많이들 하려고 했을까? 결국은 힘을 가진 자리니 서로 독차지 하려고 무제한으로 몰리는 것이다.

정치를 욕하고 안하겠다던 사람도 결국은 정치를 하겠다고 공천을 받겠다고 기웃거린다. 선거를 경제적으로 보면 싸우는 원인과 해답이 나온다.

수요와 공급의 법칙으로 보자. 수요는 넘치는데 공급은 법에 299명으로 나와 있다. 이러니 정치적 동물로 넘치는 한국에서 얼마나 피터지게 싸우겠는가. 경제도 정치적 로비나 빽으로 성장하고, 모든 일을 권력 줄대기로 푸는 국가다. 정당 공천에 기대를 하는 이유는 집권당이면 권력에 더 가까이 가기 좋기 때문이다.

국민들도 정당은 재벌 대기업 제품처럼 믿음을 가지고 더 신뢰한다. 야당은 중소기업 제품이고, 무소속은 이름 없는 회사 제품이라 신뢰가 덜 간다고 생각하는 것이다. 하지만, 이런 것은 우리가 제대로 모르는 상식이다.

재벌과 대기업 제품도 문제투성이다. 한국 정당은 여당이나 야당이나 정책이 거의 같다. 자기들끼리는 좌니 우니 떠들어도 스펙트럼이 거기서 거기다. 공천심사도 국민을 두려워하는 마음으로 진행해야 힘을 가질 수 있다.

모든 정당의 싸움 기저에는 공천권이 자리잡고 있다. 공천을 빼고 하는 이야기는 책임을 면하기 위한 발언이고 진정한 문제를 외면하는 것이다. 제일의 핵심 문제는 공천이다. 권력허가장인 공천 시스템이 엉터리기 때문이다.

공천은 전쟁이다. 내가 다음 선거에서 죽을 판인데, 누구를 위해 싸우겠는가가 핵심 요소다. 모당의 최근 싸움을 보면 그 원인이 공천과정이다. 예전에도 총재의 정치자금 창구 노릇을 했던 공천장이 지난 선거를 거치며 사천, 밀실, 야합공천이라는 과정을 거쳐 죽기 살기식이 된 것이 진정한 문제다.

자기 줄은 잘못했든 아니든 무조건 공천을 주고, 심판의 규정도 바꾸고, 여론조사도 왜곡하고, 두 번 세 번 공천장을 주면서 다른 계파 상대에 대해서는 공천은 죽이려고 하니 누가 고분고분 죽겠는가 말이다.

7) 공천 문제점

특정 정당의 공천을 받기 위해 몰려든 많은 공천 신청자들 중에서 옥석구분(玉石俱焚)의 지혜와 혜안이 요구된다. 당의 프리미엄만을 겨냥한 정치꾼과 국민을 위한 정치를 실현하기 위해 희생을 각오한 국민 대표감을 가려내는 것이 공천심사위원회의 몫이다.

한 가지 확실한 것은 우리 모두가 한 마음이 돼 목표를 정하고 노력한다면 정당 내 민주화도 멀지 않아 성취될 것이다. 단, 자기 희생과 노력이 있어야만 가능하다. 원래 정치란 자기 희생을 전제하고 출발하는 것이다. 그러나 그 희생이 공동체 안위와 이익을 위한 것이기에 국민을 섬기는 지도자가 되고자 하는 정치인은 기꺼이 그 희생의 대열에 합류해야 한다.

공천은 전문성을 갖춘 인물을 선출할 수 있는 유일한 충원 매카니즘이다. 그렇다면 각 분야의 전문가를 충원하는 데 어떤 공천방식이 더 나은가? 여기에는 단순히 하향식이나 상향식 중 어느 방식이 좋다고 단정할 수 없다. 왜냐하면 공천방식에 상관없이 어떤 정치적 환경에서 공천이 이루어지느냐에 따라 큰 차이를 보일 수 있기 때문이다.

공천에서는 반드시 지켜야 할 사항과 누구나 납득할 수 있는 공정한 기준이 필요하다. 거기에 맞춰 가장 경쟁력있는 후보를 선정하는 것이다. 여기서 경쟁력이란 당선가능성 뿐만 아니라 의정활동에서의 잠재적 경쟁력도 포함된다.

지금 정치는 식당쇼핑정치다. 음식 먹으러 이 식당, 저 식당 찾아가는 식이다. 기회를 봐서 여당에도 공천 신청하고, 야당에도 공천 신청한다. 선거 당시의 바람만 잘타면 무조건 당선 되기 때문이다. 안 될 사람은 안돼야 하지만, 공천이라는 이상한 빵틀을 빠져 나오면 무슨 마법 상품이라도 되는 것처럼 좋게 보이는 것이다.

선거란 좋은 자를 뽑는 것이 아니라 조금 덜 나쁜 자를 뽑는 것이라는 사실을 모른다. 성인군자를 뽑는 것이 아니다. 정치판 공천과정과 프로 게임의 뒷거래, 주방을 보지 않고는 단정할 이야기들이 아니다. 정당 공천이 합리적이고 공정할 때 공천이 신뢰를 가지는 것이다. 예전처럼 차떼기 공천, 빽공천, 줄서기 공천, 선풍기 공천, 쪽지 공천, 총재 공천, 유력인사 공천 등으로 이루어지면 대국민 사기극이다.

경제용어로 '보이지 않는 손(Invisible Hand)'이 공천정치를 주무르고, 악화가 양화를 구축하는 것이다. "Bad money will drive good money out of circulation." 공천에 나오는 인물들도 마찬가지다.

김연아가 피겨를 잘하니 정치도 잘할 것이라고 착각하는 것과 같다. 주위를 둘러보면 이런 일이 참 많다. 정치외적인 1인자들과 전문가들이 왜 정치로만 몰리는지 이해가 안 간다. 인기만 취해 정치판으로 징발하는 일이 많은 이유는 야합(野合), 포퓰리즘(populism), 지킬박사와 하이드(Dr. Jekyll And Mr. Hyde)의 이중인격 커밍아웃(coming-out)이라 해도 과언이 아니다.

한국 정치 최우선 과제는 공천의 투명성과 신뢰다. 의원들이 무엇보다 공천 걱정을 안 할 수 있어야 소신 의정활동을 펼칠 수 있다. 매니페스토가 겉으로만 번지르르한 방안은 한순간 환심을 살 수 있으나 결국엔 실패한다는 취지를 담고 잇다는 점에서 실현가능성을 모두 따져보고 지켜 나갈 수 있도록 해야 한다.

공천 '쇄신안 구속력'을 둘러싼 문제다. 기껏 열심히 안을 내놓아 봐야 "그래, 알았어, 이론은 그렇고 현실은 아니잖아'하면서 채택을 하지 않으면 아무 소용이 없다. 우리는 이런 일을 자주 겪어 학습 효과가 있다. 공천이 투명해야 정치가 투명해진다.

지금까지 공천은 삼류 쇼였다. 제대로된 공천이 없었다. 서류만 많이 내도록 하고, 짧은 시간에 장난치는 것과 같은 공천이었다. 눈가리고 아웅이었다. 지방자체제에서는 진정한 지방자치제를 위해 다음 지방선거에 기초의원에 한해서만이라도 정당공천제를 없애야 한다.

공천 때 사용하도록 정치인들에게는 명예훼손죄가 없어야 한다. 공천신청자들의 이력서와 공천 자료를 1년 365일 게시판에 공시해 놓고 국민들이 알도록 해야 한다. 일종의 천주교 결혼과정이다. 천주교는 양가가 잇는 성당에 결혼할 사람에 대해 이의가 있으면 이야기 하도록 하고 있다.

정치인을 상품이라 한다면 그의 모든 것 하나하나가 상품의 구성성분 표시와 같기 때문이다. 국가에서 보조금을 받고 국영정당이나 다름없이 살아가는 정당들에게 소유권이 있는 국민들이다. 국영기관이나 다름없는 정당에 국민들이 큰 소리 치지 못할 이유가 없다. 정당이 자생력을 가지려면 당비로 100% 운영돼야 할 것이다.

깨끗하라고 국민 혈세를 지원해주니 부자들이 자기 돈은 투기에 사용하고, 국민들 돈으로 정치를 하면서 싸우고 노는데 사용하니 한심하다. 돈 많은 자들이나 땅 많은 자들은 공천때, 대학교 기부금 입학처럼 재산의 3분의 1 정도를 재산기부하는 제도를 마련해야 한다. 지역구, 비례대표 불문하고 받은 돈을 당비로 사용해야 한다. 국민들 주머니에 손대서는 안 된다.

특정 직업군에 많은 공천을 주어서도 안 된다. 특히 권력기관 출신자들에게는 주지 않아야 한다. 정치를 우습게 여기는 지름길이다. 군대 입대 과정을 보자. 사회에서 돈 많고 잘나간다고 군대 위계질서를 무시하고, 입대하자마자 당나라 군대가 아니고서야 장군이 될 수는 없다. 정치판은 이런 이상한 일이 바로 생긴다.

처음 선거에 나서는 사람들에게는 정치권 진입이 용이하도록 규제일변도인 진입장벽을 제거해 주어야 한다. 정당법을 더 완화해 정당 설립을 쉽게 하고, 조건을 낮추어야 한다. 무소속도 정당 후보와 동등하게 더 쉽게 정치를 하게 해야 한다. 돈은 더 묶고, 입, 글, 온라인 등은 더 풀어야 한다.

공천혁명이 일어나야 한다. 이것이 진정한 공천이다. 공천방식은 후보자들의 자율성에도 직접적으로 영향을 미칠 수 있다. '자율성(autonomy)'이란 공천된 후보가 자신을 공천한 정당이나 그 정당의 최고 지도자의 지시나 명령에 구애받지 않고 자신의 판단과 신념에 따라 자율적으로 정당 및 의정활동을 하는 것을 의미한다.

하향식 밀실공천이 이루어진다면 공천자는 중앙당이나 당의 최고지도자의 지시에 자유롭지 못할 것이다.

반면, 미국 정당과 같이 후보지명이 중앙당의 개입없이 전적으로 지역구에서 이루어진다면 후보자는 정당의 눈치를 보지 않고 오로지 지역주민의 의견과 결정에 관심을 보일 것이다.

　　위에서 언급한 공천문제점을 종합해 보면 다음과 같다.
ㄱ 공천권이 소수에게 집중돼 있다.
ㄴ 공천접수, 심사 기간이 짧고, 심사기준이 과학적이지 않고 불투명, 위인설관적이다.
ㄷ 공천심사위원이 당리당략에 따라 급조된다.
ㄹ 공천이 실세들과의 친밀도, 충성도, 특별자금 등에 의해 이루어진다.
ㅁ 3불공천(불투명, 불공개, 불명확)
ㅂ 공천이 법에 제정조차 돼있지 않다.
ㅅ 공천과정에 국민 참여는 없다.
ㅇ 입법, 사법, 행정의 3권분립처럼, 개인의 3권 분립(재산, 명예, 권력) 심사를 하지 않는다.
ㅈ 재산, 권력, 명예의 분배 차원에서접근하지 않는다.
ㅊ 연고 출마제한 공천이 필요하다
ㅋ 직업별 배분이 되지 않는다.

8) 공천개선방안

(1) 천주교식 공천제

천주교에서는 결혼할 때 서로 다니는 성당에 혼인 공시를 통해 결혼에 이의 있는 사람의 신청을 받아 반영한다. 이 경우처럼 정당 공천에도 개인 사생활 관련 부분을 제외하고, 공천 신청자의 자료를 게재해 열람하고 이의신청을 하는 방안

(2) 365일 상시 공천

선거에 임박해 공천서류 나눠주고 접수하는 지금 방법 대신, 365일 공천서류 발급과 서류 접수를 통해 정당에 필요한 인재들 자료를 등록받아 파일링 해두고, 2배수 예비공천 심사를 해두었다가, 선거에 임박해서는 그 당시의 정책과 정당의 기준을 가미해 공천을 확정짓는 방안

(3) 재산기부 공천

재산의 분배는 세금과 복지정책으로 이루어지지만 한계가 있다. 후보출마자들의 경우 예를 들어, 전가족의 재산 기준 6억을 평균 재산으로 정해, 넘어서는 출마자는 재산액별로 국가나 정당에 몇 %를 기부하도록 해 재산분배가 자연스럽게 이루어지도록하는 일종의 출마세 개념이다. 이것은 강제적이지 않고, 재산이 없는 사람은 내지 않아도 된다는 점에서 기존의 기탁금과 다르다.

지금 정당의 운영이나 선거의 비용을 국가에서 세금으로 뒷받

침 하는데 이것은 모순이다. 물론 깨끗한 정치 풍토와 선거를 위해 마련된 제도지만 혈세 낭비가 심하다. 수익사용자 비용 지불의 원칙에 의거 재산 기부나 헌납을 받아 국가에서 출연받는 자금을 없애고 공천 때 헌납으로 들어오는 돈으로 운영해야 된다.

(4) 지역연고 공천 배제

망국적인 지역감정의 원인은 연고지 공천과 공천의 연고지 출마다. 이것을 없애기 위해서는 행정구역 개편도 중요하지만, 지역연고 출마를 법적으로 막아야 한다. 예를 들어 10년 이상 거주한 지역이나, 초등학교, 중학교, 고등학교를 마친 지역, 자신의 공장 등 사업적 연고가 있는 지역, 종교적 연고, 문중 연고 등 특정 사안별로 연고 잇는 지역의 출마를 제한해야 된다.

국회의원의 경우, 이런 공천 과정을 거쳐야만 말 그대로 국가를 위한 국회의원이 되는 것이다. 현재 연고지 공천을 주다보니 지방의회 의원이나 기초단체장과 하는 일이 겹치고, 파벌 구성의 진원지가 되고, 자빌없는 말뚝 국회의원 본거지가 되는 병폐가 쌓여 신진 정치인들의 진입을 막는 폐단이 있다.

(5) 공천배심원제

공천심사기준만 주고, 정당과 연고 없는 국민을 일정비율 참여토록 해 무연고 공천배심원제를 실시하는 방안

(6) 공천분권화와 경선 실시 의무화

중앙당에서 일괄 심사하지 말고, 각 시도당으로 공천 권한을 완전 넘기는 방안과 1차 심사는 시도당, 2차 최종 심사는 중앙당 또는 중앙당과 시도당 연석 심사를 통해 하는 방안, 그리고 모든 공천에 경선제를 도입한다.

(7) 특정직업군에 공천장을 많이 주면 안 된다.

대한민국의 직업은 3만 가지가 넘는다. 국회의원이 299명인데, 300명이라고 보면 100개 직업을 묶어 대표하는 국회의원 하나가 나오게 직업별 분배 공천제를 해야 한다. 지금처럼 특정 직업에 몰아주는 공천제도는 권력독재를 부른다.

어느 정당은 육법당이라 해서 '육사, 서울대 법대' 출신자들에게 공천장을 주다가, 어느 순간에는 '검찰당'이라는 소리를 들었다. 검찰 출신들에게 40장 이상의 공천장을 주었으니 이것은 직업의 형평성에도 맞지 않고 특정 직업에 잘 보여 무엇인가를 획책하는 음모처럼 보인다. 검찰 몰아주기의 밑에는 검찰공화국의 그림자나 다른 특혜가 보인다. 정치권이 그 어려운 공천장을 특정직업에 왜 그렇게 많이 상납(?)이나 다름없는 일을 하는지 이해가 안 간다.

(8) 재 · 보궐 공천시 문제정당 불공천 법제화

제 3장 정당과 선거게임 (3)재 · 보궐선거 ⓒ재 · 보궐선거 개선 방안 참고. 문제가 된 정당의 후보는 공천하지 않아야 한다.

(9) 일정비율 국민공천 법제화

여성할당제처럼 일정비율은 국민공천단을 모집해 국민들 스스로 공천을 주도록 해야 한다.

(10) 안심번호 국민공천제

안심번호란 가상 전화번호를 이용해 여론조사에 참여할 수신자의 실제 번호를 노출을 차단시켜 공천에 참여케 하는 방식이다. 여론조사를 하는 각 정당은 실제 전화번호가 아니라 이동통신사가 무작위로 만든 11자리 가상 번호만 제공받게 된다.

안심번호제는 기본적으로 '공천권을 국민에게 돌려준다'는 민주주의 원리에 충실하다.

공천권을 국민에게 돌려준다는 것은 거스를 수 없는 시대정신이다. 민주주의의 근본인 공정한 경쟁은 당내 공천 단계에서부터 보장되어야 한다. 처음부터 완벽한 국민공천제가 마련될 수 있다면 얼마나 좋겠는가? 그러나 그럴 수 없는 것이 여야 모두 계파와 지역주의로 얽혀 있는 게 현실이다.

청와대가 반대하는 이유

첫째, 조직선거가 우려된다.

인적사항이 드러나 있는 소수의 권리당원들과 인적사항이 숨겨진 다수의 일반시민들을 상대로 하는 경선 중에서 어느 방식이 더 조직선거를 예방할 수 있는지 굳이 설명할 필요가 없을 것이다.

둘째, 역선택을 예방할 수 없다.

공직선거처럼 당내 경선도 선거관리위원회가 맡아서 관리한다면 예방할 수 있다.

셋째, 세금낭비다.

현대 민주국가는 선거공영제를 실시하고 있다. 당내 경선도 공직선거 절차의 일부라는 점에서 국고 부담이 가능한 일이다. 민주주의를 하자면 비용이 들게 돼있다. 기존의 선거방식에 비추어 안심번호제 비용 절감.

넷째, 정당정치 왜곡할 수 있다.

안심번호제 장점

첫째, 정당의 하부조직을 장악한 기득권자들에 의한 민심의 왜곡을 막을 수 있다.

둘째, 경선투표장에 권리당원을 동원하느라 돈을 안 써도 된다.

셋째, 경선 때마다 권리당원을 많이 확보하고 있다고 설쳐대는 선거 브로커들의 발호를 막을 수 있다.

넷째, 공천권을 쥐고 있는 권력자에게 줄을 서는 계파정치를 막을 수 있다. 한마디로 실력 있고 깨끗한 정치신인의 등장을 수월하게 해준다는 것이다.

방향이 잘못되면, 속도는 의미가 없다.

- 간디

정치의 폭력화는 실정의 고백이다.

— 메리엄

V. 선거전략 마케팅

1. 의미

마케팅은 소비자의 필요와 욕구를 충족시키기 위해 시장에서 교환이 일어나도록 하는 활동을 말하는데, 교환의 한쪽 당사자가 다른 당사자로 하여금 바람직한 반응을 나타내려고 하는 경우 마케팅을 관리할 필요가 생겨난다.

선거마케팅이란 출마자 또는 후보자 개인의 당선과 소속 정당에 대한 조직 활동의 가치창출을 목표로 인지도의 제고, 경선의 승리, 조직화, 차별화 등의 활동을 전략적으로 행하는 일련의 과정 모두를 포함한다고는 하지만 한마디로 정의하기는 쉽지 않다.

선거마케팅을 정의하기 위한 핵심개념들은 유권자의 필요, 욕구, 만족, 교환, 선거장소 등이라고 말할 수 있다. 선거마케팅의 학문적 성격으로는 마케팅 중에서 후보자 중심으로 보면 개인 마케팅이고, 정당과 같이 기관을 중심으로 하면 기관마케팅이며, 직접적인 이윤을 추구하는 것이 아니므로 비영리마케팅이고, 또한 정치를 국민에 대한 고도의 서비스로 본다면 서비스마케팅으로 규정할 수 있다.

2. 전략수립

1) 전략적 계획

- 장기적(5년 이상)이고 광범위한 조직의 목적에 초점을 맞춘 계획
- 정당 또는 후보자의 선거조직 최고의사결정 층에서 수립
- 정당의 목표, 후보자의 목표, 기본적 전략, 선거예산 결정 등 전술적·전략적 계획을 성공시키기 위한 계획
- 단기적이고 현재의 문제에 초점, 선거조직 각 부서의 운영계획 수립

2) 세부운영계획

- 매일, 매주에 관한 일상적인 계획, 하부조직에서 계획
- 주별, 일별 계획, 선거지역 내 세부구분 지역별 계획

정치자금에 관한 각국 선거관리기구 권한 비교

	독립성과 권한	한국	미국	일본	영국
독립성	Status	헌법기관	독립기관 (Independent agency)	총무성 산하 비상근기관	독립기관
	임명	대통령(3), 국회(3), 대법원장(3), 총 9인	대통령 (공화, 민주 동수)	수상 (6명 전원)	하원의 청구에 대해 여왕이 임명(5~9명)
	의사결정방식	과반수	6명 위원 중 4명 동의	과반수	
	예산기간	1년	1년	1년	1년
권한	조사권 조사절차	비공식적인 조사 착수 결정	조사 착수 결정의 공식화	설명·정정 요구 정도의 조사권	
	조사권 금융기간에 대한 자료 요구	선거비용–가능 정치자금–불가능		불가	
	조사권 임의감사	불가	불가	불가	
	조사권 무명신고조사	불가	불가	불가	
	조사권 벌금부과권	불가	가능	불가	
	조사권 선관위제소권	불가 민·형사–검찰의 뢰(기소 거부권에 대해 제정신청 가능)	불가 형사–법무성 의뢰 민사–법원	불가	
	민사상 제소권 (Private right of legal action)	불가	제한적인 제소권부여	불가	
	공소시표 (Statue of limitation)	선거법위반–6개월 정치자금법–5년	민사사건–3년 형사사건–5년	불가	
자산	직원예상	NA NA	NA NA	NA NA	NA NA

정당, 후보자의 선거마케팅 계획 수립 절차

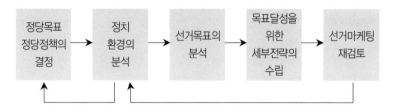

선거마케팅 전략계획의 절차

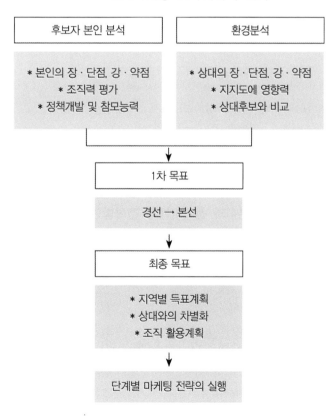

선거에서의 SWOT 분석

기회 및 위협요소	내 용
강점 S(Strength)	– 지역출신, 학력 및 경력 – 중앙정부의 고위관료 출신 – 지역정서에 맞는 정당공천 확실 – 서민적임
약점 W(Weaknesses)	– 지역에서 활동이 미흡 – 상대에 비해 조직관리 약함 – 지역에서 생활하지 않음
기회 O(Opportunities)	– 지역 정서에 맞는 정당의 바람 – 현 집권당의 반 정서인 야당 – 상대후보의 부도덕성과 귀족풍 – 후보자 부인의 이미지
위협 T(Threats)	– 탄탄한 조직력과 자금력 – 지역에서의 역할 – 과거의 경력(장관 등) – 산악회 등 꾸준한 조직관리

SWOT분석과 선거마케팅 전략방안

	강점(S)	약점(W)
기회 (O)	강점–기회전략(SO) 기회를 활용하기 위해 강점을 사용하는 전략 수립	약점–기회전략(WO) 약점을 극복함으로써 기회를 활용하는 마케팅 전략 수립
위협(T)	강점–위협전략(ST) 위협을 회피하기 위해 강점을 활용하는 전략 수립	약점–위협전략(WT) 위협을 회피하고 약점을 최소화하는 마케팅 전략 창출

3) 유권자정보시스템

1980년대 중반부터 컴퓨터의 발전은 차별화된 마케팅 노력을 제공하는 기업활동인 데이터베이스마케팅(database marketing : DB마케팅)의 도입을 가능하게 하였다.

유권자정보시스템은 유권자에 대한 인구통계적 특성, 라이프스타일, 유권자가 추구하는 정치 스타일, 후보자의 이미지 등의 정보를 포함한다. 최근 기업에서는 고객정보를 이용하여 고객행동을 이해하고 고객이 원하는 혜택을 파악하고 제공하여 고객과의 관계를 추구하려는 노력을 하고 있다.

이러한 관리방법을 고객관계관리(CRM : customer relationship management)라고 하는데, 이 기법은 선거마케팅에서도 적극적으로 활용할 필요가 있다.

(1) 관계형성 및 신규유권자 확보

유권자와의 관계를 구축하고 유지하기 위해서는 유권자가 필요로 하는 적절한 가치를 제공하고 유권자가 만족할 수 있도록 여러가지 혜택을 제공해야 한다.

유권자가 후보자를 선택할 때에는 여러 정당의 이미지를 고려하게 되는데, 이러한 고려 정당 중에서 자신에게 가장 많은 가치나 혜택을 제공해 주는 정당이나 후보자를 선택하게 된다. 백화점에 가서 쇼핑을 한다고 생각해보자. 다수의 백화점이 존재하기 때문에 고객은 이 중에 하나를 선택하여 쇼핑을 하게 된다. 고객은 여러 대안 중 자신에게 가장 많은 가치 또는 혜택을 제공해 주는 백화점을 선택할 것이다.

이처럼 근본적으로 유권자가 정당이나 후보자를 선택할 때에는 그 해당 정당이나 후보자가 지역을 위해서 또는 내가 포함된 여러 해당 영역에 어떠한 발전이나 혜택 등의 가치를 제공하느냐를 크게 고려하게 될 것이다. 따라서 이러한 가치나 혜택을 제공하여 유권자를 만족시킬 때 비로소 정당이나 후보자와 유권자와의 관계가 형성되며 신규유권자를 확보할 수 있다.

(2) 유권자 충성도 제고 및 유지

유권자 만족은 지속적인 재 선택으로 이어지게 된다. 재 선택이 높은 유권자를 충성도(loyalty)가 높은 유권자라고 하는데, 충성도가 높은 유권자는 재 선택률 뿐만 아니라 기타 다른 정당이나 후보자에 덜 민감하게 반응한다. 유권자 충성도가 높으면 고정표가 많아 정당이나 후보자의 경우 선거에 있어서 훨씬 유권자 공략 전략이 수월해진다.

(3) 인지도 향상 및 고정유권자 확대

충성도가 높은 유권자를 유지하면서 적극적이고 자발적인 선거운동에의 참여, 홍보를 유도하는 것은 매우 중요하다.

정당이나 후보자는 선거활동에 있어 고정유권자, 유동유권자 모두를 포함하여 유권자의 필요와 욕구에 맞는 공약과 정책개발, 그리고 유권자 중심의 정치활동을 통해 당선의 기쁨을 누릴 수 있다. 이러한 당선을 위해서는 유권자 밀착형 선거활동을 통해 유권자의 마음을 사로잡아야 할 것이다. 따라서 선거마케팅에서 유권자의 충성도를 높인다는 것은 그만큼 밀착형 마케팅 전략을 행하기가 쉬워지며 이는 곧 유권자 관계관리의 중요성을 대변하고 있다.

이처럼 유권자 관계관리의 중요성이 대두되면서 선거마케팅 정보시스템의 역할 또한 매우 중요하게 설명될 수 있다. 유권자 관계관리를 잘 수행하기 위해서는 유권자의 정보를 담고 있으며 이를 관리해줄 수 있는 유권자정보시스템이 필요하다. 다음의 도표에서 제시된 바와 같이 선거마케팅 정보시스템에는 여러 구성요소들이 있다.

유권자정보시스템을 기반으로 다른 선거마케팅 정보시스템의 구성요소들과의 유기적인 관계를 유지하면서 활용될 때, 성공적인 유권자 관계관리 활동이 가능하게 될 것이다.

선거마케팅 정보시스템의 구성요소

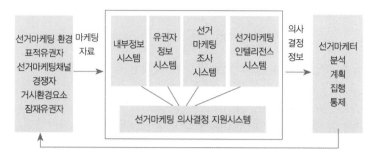

선거마케팅 조사의 4단계

1단계 : 조사문제의 정의와 조사목적의 결정

↓

2단계 : 선거마케팅 조사 설계

↓

3단계 : 자료의 수집과 분석

↓

4단계 : 보고서 작성

조사보고서의 구성요소

1. 제목
2. 보고서 목차
3. 연구결과의 요약 및 결론
4. 서론부분
5. 조사방법
6. 조사결과의 분석
7. 전략적 제안점(결론 및 권고사항)
8. 부록
   ① 조사 설문지
   ② 표 및 도표

가장 적게 정치하는 정부가 가장 좋은 정부라는 진리는
18세기에 속하며, 그리고 가장 많이 공급해 주는 정부가
가장 좋은 정부라는 진리는 20세기에 속한다.

– 월터 리프만

내 눈에 비친 정치인의 인상은 권력에 굶주린 인간의
모습이다.

　　　　　　　　　　　　　　　　　　　- R. H. 솔로우

VI. 실전선거전략

아리스토텔레스의 저서 『정치학』에는 '인간은 정치적 동물이다.'라는 명언이 있다. 즉, '인간은 폴리스적인 존재'라는 뜻이다. 경제불황, 경기침체, 불안한 고용시장, 높은 자살, 범죄율, 매번 국민들이 경악하는 뒷거래와 비효율적인 정치상황으로 마음이 무겁고 정치에 대한 혐오가 있지만, 누군가는 정치를 해야 되고 정치 없는 국가는 없기에 정치에 대한 수요는 끝이 없다.

어차피 정치를 할 바엔 확실하게 해야 한다. 권력은 총구에서 나온다는 모택동의 말이 실현되던 군부를 떠나, 권력은 정보로부터 나오고 있다. 정확히 말하면 권력은 정치로부터 나오고, 더 정확히 말해 선거로부터 나온다.

선거는 유권자 즉 국민의 판단이고, 이는 항상 옳으니 겸허하게 받아들여야 한다. 경자유전이요, 주권재민의 사상이다. 정상적인 국가라면 실제 선거가 모든 국가의 정치를 좌지우지한다고 해도 과언이 아니다.

선거는 이처럼 중요하다. 총알 없는 전쟁터다. 정치는 총알없는 전쟁이고, 전쟁은 총알 있는 정치다. 모든 것이 다 동원된다. 겉으로 드러나는 합법적 게임과 드러나지 않는 지략적인 게임 등이 어우러져 선거를 움직인다. 한국의 언론, 사법, 경제, 관료, 군부, 금융 등 모든 엘리트들이 최종적으로 가고자 하는 곳은 거의 정치 쪽이다. 사람들이 이런 정치의 마약 같은 성질을 알기에, 욕하면서 닮아가듯 정치에 대해 덤벼드는 것이다.

우리말에 '망하려면 신춘문예, 도박, 정치를 하라'는 말이 있다.

모두가 인간의 욕망이 가장 강한 분야다. 일종의 레드오션(red oc ean) 분야다. 가는 사람과 가고자 하는 사람은 많지만 성공은 아무나 거머쥐는 곳이 아닌 분야들이다. 이 책은 쉬운 듯하면서 어려운 정치를 향해 가는 사람들에게 조금의 도움이 되고자 한다.

1. 선거에 임하기 전

1) 일명 선거법(공직선거 및 선거부정 방지법)이라고 하는 선거 전쟁의 게임 룰을 잘 지켜야 한다. 선거법은 운동경기에서 경기규칙과 같은 것으로 경기규칙을 모르고 경기에 승리할 수 없는 것과 같이 선거법에 관한 숙지는 당선에 필수적인 것이다. 일명 '오세훈 선거법'으로 불리는 선거법의 가장 큰 특징은 "돈은 묶고 '입'과 '발'은 푸는 것"이다.

2) 선거에 임하기 전에 정치공부를 하고 알아야 한다(정치인 적성테스트).

3) 선거법 공부를 열심히 하고 행동으로 익혀야 한다.

4) 修身 齊家 治國 平天下라고 하듯 자신을 알아야 한다.

5) 선거법에 저촉이 안 되게 피선거권을 유지하고 관리한다.

6) 자신의 모든 이력을 정치에 맞게 정리한다.

7) 자신의 모든 자료를 정치에 맞게 정리한다.

8) 최소한 출마 1년 전부터 모든 자금을 정치에 맞게 정리한다. 선거비용과 선거 외적 비용, 필요경비 등 여러 가지를 말한다. 선거비용이란 선거운동을 위하여 소요되는 금전, 물품, 기타

모든 재산상의 가치가 있는 것으로 후보자가 부담하는 비용을 말한다. 예전 선거법에서는 합법적인 선거비용만을 선거비용이라고 했지만, 바뀐 선거법에서는 불법 선거운동 비용, 예컨대 '제3자가 후보자, 선거사무장 등과 공모해서 후보자 선거운동에 지출한 비용'이나 '기부행위 제한을 위반해서 지출한 비용' 등을 모두 선거비용에 포함시켰다. 과거 협의회별, 통별, 반별로 투입하던 조직자금을 원천적으로 봉쇄하려는 것이다. 선거비용의 통제를 위해서 선거비용의 수입과 지출은 신고한 예금계좌만을 통해야 한다.

또 돈은 회계책임자만 사용할 수 있다. 선거비용 제한액은 유권자의 수가 달라지는 관계로 인구수에 따라 선거 때마다 별도로 산출한다. 이는 지역선거관리위원회가 산출, 선거 30일 전에 공고하기로 되어 있다.

유의할 점은 선거운동 준비비용, 기탁금, 선거사무소 및 연락소 설치와 유지비용, 홍보물 제작비용(명함 제외) 등은 선거비용에 포함되지 않는다는 것이다. 선거비용의 제한과 철저한 통제 그리고 강력한 처벌(선거 비용의 1/200이 넘으면 당선 무효)에 따라 표를 움직이는 힘이었던 '돈'의 위력이 현저하게 약화되었다. 조직을 가동하는 데 있어서 필수불가결했던 자금 활용이 불가능해진 셈이다.

9) 자신의 모든 인맥을 정치에 맞게 정리한다.

10) 자신의 처자식부터 설득하고 이해를 구한다.

11) 선거전문가와 상의하고 풍림화산(風林火山)의 자세로 임한다.

12) 자신의 모든 것을 철저하게 파악한다.

13) 시간약속, 선거 행정 시간, 공약 등 약속을 철저하게 지킨다.

14) 신용, 의리, 후보자를 위해서만 존재하는 선거거래처를 확보한다.

15) 후보자는 선거판에 명실상부 자신이 제작자, 주연, 감독이지만, 실제는 로봇이나 배우의 역할만 한다.

16) 사람을 믿고, 믿으면 쓰고, 권한을 주고, 의심나면 쓰지 않는다.

17) 조직중심의 선거에서 사조직과 자원봉사 중심의 선거로 바뀌었다.

18) 회계책임자와 선거법 전문가는 필수요원이다.

19) 선거기간 내내 급해지는 마음을 조절한다.

20) 바깥에 나가 생각 없이 참모를 비판하지 않는다.

21) 조직 내 사람을 신뢰하는 마음으로 선거를 시작해 신뢰하는 마음으로 선거를 끝낸다.

2. 정당을 택할 것인가, 무소속으로 갈 것인가

한국 정치가 요즈음 오픈프라이머리다 뭐다해서 정당법이 필요 없는 것처럼 비쳐지기도 하고, 기간당원이다 뭐다 해서 회사의 주인을 찾아주듯 정당의 주인인 것처럼 대접해주는 환상에 빠져있다. 한국의 3대 악법은 정당법, 변호사법, 의료법이라 할 것이다.

그 중의 하나인 정당법에 의한 한국의 정당은 벌써 하나의 기업이고 사업체다. 산업민주주의 시대에는 공천 장사를 안 해도 담합 정당으로 전락해 국가보조금이라는 국민들의 세금이 국회의원 교섭단체(20명) 정도만 유지하면 엄청난 돈이 들어오는 형국이다. 정당 사업을 가장 잘한 사람은 누구일까? 여러분의 상상에 맡기겠다. 한국의 정당은 공천장사로 총재가 배를 불리고, 공천권을 쥔 간부들이 배에 기름기를 채운 적이 많았다.

지방으로 권력을 분권화하고 권력을 분배하려고 했으나 정상배들은 그것을 놔두지 않았다. 예전엔 당 총재(제왕적 총재)와 가신들이 이를 다 가졌고, 지금은 최고위원이나 공천심사위 등 간부가 현역의원의 공천권을 가지고, 이들이 지방자치단체장이나 기초의원의 공천권을 가지고 기초의원들이 교육위원들의 공천권을 가지는 먹이사슬 구조다.

지난 선거에서 전국지방자치단체협의회 의장인가 하시는 분이 기초의원 정당공천 배제를 부르짖고 반대농성을 하다 끝내 공천을 받지 못하는 사태가 생겼다. 이처럼 공천은 정당의 큰 돈벌이가 되고 일종의 엽관정치로 전락하고 있다. 왜 깨끗한 정치를 하려는 사람들이 여의도에만 가려고 하면, 이 부패의 기차를 타고 본전을 뽑으려고 할까?

이것은 악어와 악어새의 관계로 볼 수 있다. 정치신인들의 진입 장벽이 가장 높은 곳이 정치다. 그렇다보니 쉽게 진입이 가능한 수단이 돈으로 공천을 사는 것이다. 서로의 이해관계가 맞아 떨어지는 것이다. 투명하지 못하고, 충성을 돈으로 담보 잡고, 위험수당까지 곁들인 1대 1의 비밀거래는 마약거래를 능가할 정도의 위험한 거래가 되는 것이다.

공천심사위가 있지만 사전에 정해 놓고 형식적으로 통과시키는 일도 있다. 잣대가 들쑥날쑥이다. 기초의원에게 적용된 공천심사 원칙과 대통령후보에게 적용되는 원칙이 같아야 하는데 다르다. 이래서 정치는 '이현령비현령(耳懸鈴鼻懸鈴)' 소리를 듣는 것이다. 대다수가 공천에 승복하지 않는 이유가 여기에 있다. 투명하지 못하고, 원칙이 상대방이 제공한 돈이나 공천 신청자의 돈이나 정실에 의한 유착이 우선되다보니 나쁜 상품 즉, 악화가 양화를 구축하는 현상이 나타난다.

공천 전에는 공천 기획반 구성, 여론조사, 선거계획 확정, 공천당위성 논리 개발, 공천심사위원 접촉, 당원협의회장 독대, PR, 언론대책, 선전홍보활동, 기관 · 단체 유대강화, 사조직 구성, 당조직 접촉, 지방의회 의원 등 관계자, 지역유지 접촉, 출마예상자 대책, 출마의 변 논리 개발 등의 활동을 한다.

지역에 출마할 것인지 무소속으로 갈 것인지의 결정은 복합적인데, 지역분석, 유권자 분석, 선거시기의 바람, 후보자 자신의 인지도 등 다대다 함수결과를 보고 결정할 일이다.

예를 들면, 정당 공천을 안 받아도 당선될 정도의 다선의 중량급 무소속 인물이거나 신인인 경우, 지역구가 역대선거에서 무소속을 많이 배출한 지역(경기 양평 · 가평지역구, 경북 김천지역구 등)인 경우는 굳이 정당 공천에 매달릴 필요가 없다. 또한 지역구가 특이 출신자(학연, 혈연, 지연, 직장 등 특정인맥)로 구성된 유권자가 다수인 경우도 정당 공천을 굳이 받을 필요는 없다.

사실 정당 공천을 받으려고 하는 이면에는 후보자가 정치를 떠나 다른 일을 한 관계로 시간, 조직, 자금, 인지도 등 모든 면에서 상대에게 뒤지니 정당이 대신 나서 나를 대신해 복잡한 선거전투업무를 해결해 달라는 것이 진심 아니겠는가. 어쨌든 이런 과정에서 악어와 악어새로 공생관계 위험한 거래를 트는 것이다. 병으로 말하면 전문가의 진단을 받는 초진과정이라 하겠다.

정당이 두려워할 정도의 인지도와 실력을 가진 무소속이라면 정당 공천은 필요 없다. 정당 없이도 정치가 가능한가, 그것이 효율적이냐 아니냐의 문제는 여기서 논외로 한다. 도쿠가와 이에야스는 인간경영에서 꽃(명예)과 열매(권력)를 절대 함께 주지 않았다. 우리 사회도 이 길로 가고 있는 바, 공천과정은 민주주의 역사에서 정말 중요한 문제다.

3. 후보자

선거에서 후보자는 표로 사는 상품이 되는 것이다. 돈으로 공산품을 사는 시장에서, 표라는 일인 일표의 등가 원칙에 의해 가장 공평한 평가를 받는 상품이 후보자다. 이런 후보자를 어떻게 유권자에게 상품화할 수 있느냐 인지도를 올릴 수 있느냐 표로 후보자를 선택하게 하느냐 이 모든 것이 선거마케팅이고 선거전쟁이고 선거고시인 것이다.

1) 예비후보자등록 및 사전선거운동

이 부분이 예전에 비해 정치 신인들의 진입장벽을 조금 낮추어 주었다. 정당법이 규모의 경제인 진입장벽이 있었다면, 신인들의 경우 사전선거운동과 예비후보등록을 못해 작은 진입장벽이 있고 불리했었는데, 이 부분이 많이 개선되었다.

예비후보자란 모든 선거에 입후보예정자가 관할선거구위원회에 서면으로 예비후보자등록신청을 하면 등록된 때로부터 예비후보자가 된다(비례대표선거의 경우에는 예비후보자 제도가 없음). 예비후보자로 등록되면 선거운동기간 전이라도 법에 정한 방법으로 선거운동을 할수 있음.

가. 예비후보자등록

대통령선거, 국회의원 선거, 지역구 지방의원 선거, 지방자치단체의 장 선거의 입후보예정자가 관할선거구위원회에 서면으로 예비후보자 등록신청을 하면 등록된 때로부터 예비후보자가 된다.

나. 사전선거운동

예비후보자가 후보자로 등록하고자 하는 때에는 후보자등록기간 중에 새로이 등록을 하여야 하며, 후보자로 등록하지 아니한 때에는 후보자등록 마감시각에 예비후보자의 신분을 상실하게 된다. 예비후보자로 등록되면 선거운동기간 전이라도 법에 정한 방법으로 선거운동을 할 수 있다.

다. 예비후보자 기탁금

후보자 기탁금액의 100분의 20에 해당하는 금액

시 장 선거	1000만 원
구청장 선거	200만 원
시의원 선거	60만 원
구의원 선거	40만 원

라. 예비후보 등록신청서류

서류명	수량 (부 · 통)	비고
예비후보자 등록신청서	1	
주민등록표 초본등	1	주민등록자는 주민등록표 초본, 거소신고자는 국내거소신고 사실증명
가족관계증명서	1	
재직증명서	1	법 제 16조(피선거권) 제4항의 경우에 해당하는 지방자치단체 장에 한함
사직원 접수증 또는 해임 증명 서류	1	법 제 53조(공무원 등의 입후보)
전과기록에 관한 증명서류	1	실효된 형도 wh함, 법 제 18조 제1항 제 3홍에 규정된 죄를 범하여 100만 원 이상 벌금형을 선고받은 범죄경력도 포함
학력에 관한 증명서	1	법 제 49조 제4항제6호에 따른 학력증명서(외국학력이수자는 한글번역문 첨부)

예비후보자 인영신고서	1	
예비후보자 선거사무소 약도 및 전화번호	1	
사 진	3매	5X7cm, 반명함판

마. 예비후보자 선거운동

- 명함(규격 길이 9cm 너비 5cm 이내)

- 선거사무소 간판, 현판, 현수막(규격, 매수(수량) 제한없음)

- 예비후보자홍보물작성. 발송(예비후보자마다 1종, 선거구안
  세대수 100분의 10 이내, 규격(길이 27cm, 너비 19cm 이
  내, 면수 8면 이내)

- 전자우편 이용(전자우편 이용 문자, 음성, 화상, 동영상 기타
  정보 발송)

- 인터넷 홈페이지 이용 선거운동

- 예비후보자 공약집(지방자치단체의 장선거 예비후보자, 1종,
  제한은 없으나 도서 형태, 통상적인 방법으로 판매만 가능
  함, 방문판매 방법으로 판매할 수 없음)

- 어깨띠 또는 표지물 착용
  (어깨띠-길이 240cm, 너비 20cm 이내,
  표지물-길이 100cm, 너비 100cm 이내)

- 전화이용 지지 호소

- 문자메세지 이용

바. 예비후보자와 예비후보자 아닌 입후보예정자의 차이

구 분	예비후보자	예비후보자 아닌 입후보예정자
선거(준비) 사무소설치	관할선거구위원회에 신고하고 1개소 설치 가능	설치할 수 없음
선거(준비) 사무소 간판 등	간판, 현판, 현수막 게시 가능(규격 및 매수(수량) 제한 없음)	기타 자신을 홍보하는 어떠한 것도 게시할 수 없음
유급선거사무원 선임	관할선거구위원회에 신고하고 선거사무장 포함하여 선거별로 2~5인 이내의 선거사무원 선임하고 수당, 실비 지급 가능	유급사무원을 둘 수 없음
명함 배부	명함주거나 지지 호소, 권유 가능	의례적 내용 기재(사진, 성명, 전화번호, 주소, 현직 등)외에 선거에 영향 미칠수 있는 내용 불가(학력, 경력 등 기재 불가), 의례적인 인사 외에 거리, 시장 등에서 불특정 다수나 만나는 사람마다 명함 배부할 수 없음
전 자 우 편	선거운동에 해당하는 내용 전송가능(문자, 음성, 화상, 동영상 포함), 예비후보자가 선거구민 누구에게나 전송 가능	자신에 대한 정보를 받아보기를 원하는 선거구민, 평소에 친교나 지면이 있는 선거구민에게 의례적 인사메일을 발송하는 외에는 선거구민에게 자신을 홍보하는 메일을 발송할 수 없음
인터넷 홈페이지	자신이 개설한 인터넷 홈페이지 이용하여 선거운동 가능	좌동
예비후보자	매세대 10/100 해당하는	선거영향 미치는 인쇄물

홍보물발송	수 범위 안에서 신고 후 요금 별납으로 우송가능. 지방자치단체의 장선거 예비후보자는 100분의 50 이상의 면수에 선거공약 및 추진 계획을 게재하여야 됨.	발송금지
어깨띠 및 표지물착용	착용가능	할 수 없음
전화통화, 문자메세지	송수화자 직접 통화 가능. 음성, 화상, 동영상 등 제외한 문자 메시지 전송 가능 (컴퓨터 이용한 자동 동보 전송은 5회까지 가능)	선거 영향 미칠 수 있는 정보통신망 이용 금지
예비후보자 공약집 판매 (지방자치단체 장 선거에 한함)	가능	발송금지

2) 후보자

어떤 특정 선거에서 일차적으로는 정당의 후보자로서의 경선 후보를 지칭하기도 하고, 최종적으로는 선거에서의 당선을 목표로 선거관리위원회에 입후보하는 입후보자를 통칭하는 용어다. 후보자의 정치사상, 개성, 경력, 배경, 이슈 등 후보자를 상품화 할 수 있는 가장 중요한 요소가 후보자 인물성이다. 유권자가 후보자를 선택하는데, 인물 됨됨이가 중요한 기준이 된다.

유권자 입장에서 후보자 선택을 은행의 상품 선택이나 주식 선택, 펀드 선택으로 본다면 후보자마다 내거는 개개의 정책공약을 일일이 비교 판단하여 투표하기는 어렵고 그러한 정책을 수행할 능력을 가진 인물을 종합적으로 판단해 선택할 수밖에 없다.

선거시장에서 가장 중요한 것이 후보자의 자질과 인물 됨됨이를 알려 인지도를 높이는 것이 첫 번째다. 특히 정당성향이 없는 지역이나 선거에서 더욱 그러하고, 유권자에게 인지도가 없는 신인이나 생소한 후보자는 자신의 이름을 우선 알려야 한다. 사람들은 자신이 잘 아는 사람에 대해서 이야기하기 때문이다.

- 후보자의 강점과 약점을 파악한 뒤 유권자 설득 능력
- 폭넓은 인맥과 정보처리 능력
- 자금조달 능력과 후원회 유지, 관리 능력
- 정치가의 3대 조건(정열, 책임감, 통찰력−막스 베버)
- 후보자와 상대후보자 차별화(개인비교)
  외모(얼굴, 풍채), 성격, 인품, 의복, 음성, 이미지, 별명, 건강, 신의, 믿음, 고향, 주거지역, 재력(기업체, 부동산), 학력, 경력, 사생활, 지도력, 인격, 도덕성, 개성, 연령, 인지도 등
- 강점은 홍보, 약점은 커버

〈후보자 상황비교〉
- 지역인사 인사 유턴인사(출향인사)
  유턴인사(출향인사)는 인지도는 낮지만, 연어의 모천회귀처럼

신선미가 있어 선거구 유권자의 강한 호기심을 끌 수 있다.

- 기선제압(초반 Image making, 물량으로 기선제압)
- 현직 후보인가 신인 후보인가

3) 후보자 제한

가. 피선거권에 의한 제한

① **구비요건**

피선거권이란, 선거에 의해서 일정한 공직에 취임할 수 있는 자격을 말한다.

② **국적요건**

대한민국 국민일 것

③ **거주요건**

- 대통령 − 선거일 현재 5년 이상 국내 거주
- 국회의원 − 대한민국 국적이면 주민등록 여부를 불구하고 피선거권에 관한 다른 결격 사유 없는 한 입후보 가능
- 지방자치단체 선출직 공직자 − 선거일 현재 계속하여 60일 이상 당해 지방자치단체의 관할구역 안에 주민등록이 되어있는 주민

④ **연령조건**

- 대통령 − 40세 이상
- 국회의원, 지방의회의원, 지방자치단체의장 − 선거일 현재로

계산해 25세 이상

⑤ 결격사유

- 금치산선고를 받은 자

- 선거권 또는 피선거권이 정지되거나 상실된 자

- 금고이상의 형을 선고받고 그 형이 실효되지 아니한 자

- 선거법으로 징역 또는 100만 원 이상의 벌금형을 받은 자

- 재선거의 원인에 책임이 있는 자

나. 공직자의 입후보 제한

① 입후보가 제한되는 공직 범위

- 국가공무원과 지방공무원

  국가공무원법과 지방공무원법에서 규정하는 모든 공무원이
  포함된다. 다만, 정무직공무원, 별정직공무원, 교육공무원
  중 일부는 제외된다.

- 각급 선거관리위원회 위원 또는 교육위원회의 교육위원

- 다른 법령의 규정에 의해 공무원의 신분을 가진 자

- 정부투자기관의 상근 임원

- 공공조합의 상근 임원과 이들 조합의 중앙회장이나 연합회장

- 지방공사와 지방공단의 상근 임원

- 사립학교 교원

- 언론인

② 입후보자가 제한되는 공직자의 사퇴 시기

선거일 전 60일 전까지 그 직을 그만 두어야 한다. 다만, 지방 자치단체의 장은 선거구역이 당해 지방자치단체의 관할구역과 같 거나 겹치는 지역구 국회의원선거에 입후보하고자 하는 때에는 당 해 선거의 선거일 전 120일까지 그 직을 그만두어야 한다. 이 경 우, 선거일 전 60일 또는 120일에 해당하는 날이 공휴일이라도 그날까지 그 직을 그만두어야 한다.

지방의회의원이 다른 지방자치단체의 의회의원이나 자의 선거 에 입후보하고자 하는 때에는 후보자등록 개시일까지 그 직을 그 만두어야 한다.

③ 입후보가 허용되는 공직자
- 국회의원
- 지방의회 의원
- 지방자치단체의 장
- 별정직 공무원 중 국회교섭단체의 정책연구위원, 국회의원의 보좌관, 비서관, 비서
- 교육 공무원 중 대학의 전임 강사 이상의 교수

• 금치산선고를 받은 자
• 선거법, 정금법 제45조(정치자금부정수수죄) 및 제49조(선거비 용관련 위반행위에 관한 벌칙)에 규정된 죄를 범한 자 또는 대 통령·국회의원·지방의회의원·지방자치단체의 장으로서 그

재임중의 직무와 관련하여 「형법」(「특정범죄가중처벌 등에 관한 법률」 제2조에 의하여 가중 처벌되는 경우를 포함함) 제129조(수뢰, 사전수뢰) 내지 제132조(알선수뢰), 「특정범죄가중처벌 등에 관한 법률」 제3조(알선수재)에 규정된 죄를 범한 자로서 아래기간을 경과하지 아니한 자(형이 실효된 자도 포함)

▶ 100만 원 이상의 벌금형의 선고를 받고 그 형이 확정된 후 5년

▶ 형의 집행유예의 선고를 받고 그 형이 확정된 후 10년

▶ 징역형의 선고를 받고 그 집행을 받지 아니하기로 확정된 후 또는 그 형의 집행이 종료되거나 면제된 후 10년.

• 법원의 판결 또는 다른 법률에 의하여 선거권이 정지 또는 상실된 자

• 금고이상의 형의 선고를 받고 그 형이 실효되지 아니한 자

• 법원의 판결 또는 다른 법률에 의하여 피선거권이 정지되거나 상실된 자

• 예비후보자 등록 신청 전까지 사직해야 하는 자 (법 제53조 제1항 각호)

• 국가공무원법 제2조에 규정된 국가공무원과 지방공무원법 제2조에 규정된 지방공무원

※ 다만, 「정당법」 제22조(발기인 및 당원의 자격) 제1항 제1호 단서의 규정에 의하여 정당의 당원이 될 수 있는 공무원은 그

직을 가지고 입후보할 수 있으나, 정무직공무원은 사직대상에 해당됨(단, 국회의원은 예비후보자등록신청 전까지 사직)

- 각급선거관리위원회 위원 또는 교육위원회의 교육위원
- 다른 법령의 규정에 의하여 공무원의 신분을 가진 자

※ 예 공중보건의사, 공익법무관, 국제협력의사

- 「정부투자기관 관리기본법」 제2조(적용범위)에 규정된 정부투자기관(한국은행 포함)의 상근 임원
- 「농업협동조합법」 「수산업협동조합법」 「산림조합법」 「엽연초생산협동조합법」에 의하여 설립된 조합의 상근임원과 이들 조합의 중앙회장
- 「지방공기업법」 제2조(적용범위)에 규정된 지방공사와 지방공단의 상근 임원
- 「정당법」 제22조 제1항 제2호의 규정에 의하여 정당의 당원이 될 수 없는 사립학교 교원
- 대통령령으로 정하는 언론인
- 「신문 등의 자유와 기능보장에 관한 법률」 제12조의 규정에 의하여 등록한 정기간행물(분기별 1회 이상 발행하는 것으로 등록된 것에 한함) 및 인터넷 신문 중 「공직선거법 시행령」 제4조 제1호 각목의 어느 하나에 해당하는 것을 제외한 정기간행물 및 인터넷신문을 발행 또는 경영하는 자와 이에 상시 고용되어 편집·취재 또는 집필의 업무에 종사하는 자
- 「방송법」에 의한 방송사업(방송채널사용사업은 보도에 관한

전문편성을 행하는 방송채널사용사업에 한함)을 경영하는 자와 이에 상시 고용되어 편집·제작·취재·집필 또는 보도의 업무에 종사하는 자

24개국의 입법부 의원후보 공천방법

국가	근거규범	공천기관	감독기관	주요공천기준
오스트레일리아	당 지역지부 내규	선거구위원회	당지역지부	현역의원, 지역기반, 사회경제적 지위, 교육수준
오스트리아	중앙당 규정 지역지부 내규	중앙당 또는 당 지역선거위원회	중앙당 또는 당지부	입후보 경력 현역의원 이익집단 활동경력 교육수준 정당간부 지방정부 경력 입후보 경력
벨기에	중앙당 규정	당원투표	중앙당	이익집단 활동경력 파벌관계 인종배경
캐나다	당 지역지부 내규	선거구위원회	당지부	현역의원, 지역기반 사회경제적 지위 교육수준 지방정부 경력 인종배경
콜롬비아	중앙당 규정	중앙당 또는 당 지부위원회	중앙당	현역의원
덴마크	중앙당 규정	당원투표 또는 선거구위원회	중앙당	현역의원 지역기반 이익집단 활동경력
필란드	중앙당 규정	선거구위원회 또는 당원투표	중앙당	현역의원 이익집단 활동경력

국가	근거규범	공천기관	감독기관	주요공천기준
				당사무국 간부 지방정부 경력
프랑스	중앙당 규정	선거구위원회 또는 당원투표	중앙당	지역기반 파벌관계 교육수준 당사무국 간부 지방정부 경력 고급관료 경력
독일	연방법률	선거구위원회 또는 당원투표	당 지역지부	현역의원 지역기반 이익집단 활동경력 사회경제적 지위 교육, 당사무국경력 지방정부 경력
인도	중앙당 규정	중앙당위원회 또는 지역 및 선거구위원회	중앙당	지역기반 파벌관계 인종배경
아일랜드	중앙당 규정	선거구위원회	중앙당	지역기반 이익집단 활동경력 입후보 경력
이스라엘	중앙당 규정	중앙당위원회	중앙당	현역의원 파벌관계
이탈리아	중앙당 규정	당지역위원회	중앙당	지역기반, 파벌관계 사회경제적 지위 교육, 당사무국 경력 지방정부 경력 현역의원
일본	중앙당 규정	중앙당위원회	중앙당	현역의원, 지역기반 파벌관계 사회경제적 지위 교육, 당사무국 간부 공무원 경력

국가	근거규범	공천기관	감독기관	주요공천기준
네델란드	중앙당 규정	중앙당위원회 또는 선거구위원회	중앙당 또는 당 지부	현역의원, 지역기반 이익집단, 활동경력 파벌관계, 교육수준 사회경제적 지위 지방의원 경력 고급관료 경력 입후보 경력
뉴질랜드	중앙당 규정	중앙당위원회 선거구위원회 당원투표	중앙당	현역의원, 지역기반 이익집단 활동경력 사회경제적 지위 교육수준 지방의원 경력
노르웨이	법률 중앙당 규정	선거구위원회	없음	지역기반 이익집단 활동경력 사회경제적 지위 교육수준 지방의원 경력
스리랑카	중앙당 규정	중앙당위원회 선거구위원회	중앙당	현역의원, 지역기반 파벌관계 사회경제적 지위 교육수준 정당간부 지방정부 경력 인종배경
스웨덴	중앙당 규정	선거구위원회 당원투표	중앙당	현역의원, 지역기반 이익집단 활동경력 파벌관계
스위스	당 지부내규	선거구위원회	당지부	현역의원, 지역기반 이익집단 활동경력 인종배경
터키	법률	당원투표 중앙당위원회	없음	현역의원, 지역기반 이익집단 활동경력

국가	근거규범	공천기관	감독기관	주요공천기준
				사회경제적 지위 교육수준, 정당간부 지방정부 경력 고급관료 경력
영국	중앙당 규정	선거위원회 당원투표	중앙당	현역의원, 사회경제적 지위 교육수준 입후보 경력 지역기반 이익집단 활동경력
미국	법률(주)	선거인투표	없음	현역의원, 지역기반 사회경제적 지위 교육수준
베네수엘라	중앙당 규정	중앙당위원회 지부위원회	중앙당	지역기반 이익집단 활동경력 파벌관계, 교육수준 사회경제적 지위

다. 정당의 당적관계에 따른 입후보 제한

① 당적의 존부와 변경관계 범위

- 소속정당과 추천정당이 일치하지 아니하면 그 등록은 무효로
  한다.

- 정당추천후보자의 당적에 변경이 있으면 그 동록은 무효로
  한다.

② 당적정리의 시기와 방법

- 정당은 소속당원을 후보자로 추천할 수 있으므로 비당원인 자

는 미리 입당을 하거나 적어도 추천과 동시에 입당이 되어야 한다. 정당의 당원인 자가 무소속 후보자가 되기 위해서는 후보자 등록 개시일 전일까지 소속정당을 탈당하여야 한다.

2개 이상의 당적을 가지고 있는 자는 후보자가 될 수 없으므로 어느 하나의 정당추천후보자가 되기 위해서는 후보자 등록 개시일의 전일까지, 그 외의 다른 소속정당은 탈당해야 한다. 후보자등록 개시일의 전일이 공휴일인 경우에도 후보자등록 개시일의 전일까지 탈당하여야 한다.

탈당신고서는 소속지구당에 제출하여야 하며, 소속지구당에 제출할 수 없을 때에는 그 소속 상급 당부에 제출할 수 있다. 탈당의 효력은 탈당신고서가 제출당부에 접수된 때에 발생한다(정당법 제23조 ①항).

이 문제를 소홀히 해 정당공천을 받았으나 입후보도 못하는 사람이 있었다. 또 선거 전략상 자신의 당을 떠나 무소속이나 다른 당으로 가는 것을 막기 위해 탈당신고를 받아주지 않는 당도 있다. 이렇게 탈당신고서를 받아 주지 않을 경우는 내용증명의 우편이나, 배달증명 등으로 반드시 증거를 남겨야 한다.

4. 후보자 등록 절차

1) 후보자 추천

가. 정당공천후보자

- 제 1차적 검증과정으로 일련의 공직선거과정
- 구체적 절차는 정당의 당헌으로 규정(당비 납부자, 무급 자원봉사 당원 중 공직선거 후보권 정당법 제31조)
- 추천기준(입후보 예정자의 당선 가능성, 정당 기여도 등)
- 하향식 공천에서 상향식 공천으로 가는 중(헌법과 정당법 근본정신)
- 정당이 비례대표지방의원선거에 후보자를 추천하는 때에는 그 후보자 중 100분의 50 이상을 여성으로 추천하되, 그 후보자 명부의 순위의 매 홀수에는 여성을 추천하여야 한다(후보자를 1인만 추천하는 경우에는 여성을 추천하여야 한다).
- 정당이 지역구지방의원선거에 후보자를 추천하는 때에는 전국 지역구총수의 100분의 30 이상을 여성으로 추천하도록 노력하여야 한다.
- 정당이 지역구지방의원선거에 후보자를 추천하는 때에는 지역구도의원선거 또는 지역구 시·군의원선거 중 어느 하나의 선거에 국회의원지역구(군지역 제외)마다 1명 이상을 여성으로 추천하여야 한다.

나. 무소속 후보자와 기초자치단체의회의원 후보자

– 관할선거구 안의 선거권자의 추천을 받아야 한다(법 제48조).

– 대통령 선거

  5개 이상의 시·도에 나누어 하나의 시·도에 주민등록이 되어있는 선거권자의 수를 500인 이상으로 한 2천 5백인 이상

– 지역구 국회의원 및 기초자치단체의 장 선거 : 300인 이상 500인 이하

– 광역자치단체의회 의원선거 : 100인 이상 200인 이하

– 광역자치단체 장 선거

  당해 시·도 안의 3분의 1 이상의 자치 구·시·도에 나누어 하나의 자치구·시·도에 주민등록 되어 있는 선거권자의 수는 50인 이상 100인 이하로 1000인 이상 2000인 이하

– 기초자치단체의회 의원선거 : 50인 이상 100인 이하

  다만, 기초자치단체의회 의원선거의 경우 인구 1천인 미만의 선거구에 있어서는 30인 이상 50인 이하다.

다. 무소속 후보자 추천

선거관리위원회에서 검인하여 교부하는 것을 사용해야 한다. 대통령선거의 경우는 후보자 등록개시일 전 5일부터 교부한다. 미검인된 추천장을 사용하거나 추천인수의 상한선을 넘어서 추천을 받아서도 안 된다(법 제256조 ④ 1).

이 추천장을 이용해 선거에 활용하는 무소속후보도 많다. 유권

자로부터 추천장에 추천을 받는 과정은 유권자를 방문하여 지지를 부탁하면서 추천을 받을 수 있으므로 실질적으로는 호별 선거운동 방문이나 마찬가지다. 공무원도 유권자이므로 추천장에 기명날인 할 수 있고, 추천장은 피추천자가 직접 받아야 하는 것은 아니다.

선거권자의 추천을 받을 때에 피추천자인 입후보 예정자의 경력 또는 공적을 구두로 알리거나 소개하는 것은 할 수 있으나, 소개장이나 소책자 등을 작성·배부할 수 없다.

선거권자는 후보자에 대한 추천을 취소 또는 변경할 수 없으며 같은 선거에 2인 이상을 추천한 때에는 먼저 등록신청을 한 후보자에 대한 추천만을 유효로 한다. 또한 추천인수에 미달한 것이 발견한 때에는 등록은 무효로 된다. 그러므로 추천인 수의 상한선에 달할 때까지 추천을 받는 것이 안전하다.

공무원의 정치적 중립성에 대한 각국별 비교

국가	근거규범	공천기관	감독기관	주요공천기준
공무원의 정치활동 규제정도	엄격 규제 경향	다수규제	관대한 경향	가장 자유로움
법적근거	세밀하게 규정	전통·관습·공무원의 판단과 자제에 맡기는 방식	규정 있음	구체적 규정 없음
공무원의 정치활동 내용	• 정치문제 및 후보자에 대한 의견 표시 가능 • 특정정당자금의 유치와 제공유도 금지(자발적 납부 가능) • 특정정당의 후보를 위한 선거운동 금지 • 특정정당의 직위 보유 금지	• 제1집단(최말단직) : 정치활동 완전보장 • 중간집단(서기직) : 국회의원 출마 금지, 기관장 허가를 얻어 정치활동 가능 • 제2집단(행정클래스) : 정당가입 외 정치활동 금지	• 연방상원의 경우 공무원의 겸직 허용 • 의원 당선 시 공무원연금 지급	• 공무원 신분으로 국회의원 출마 가능 • 당선되어도 공무원 신분 보장
정당가입	제한없음	제한없음	제한없음	제한없음
정치적 중립과 관련된 주요 법규	• 1883년 펜들튼법 • 1939년 제1차 해치법(규제확대) • 1974년 연방선거운동법(완화)	• 1707년 왕위 계승법 (정치활동 제한) • 1948년 매스터맨 위원회 보고서 (2개 집단으로 구분) • 1953년 재무성 규칙 (3개 집단으로 구분)	• 1950년 연방 공무원법	• 통일공무원법
정치적 중립의 전개방향	규제 → 완화	규제 → 완화	규제완만	시민으로서의 완전한 정치상 권리와 자유 보장

지역실태 조사 목록

항목	조사내용	자료원	자료출처
1. 지리 · 역사	• 지명의 유래, 주요 간선도로 이름의 유래, 문화재의 유래, 주요시설의 위치	지역지도, 구 · 시 통계연보, 지역신문	구청 · 시청공보실
2. 주민구성	• 동별 · 투표구별 · 통별 인구의 성별 · 연령별 · 직업별 · 학력별 통계(당원 및 후보의 연고조직 구성원 전산화)	선거인명부, 각종 단체 회원명부, 인구센서스, 구통계연보	지구당 구 · 시 · 군청
3. 지역 정치 사정	• 소속정당 · 상대정당원수, 조직형태, 시 · 구 의원현황 • 역대 선거 결과 • 홍보물 수집 • 상대 · 경쟁후보 정보	선거총람, 선거홍보물, 의회회의록	선관위(홍보물 복사 가능) 시 · 군 · 구의회
4. 교육환경 조사	• 초 · 중 · 고요 학생 수, 교사, 각급 학교 수 • 유치원, 학원, 기타 교육시설	통계연보	구청 사회교육과
5. 사회단체 조사	• 노동조합, 개인택시조합, 향우회, 화수회, 종친회, 동창회, 의사 · 약사회, 다방조합, 요식업조합, 이용사회, 미용사회, 부인회, 아파트자치회, 청년회의소, 시민운동단체 회원주소록	지역정보지 (예) 상가로 등), 전화번호부, 지역신문	지역정보지 회사, 지구당, 지역신문사, 구청
6. 종교단체 조사	• 교회, 사찰, 성당의 신도수와 목사, 스님, 신부 명단		교회, 사찰, 성당
7. 관변단체	• 평통자문회의, 민족통일중앙협의회, 재향군인회, 경우회, 바르게살기운동 협의회, 상이군경회, 새마을협의회, 방위협의회, 청소년선도협의회, 통 · 반장 명부	통계연보, 공개행정정보 신청(1장당 300원)	구청 및 동사무소

2) 기탁금

기탁금은 후보자 등록과 동시에 납부하는 일종의 보증금과 같은 성격의 돈으로, 후보자의 난립을 방지하고 등록을 성실하게 하여 선거운동의 혼란을 방지하고자 하는 취지에서 나온 제도이다.

가. 기탁금 액수(법 제56조①)

- 대통령선거 5억 원
- 국회의원선거 1천 500만 원
- 광역자치단체의 장 선거 5천만 원
- 기초자치단체의 장 선거 1천만 원
- 광역자치단체의회 의원선거 300만 원
- 기초자치단체의회 의원선거 200만 원

나. 기탁금 납부 방법

- 현금이나 자기앞수표로 납부하여야 한다.
- 후보자등록 시 선거관리위원회에 현금 또는 자기앞수표로 납부하거나 기탁금 예치를 위해 미리 개설한 금융기관의 예금계좌에 후보자등록 이전에 후보자 명의로 무통장 입금한 후 금융기관이 발행한 무통장 입금표를 후보자등록과 동시에 제출한다.

다. 기탁금의 반환과 귀속

① 반환요건

후보자가 당선된 때, 사망한 때, 후보자의 득표수가 유효투표

총수를 후보자 수로 나눈 수 이상이거나 유효투표 총수의 100분의 15이상 인 때 반환받을 수 있다.

후보자가 6인 이하인 경우에는 유효투표 총수의 15% 이상, 후보자가 7인인 경우에는 약 14.3%, 후보자가 8인인 경우에는 12.5%, 후보자가 9인인 경우에는 약 11.2%, 후보자가 10인인 경우에는 10% 이상 득표하면 기탁금을 반환받을 수 있다.

② 반환금액

기탁금, 후보자의 선거질서 위반에 대해서 부과된 과태료와 불법시설물 등에 대한 대리비용

③ 반환시기

선거일 후 30일 이내

④ 반환방법

기탁금 영수증을 지참한 자에게 기탁금의 명세를 교부하고 영수증과 교환하여 반환한다.

⑤ 국가 귀속

반환요건에 해당하지 아니하는 후보자의 기탁금은 국가 또는 지방자치단체에 귀속된다.

라. 후보자 등록 서류(별첨)

후보자 등록서류는 전문가 영역이다. 사진 선택부터 서류 작성이 굉장히 중요하다. 서류 작성을 전문가에게 부탁해 빨리 끝내고

수시로 점검을 받아야 한다. 정당후보자의 경우 당내 공천과정, 후보확정시 선관위 서류 작성 등 최소 2번 작성을 한다. 예비후보 등록까지 포함하면 3회 정도 작성을 한다.

5. 후보자와 후보자 부인

1) 후보자의 자세

(1) 출마의 이유가 분명해야 한다.

출마를 결심한 후보자는 "나는 왜 출마하는가?" 라는 질문에 명료하고 확실한 대답을 할 수 있어야 한다. 후보자 스스로가 자신의 출마이유를 명확하게 하지 않으면 선거운동원들이 자신감을 가질 수 없다. 마찬가지로 짧은 시간에 유권자들을 상대로 자신의 출마변을 설명하지 못하고 장광설을 늘어 놓으면 신뢰감을 줄 수 없다. 이러한 것들을 잘하기 위해서 출마를 결심한 즉시 '출사표'를 작성하고 숙지해 정리할 필요가 있다.

(2) 자신을 정확히 알고 상대를 파악한다.

지피지기면 백전백승. 자신의 강점과 약점에 대한 냉정한 분석을 통해 대응논리를 준비한다. 물론 이런 점을 핵심 참모들과 공유하고 서로의 이해와 의견을 구해야 한다. 그렇지 않으면 선거기간 중에 예상치 못한 상대의 공격을 당하기 쉽고 자체 진영의 헌신적인 도움을 받을 수가 없다. 특별히 관심을 기울여야 하는 부분은 학력과 경력의 정확성, 과거 행적에 있어서 불투명성을 제거하는 것이 중요하다. 상대방의 강점과 약점, 역시도 정확하게 파악하되 지나치게 상대를 비방하는 모습은 보이지 말아야 한다. 이는 내가 알고 있는 상대의 결함을 상당수의 유권자들도 이미 알고 있는 만큼 지나치게 후보자 본인이 이를 공격하는 것은 오히려 역효과를 낼 수 있기 때문이다.

(3) 준비가 철저해야 한다.

우선 출마지역에 대한 각종 현황과 정보를 숙지하고 있어야 한다. 이에 대한 준비가 철저하지 못하면 선거를 위한 전반적인 계획을 마련할 수가 없다. 또한 선거법에 대하여 완전히 파악하고 있어야 한다. 조직과 홍보에 대하여 후보자 본인이 전체적인 윤곽을 세워야 한다. 이에 대한 복안을 가지고 있지 못하면 선거운동 조직전반에 혼란을 자초할 가능성이 있다. 특히 자금의 마련과 사용에 대하여 사전준비가 철저해야 한다. 헌신적인 소수정예의 인원을 확보해야 하고 사조직보다는 공조직을 우선해야 한다. 또한 친인척에 대한 관리를 철저히 해야 한다. 참모조직의 결정을 존중하고 이를 실천하는 모습을 보여야 한다. 무엇보다도 메모를 습관화하고 이를 구체화하는 노력이 따라야 한다.

(4) 끊임없는 연습과 노력이 있어야 한다.

상대방을 설득하는 방법과 유권자를 대하는 태도를 검증받아 이를 실천하는 의식적인 노력 이 필요하다. 연설문안을 직접 구상하여 작성해 보는 등 연구를 게을리 하지 않아야 한다. 연설에 대비하여 수시로 연습해야 한다.

(5) 인간적인 성실성과 진지함을 견지해야 한다.

후보자는 선거운동진영의 구성원들에게 솔직담백하게 처신하고 이들을 전폭적으로 신뢰하는 모습을 보여야 한다. 일단 선거전에 돌입하면 모든 실무는 선거조직의 각 부문별 책임자들에게 맡기고 후보자는 오로지 자신의 일에만 몰두해야 한다. 내부적으로 후보자는 성공적으로 진행되는 일은 모두 선거운동원들의 공으로 돌리고 잘못된 일은 자신의 게으름이나 과오로 생각하는 태도를 지녀야 한다. 반대로 선거운동원은 대의적으로 이와는 반대의 자세를 가져야 한다.

(6) 공인정신으로 무장되어야 한다.

후보자로 나서는 순간 이제 후보자는 작은 '나'를 버리고 대중과 호흡하고 대중의 이해를 대변하는 폭넓은 풍모와 공인으로서의 자세를 보여야 한다. 말투 하나도, 몸짓 하나도 항상 신경 쓰고 쉽게 이야기하기 보다는 한 번 더 생각하고 이야기 하는 진지한 자세를 보여야 한다. 이웃의 고통을 나누고 덕을 베푸는 마음씨를 가꾸어야 한다.

(7) 도량 큰 가슴을 가져야 한다.

후보자는 누구나 쉽게 포용할 수 있는 도량 큰 자세가 필요하다. 후보자와의 생각과 맞지 않은 이야기를 하더라도 진지하게 경청하며, 면전에서 'NO'를 직접적으로 해서는 안 된다. 선거는 결국 사람간의 관계로 결판난다. 인간관계에 대한 자신 있는 자세와 태도를 일관성 있게 유지하는 것이 필요하다.

(8) 정치적 견해와 식견을 가져야 한다.

자신이 속해 있는 정당의 정강정책과 당 조직, 정책방향을 잘 숙지하고 설명할 수 있어야 하며 무소속 후보의 경우 정세에 대한 견해와 정치적 비전을 명확히 피력할 수 있어야 한다. 신문과 잡지의 주요 기사를 스크랩하고 특히 수치나 용어 등을 인용하는 노력도 게을리 해서는 안 된다. 억지로 모르는 것을 아는 것처럼 하기보다는 대화 속에서 배우고 주장하는 슬기를 발휘할 필요가 있다.

ⓐ 후보자 준수사항

1) 인내심을 배우고 가질 것.

2) 발로 뛰며 유권자들과 직접적인 만남을 많이 가질 것.

3) 늘 건강을 보살필 것

4) 약간 불리하다고 판단되더라도 절대 운동원 앞에서 약해지지 말 것

5) 기관, 단체 등을 순방할 경우 반드시 모든 사람들과 악수할 것

6) 감정 노출을 최대한 자제할 것

7) 악수 할 때는 두 손으로 정중히 하고 상대방을 반드시 보면서 정감 있는 악수를 할 것

8) 주로 말을 듣고 항상 겸손하고 인사하는 것이 생활화되도록 할 것

9) 방문하는 장소에 따라 복장 등 외모를 적절히 할 것

10) 어디서든 후보자가 직접 돈을 지불하지 말 것. (반드시 수행원이 지불토록 하고 본인은 자리를 떠나는 사람들과 악수 등 인사를 할 것)

11) 여성들과 악수할 때는 조금 힘을 주어 감싸주듯 해주면 심리적으로 큰 효과를 볼 수 있다.

12) 여성운동원을 잘 활용할 것 – 여성운동원은 남성운동원의 2 배 능력이 있다. 이웃 교류에 탁월

13) 일반 유권자 앞에서 선거운동원 및 공무원 문책하지 말 것

14) 모든 대립 문제에는 중도적 입장 고수

15) 문중 및 친인척의 선거사무실 출입통제 및 중요업무 위임 금지

16) 목욕, 이발은 대중탕에서 대중과 함께 순회하며 할 것

17) 유권자 부인 앞에서 남편을 적극 칭찬할 것, 그 반대는 가급적 삼갈 것

18) 주민보는 앞에서 기관장 접촉은 가급적 자제할 것

19) 승차상태로 유세장 및 모임 등 중요자리에 참석치 말 것

20) 자택 방문 시에는 먼저 노인을 찾아 방문 전에 이웃집등과 친소관계를 파악할 것

21) 귀엣말을 자주하고(특히 1:1 면담 시) 면담자의 인적사항 (외가, 친가, 친구, 형제 등)을 파악(반드시 메모)

22) 호화술집 출입은 절대 엄금하고 포장마차 수준에서 마시고

대금은 후하게 치룰 것

23) 자신이 선거 최대의 상품이고, 자신이 모든 책임을 진다는 각오를 가질 것

24) 유권자와 자주 사진을 찍어 소통할 것

25) 유권자와 같이 있는 아이들 칭찬을 자주할 것

26) 유권자 상호간 친소관계를 파악할 것

27) 술먹는 모습은 가급적 보이지 말 것

28) 농촌에서는 밥 또는 음식을 같이 먹고 반드시 사례할 것

ⓑ 후보자 부인

1) 입후보자가 가장 먼저 공을 들일 유권자가 입후보자 자신의 부인이다.

2) 사인에서 공인이 되는 과정을 모르는 부인은 가장 많은 루머의 진원지이자 대상이 된다.

3) 부인의 화장, 행동, 언어, 옷차림 등 모든 것이 비판의 대상이 되므로 주의해야 한다.

4) 평상시 소박한 스타일(화장, 머리, 옷 등)

5) 유권자 자택 방문 시 한복이 무난

6) 지방 여성들은 서울 여성을 별로 좋아하지 않는다.

7) 유권자가 하나가 되기 위해 겸손·친절하여야 그들과 동질감 있는 벗이 된다.

8) 지역선거구 말을 사용한다.

9) 지역선거구내에서 물건을 살 때 인색하지 않게 통 큰 모습을 보인다(거스름 돈 사양).

10) 부인의 활동은 후보자의 일부분이라는 것을 항상 명심하고 제한을 둔다(방문 장소 : 양로원, 경로당, 유아원, 부녀회 등에 한정하고 남성유권자 직접 상대는 피한다).

11) 부인의 활동은 후보자부인 담당이 스케줄 작성해 조직적으로 가동한다.

12) '여자가 설친다.', '암탉이 울면 집안이 망한다.'는 인상을 주지 않도록 한다.

13) 후보자에 비해 부인이 유명인일 경우 남성표에 치명상을 줄 가능성이 있으므로 더 조심한다.

14) 당선 시 공직자, 지역유지의 부인들은 후보자 부인과 미리 알아두었다가 언젠가는 도움을 받으려고 하니, 그들과 언젠가는 도움을 주겠다는 윈윈(win-win) 또는 상부상조를 암시한다.

15) 선거구에서 평판이 안 좋은 여성과 다니면 표가 날아가니 겉으로만 친절하게 하고 일정한 거리를 둔다.

16) 소시민 등 시장 부녀층을 많이 만나는 것이 좋다.

17) 선거사무실 등 공조직에는 가끔 나와야지 자주 얼굴을 내미는 것은 좋지 않다.

18) 선거본부의 차량 이용은 피한다.

19) 후보부인이 공조직이나 사조직 선거본부에 명령을 내리거

나 직간접으로 영향을 주면 거의 낙선이다.

20) 지역이나 특정계층을 방문할 때 사전에 그 지역과 계층에 대한 세밀한 조사·분석을 하고 거기에 맞는 옷차림, 인사말, 선물 등을 사전에 알맞게 준비하는 것이 바람직하다.

6. 선거 유권자

1) 유권자 체크리스트

- 지역선거구 유권자 관심조사·분석
- 역대선거 분석(투표성향, 당선이유, 낙선이유, 고정표계층, 방향, 부동표 흐름과 비율 등)
- 유권자가 필요로 하는 정보 전달방법 조사
- 이번 선거를 보는 유권자의 반응
- 현재 유권자의 삶
- 현 정부의 정책 지지도, 현재 이슈
- '말없는 다수'와 '말 많은 소수' 구분해 활용

2) AIDMA법칙

광고의 일반적인 원칙으로는 관심·주의(Attention), 흥미(Interest), 욕구(Desire), 기억(Memory), 구매행동(Action)을 말한다. 즉 광고는 소비자들로부터 관심과 흥미를 촉발시키고 욕구를 불러일으켜야 하며 강렬한 기억을 남겨 물건을 사도록 유도할 수 있어야 한다는 것이다.

3) 인간행동에 영향을 주는 요소

종교, 건강, 교육, 직업, 봉사, 거주지, 교통, 영양, 경험, 사교, 레저 등

4) 상품구매 순에 따른 분류

- Innovator 첫 구매자
- Early adopter 초기구매자(opinion leader)
- Follower 추종자(early majority 초기다수자, late majority 후기다수자)
- Laggard 느림보

5) 유권자 구분

- 적극적 지지자(고정표 유도)
- 지지자(고정표 유도)
- 중립(집중공략표)
- 타 후보 지지자(중립 유도)
- 부동표와 무관심층 : 몰표성향 있음. 후보자의 인기, 선거연설, 홍보물, 당시의 바람 등에 영향을 받는다.

6) 표의 분류

- 고정표 : 가족, 친지 등의 혈족
- 조직표 : 동문조직, 동아리 조직, 직능 조직 등(언제 어디서나 확장 가능)
- 지지표 : 문중, 화수회, 동문, 친구, 동향, 사업사의 이해관

계자 등(안정성과 윤곽)

- 동정표 : 이미지와 상황에 따른 부동성, 군중심리 작용(변화
  가능)
- 부동표 : 최대 표밭, 선거 막판 바람에 의해 방향설정 향방
  에 따라 당락 결정
- 반대표 : 적군, 반대표는 초반에 중립으로 만드는 것이 최상
  이고, 그 이후는 시간낭비다.
- 기권표 : 정치 무관심, 불만, 혐오, 선거불신 등의 표로 선거
  일 TV시청이나 놀러가는 표

7) 젊은 유권자층
- 정치에 무관심하고 레저나 오락에 관심이 많음
- 현실정치보다는 이상적인 정치를 생각하고 정치는 무조건 깨
  끗해야 된다고 생각함
- 정치의 협상 부분(타협, 협상, 거래 등)을 거부한다.
- 철저한 개인이기주의, 핵가족주의, 코쿤족, 마이홈주의자 다수
- 정치적인 비전제시 중요(홍보물, 만화, 비디오 등)
- 동료의식으로 조직화할 것

8) 여성 유권자층
- 여성은 대부분 보수적이다.
- 결정 이후의 충성심이 강하다.
- 여성표는 부동표를 형성하고 당락을 결정짓는 주요표이다.

- 베개송사처럼 베개선거 운동이 있다.

9) 아파트지역 유권자층
- 연대의식 희박했으나 일부지역은 부녀회 중심으로 단결력 고조
- 대부분은 폐쇄적 칸막이 사회생활로 문화적 이기, 교육 등 경쟁의식 단편 · 획일화
- 입주가 오래된 아파트는 안정적 투표성향을 보이고, 새 입주 아파트는 지역선거에 소극적
- 경쟁의식이 강하고, 대부분 부와 자녀교육 등에 관심이 많음
- 소시민적 행동(다른 가정에 민폐가 되는 행동에 주의)
- 아파트가격 담합 등으로 부자아파트촌으로 자긍심 고취
- 여성이 경제력을 가지는 가정이 대다수
- 여성이 부녀회 중심으로 여론 유도
- 인텔리전트 아파트는 아파트단지 내 정보 활용과 매스미디어 활용률이 높음
- 가정 간 커뮤니케이션 상호교류 적은 반면, 루머나 아파트단지 이익에 민감
- 아파트지역 선거는 어려운 일이나 논리적 타당성 전파가 효과적임
- 경로당, 부녀회 등을 통한 인간적인(겸손, 신뢰) 면에 호소
- 아파트인근 레저시설에 구전홍보팀 적극투입 공략
- 공조직보다는 사조직 팀의 투입이 유리함

10) 농촌지역 선거구

- 농촌지역의 1표는 도시의 2표에 해당함
- 땅에 대한 애착심, 부족부락의식이 강하고 의리와 인정이 있음. '입후보자는 유권자에게 혜택을 주고, 유권자는 입후보자에게 한 표를 준다'
- 타지 인에 대한 배타적이고 경계의식이 강하다.
- 전통을 지키고 싶어 하나 현실이 따르지 않고, 도시 물가를 잡기 위해 희생당한다고 생각함
- 한미 FTA 등 개방에 따른 피해계층으로 생각함
- 단순한 사고가 지배해 강직하고 충동시 뭉쳐서 바람을 타기 쉬움
- 상대후보가 선거구 사람이 아니거나 외지인일 경우, 애향심이 없다는 증거제시와 설득

'선거 때만 날아오는 선거철새'
- 소지역주의 활용
  후보자의 고향, 발전 등을 비교해 동·면·리 단위의 경쟁심 유도
  비교해 불리한 경우 상대후보가 이용하기 전에 차단
- 인접 선거구보다 발전이 빠르거나 늦은 것을 설득한다.
- 지금까지 농촌을 위해서 무엇을 했나?
- 마을유지를 통한 설득

11) 유권자분석

연령별, 직업별, 유권자의 정치적 성향, 투표행태, 원주민과 이주민의 구성비율, 씨족별 가구수와 유권자수, 월 소득별 구성비, 특정학교 출신, 종교별 신도 수, 직능별

7. 선거준비 분석

1) 선거지역 분석이 첫 번째다

- 지역에 대한 면밀한 조사(지리, 지명, 지명 유래, 문화재의 유래, 고장의 역사, 전설, 주요 시설 등)
- 지역의 상세 선거지도 제작(투표구, 조직원 거주지, 전철역, 주요 가두연설 장소, 현수막 게양지 등)
- 득표지도 제작(동별, 투표구별, 생활권역별 등)
  아파트, 연립주택, 영세민 밀집촌, 상가지역, 시장, 생활권역의 명칭, 세대 수(상가 수), 자치회장, 주요인사, 연고자, 복지시설, 공공기관, 편의시설, 직능단체, 자치단체, 대표자, 종사자, 회원 수 등
- 주요자료 입수(각급 통계연보, 과거 지역신문, 시지(市誌), 군지(郡誌) 등)
- 행정현황(지역구 내 투표수, 행정구역, 유권자수, 성별 등)
- 지역특성, 지역민원, 숙원사업, 지역개발상황 등
- 공공법인, 사회단체, 가입 구성원 수 등

유권자수 파악

동(읍, 면)별	투표구별	통 수	반 수	유권자수	성 별	
					남 자	여 자
동	제1투표구					
	제2투표구					
	제3투표구					

연령별, 학력별 파악

동(읍, 면)별	투표구별	연령별						학력별			
		20대	30대	40대	50대	60대	70대	초졸	중졸	고졸	대졸
동	제1투표구										
	제2투표구										
	제3투표구										

출신지역별 파악

동(읍, 면)별	투표구별	출신지역별											
		서울	경기	강원	충북	충남	경북	경남	부산	전북	전남	제주	이북
동	제1투표구												
	제2투표구												
	제3투표구												

직업별, 종교별 파악

동(읍, 면)별	투표 구별	직업별						종교별			
		공무원	기업체 임직원	자영업	농어업	근로자	기타	기독별	천주교	불교	기타
동	제1 투표구										
	제2 투표구										
	제3 투표구										

2) 선거환경 분석

- 선거법과 지역선거구 대비 분석

  정당별, 후보별 득표수와 득표율 산출 비교, 투표경향, 당선 득표율

- 후보자와 상대후보자간 비교분석

- 시대적 상황(정치, 사회, 문화 등)

- 공천 분위기(정당, 무소속)

- 여론조사(유권자의 질적 분석, 속성 파악에 중요, 선거운동의 효율적 자원 배분)

지역유권자들의 불만 요인은 무엇인가?

선호하는 후보자는 어떤 스타일인가?

비용을 아끼려 자체적으로 여론조사를 하면 신뢰성과 정확성에 의심을 받는다. 여론조사가 불가능하면 정보수집이 필요하다. 각 계각층에 정보원을 두고 유권자들 여론 흐름을 재빨리 파악하는 것이 필요하다.

3) 출마자 분석(경쟁자 분석)

선거는 유권자의 지지를 얻고자 상대후보와 벌이는 게임이다. 그래서 포지티브 선거도 중요하지만 네거티브 선거도 필요한 것이다. 주소지, 낙하산, 사생활, 부정축재 등 유권자가 싫어하는 상대방의 치명적인 약점은 선거승리를 보장하는 중요한 것이다. 과장, 흑색선전은 역효과가 우려되므로 사전에 정확한 정보가 생명이다. 후보의 SWOT와 동시에 상대방의 SWOT 파악도 선거 전략에 중요한 요소이다.

- 소속(여권, 야권, 무소속)

  경쟁할 상대를 고른다.

- 선거중심(이슈, 여론, 홍보의 중심) 헤게모니 장악

  대세론, 명분론, 환경론, 발전론, 이미지론, 지역얼굴론, 지역찬반론, 지역분할론, 그릇론, 상황론 중에서 자신에 맞는 것을 택해 선거중심의 헤게모니를 장악한다.

4) 선거중심 체크리스트

- 이슈가 실현 가능한가?

- 이슈가 타당성이 있는가?
- 이슈가 시의적절한가?
- 이슈가 인간의 본성이나 감정에 호소하는가?
- 정당 공천 경쟁자
- 출마 예정자, 후보자들, 참모진, 자금, 선거전략(SWOT)
- 후보자 분석(강점, 약점, 기회요소, 문제위협 요인)
- 파워테스트

  행정기관인맥, 중앙인맥, 정당인맥, 민원해결능력, 자금조달
  능력, 경조사 참여, 운동능력, 언어능력, 열정능력, 사회성능
  력, 네트워크능력, IQ · MQ · SQ · PQ · NQ 지수
- 후보자가 상품이기 때문에 사실 당락여부는 후보자 자신이
  이미 갖고 출마한다고 보면 됨
- 유권자도 이상적인 후보 이미지에 당해 선거에 출마한 후보
  자를 대입해 이미 결정했다고 생각해도 됨
- 후보자 강점 3대 요소(조직, 자금, 참모진)
- 지지도 홍보
- 후보자의 무엇을 보여줄 것인가?

  홍보를 통해 유권자에게 도달하는 목표는 세 단계를 거친다.
  첫째, 후보를 알리는 단계
  둘째, 후보의 장점으로 유권자를 설득하는 단계
  셋째, 유권자가 후보에게 투표할 수 있도록 만드는 단계

5) 선거 당시의 정세

선거는 정세와 밀접한 함수관계를 가진다. 정치적상황의 변화, 사회문제의 부각, 신당의 출현, 야권통합, 후보단일화 등의 경우 선거결과는 다르게 나타난다. 후보와 참모는 이러한 정세판단을 정확하게 해야 한다.

8. 선거전략 분석

1) 행태적 조건

후보자 자신, 선거전략, 참모진, 홍보, 유권자, 지역특성, 선거법, 출마자, 시대적 상황, 선거운동 여건 등

2) 체크리스트

- 합리적 타당성이 있는가?
- 시기별로 적합한가?
- 참모 및 운동원의 전략수립 및 집행능력이 있는가?
- 자금계획과 연계되어 있는가?
- 돌발 사태에 대비하고 있는가?
- 예상되는 경쟁후보의 전략은?
- 달성 가능한 목표인가?
- 득표목표가 합리적인가?
- 목표달성과 과정이 합리적인가?
- 분야별 득표목표의 겨우 공조직과 사조직의 중복되는 목표는?

- 투표구 단위로 설정되어 있는가?
- 연령별, 계층별, 목표설정은?
- 목표달성을 위한 과정별 인력, 자금의 투입은?
- 붐은 언제 조성할 것인가?(D-day, H-hour까지 선거 붐 사이클 조정)
- 승기를 잡을 기회를 후보자 자신이 만들 것인가? 상대 후보의 것을 역으로 칠 것인가?
- 현재 불리한 상황이라면 막판 뒤집기는 가능한가?
- 히든카드는 준비되었는가?
- 히든카드는 누가 어떤 경로를 통해 사용할 것인가?
- 경쟁후보에 대한 조사, 자료 수집은?
- 상대 후보의 거물급 운동원이 영입되는 경우(환영행사, 성명서 발표, 유권자가 알게 홍보, 기자회견)
- 조직내부의 보안은?
- 경쟁후보의 기습에 대비하고 있는가?
- 정당공천 받은 경우(공천발표 전까지 포함시켜 선거계획 수립)
- 당운영협의회(지구당) 접수계획(반발 최소화, 조기진화 대책 수립)
- 공조직과 사조직의 절대 분리운용
- 지명도 제고방법, 이미지 구축, 득표기반 강화, 후보자에게 불만이 있거나 당원협의회장에게 불만이 있는 사람 접촉, 후보자와 긴밀한 연고가 있는 당직자나 협의회장 등부터 접촉,

당원 배가운동 전개

3) 득표목표 설정
- 상황분석과 여론조사 후 설정
- 유권자 총 ○명, 예상득표 ○명, 유권자의 ○%
- 분야별 득표목표
  연령별, 계층별, 특수지역별(아파트, 공단, 상가 등)
- 공조직, 사조직 가동해 투표구별 예상득표 보고, 표의 행태
  분석
- 취약지구, 취약부문 공략방안 대책

4) 선거전략과 관계된 선거관련 격언과 기본사항
- 선거법을 준수한다.
  실탄도 없는 사람이라는 평과 함께 선거예산 산출, 선거비용
  확보도 안 되는 평균이하의 못난 후보라는 역공세 우려됨
- 경쟁후보가 실탄(자금)을 많이 푼다.
  호소는 호소로 끝나고, 후보자·사무장 등이 사용할 때 선거
  법 위반이므로 주의 요망
- 표는 발과 손으로 얻는다.
- 정치인의 역량은 조직관리 능력에 있다.
- 홍보가 후보에게 결정적인 영향을 미치는 것은 아니지만, 홍
  보를 못한 후보치고 당선된 예는 없다.

- 여촌야도, 도시는 홍보 농촌은 조직
- 여당은 조직, 야당은 바람
- 관권선거
- 이길 수 있는 전쟁을 하라
- 출마, 당선 명분이 간단명료하고 뚜렷해 유권자들이 쉽게 이해해야 한다.
- 당락의 90% 이상은 후보자 자신이 가지고 있다.
- 잡을 곳이 많은 곳(표밭)에서 사냥에 나서라
- Devide&Rule(경쟁후보끼리 분열시킨 뒤 지배하라)

5) 선거전략 기본 마인드

(1) 나는 어디에 있는가 : 상황분석

- 우리는 현재 어디에 있는가
- 우리는 왜 그곳에 있는가
- 어디로 갈 수 있는가
- 어떻게 그곳에 갈 수 있는가
- 우리는 지금 그곳에 가고 있나

(2) 무엇을 말할 것인가 : 선거컨셉트(테마) 설정

(3) 누구에게 말할 것인가 : 표적 유권자 선정

(4) 무엇을 통해 말할 것인가 : 커뮤니케이션 채널

(5) 어느 때 전달할 것인가 : 타이밍의 선정

(6) 무엇을 가지고 어떻게 전달할 것인가 : 자원의 활용

9. 홍보물

1) 선거기간 전에 제작이 끝나야 한다.

후보등록 전 제작해 2, 3차 검토, 등록 후 선관위 사전제출 검토완료

2) 홍보담당

카피, 표현방법, 섬네일(나름대로 홍보물제작에 관한 대략적인 레이아웃을 그림과 문자로 표현한 것)을 만들어 광고기획사에 의뢰

3) 홍보의 질적 함정에 빠지지 말라.

비용절감을 논하려면 선거를 하지 않는 게 낫다. 비용절감 효과는 있겠지만, 유권자는 '흩어져 사는 사람들'이다. 잘못하면 유권자와 접촉기회, 홍보전달 폭이 좁아진다. 정치광고 홍보와 일반 공산품의 홍보는 전적으로 다르다.

오류는 목표유권자를 설정할 때 나타난다. 광고이론에 의하면 제품에 대해 반응하고, 소비하는 집단은 뚜렷하게 형성되어 있다는 것이다. 광고기획에서의 목표소비자는 뚜렷하다. 성인남녀라면 누구나 투표할 자격이 있고, 많은 유권자가 싫든 좋든 투표에 참여한다는 것을 가정한다면 소비자와 유권자의 개념이 동일시될 수는 없다. 더욱이 소비자 간에는 서로 논의를 거치지 않고 실제 구매자만이 구매하지만, 유권자들 간에는 서로 투표결정에 영향을 미친다. 남편과 아내, 아버지와 아들, 심지어는 할머니와 손자의

경우처럼 서로가 서로 간의 의견에 따르는 경우도 있다.

그러나 정치홍보 선거마케팅은 잠재적 지지계층뿐 아니라 부동층에도 관심을 가져야 한다. 한정된 홍보수단과 횟수 내에서 모든 유권자들을 상대로 홍보활동을 전개할 수는 없다. 후보자는 유권자를 주요 목표유권자와 보조적 목표유권자로 나누고, 이들에게 가장 중요한 홍보수단인 법정홍보물에 이들을 설득할 메시지를 담아야 한다. 돈으로 하는 조직 활동은 제한하지만, 돈 안 드는 홍보는 무제한 허용하는 선거법을 활용해 목표유권자에게 전방위적 줄기찬 홍보만이 당선이란 꽃을 피울 것이다.

4) 목표유권자의 세분화

(1) 표적화

- 선거운동의 주 Target을 결정하는 전략적 행위
- 컨셉트 수용 여부, 이미지 포지션 등의 선거일반 과정을 통해 가변적 유권자를 지지자로 만들기 위한 것

(2) 유권자 세분화의 종류

• 지리학적 세분화
- 지역, 시/군 규모, 인구 밀도, 기후 등에 의해 세분화 하는 방법.
- 보통 투표구별 세분화, 지역별 세분화가 주로 사용

• 인구 통계학적 세분화

성별, 연령별, 라이프 사이클, 소득, 교육 수준, 직업 등의 변인
으로 세분화

• 심리학적 세분화

- 사회 계층(상류, 중상류, 중중류, 중하류, 하류)

- 사회 계층과 경제적 수준을 연합한 사회.경제적 수준

- 라이프 스타일에 의한 세분화, 개성에 의한 세분화

• 행동적 세분화

유권자들이 선거나 정당, 후보자들에 대해 가지고 있는 지식,
태도, 반응을 기초로 구분

- 기회에 의한 세분화(중요한 사건에 의한 세분화)

- 이점에 의한 세분화

- 지지 여부에 의한 세분화

  이전 선호자, 이전 지지자, 잠재적 지지자, 현 지지자 / 정당
  지지자별 후보 지지자

- 충성도 수준에 의한 세분화

- 지지 상태에 의한 세분화 (인지단계, 흥미단계, 선호단계, 지
  지단계)

- 태도에 의한 세분화 (열광적 집단, 긍정정 집단, 무관심적 집
  단, 적대적 집단)

(3) 유권자 세분화 방법
- 1단계 : 지지 계층과 비 지지 계층을 구분.
- 2단계 : 그 중에서 잠재 유권자(부동층)의 분포를 검토.
- 3단계 : 부동 유권자의 속성을 검토한 다음 자신의 지지자로 선회가 가능한 잠재지지자를 최종 선별
- 4단계 : 이 잠재 지지자의 세분화 집단별 숫자를 추산하여 가장 많은 곳에서부터 우선순위를 결정

〈주의사항〉
- 최종 단계에서 그 층의 예상 투표율, 경쟁자에 대한 선호 잠재성 등이 필수적으로 검토되어야 함.
- 그 집단이 실재하는 것인가, 접근 가능한 집단인가의 판단도 필수적
- 과대 혹은 과소평가하고 있지는 않은가?

(4) 표적 유권자의 선정의 필요성
- 후보자나 정당이 자유로이 활용할 수 있는 시간이나 자원의 한정
- 후보자가 모든 집단의 유권자를 대상으로 하여 경쟁후보에 비해 차별적인 우위를 유지한다는 것은 사실상 불가능
- 정치 불신의 확산에 따라 부동층이 증가하고 유권자의 요구와 관심이 다양화

- 따라서 유권자 세분화를 통해 자신에게 특별한 중요성이 있고 선거 결과에 결정적인 역 할을 할 수 있는 표적 집단을 선정하여 캠페인 노력과 이용 가능한 자원을 집중시키는 것이 효율적이다.
- 설득이 용이한 자연스러운 표적유권자(확실한 지지자)
- 오피니언 리더층
- 부동층 유권자 : 결정적인 유권자
- 불안정한 유권자 : 약한 선호도를 가지고 있지만 여전히 그 선호도를 바꿀 수 있는 유권자
- 잠재적인 유권자 : 경쟁후보에게 약한 선호도를 가지고 있는 유권자
• 유권자를 지지성향에 따라 적극적 지지자 소극적 지지자 중립표 소극적 반대자 적극적 반대자의 5단계로 세분화하는 경우도 있다.
- 적극적 지지자
- 소극적 지지자
- 중립표
- 소극적 반대자
- 적극적 반대자
• 적극적 지지자를 기본으로 하여 소극적 지지자 및 미정표(중립표) 또는 미정표(중립표) 및 소극적 반대자가 주요 공략대상이 된다.

• 표적 집단을 전자로 할 것인가 후자로 할 것인가는 상황에
따라 결정하게 된다.

5) 무엇을 홍보할 것인가?(컨셉)

이 말은 거꾸로 하면 홍보할 필요도 없이 후보가 훌륭해야 한다
는 가설을 안고 있다. 후보자 자신이 훌륭해야 한다는 이야기다.
훌륭한 후보자는 무엇을 홍보할 것인가 고민할 필요가 없다. 크게
홍보하지 않아도 구전홍보로 입에서 입으로 후보자의 출마가 삽시
간에 전파 될 것이다.

문제는 '도토리 키 재기'식의 올망졸망한 후보들 간 무엇을 홍보
할 것인가의 문제고, 그 무엇이 컨셉인 것이다. 원래 컨셉은 철학
용어로 '개념'이라는 의미를 가지며, 광고에서는 '눈에 띄게 강조
되는 것'으로 설명된다. 컨셉은 경쟁자와 차별화 요소고, 유권자
에게 가장 어필할 요소다. 컨셉은 만드는 것이 아니라 추출하는
것이다.

후보자의 장단점을 분석하고, 장점 중 죽어있는 사실을 살아 있
는 사실로 바꾼다. 아이디어 창출을 통해 과학적 접근에서 예술적
차원으로 승화시킨다.

컨셉은 한 사람의 아이디어보다는 선거본부 전체나 참모들과
토론을 통해 추출하고, 공론에 붙인 뒤 결정한다. 한번 결정된 컨
셉은 선거 내내 일관성을 가지고 강화시킨다.

6) 캐치프레이즈와 슬로건

캐치프레이즈와 슬로건 창조만 잘 해도 천표는 더 얻는다. 캐치프레이즈는 주의를 끌기 위한 문구고, 슬로건은 유권자를 향하여 되풀이 호소함으로써 친근감과 좋은 인상을 획득해 후보자의 의사를 명확히 전달하는 수단이다.

캐치프레이즈와 슬로건의 3요소는 말하기 쉬울 것, 듣기 쉬울 것, 기억하기 쉬울 것이다. 이 3요소의 충족을 위해 짧을 것, 명확할 것, 적절할 것, 독창적일 것, 흥미 있을 것, 기억하기 쉬울 것 등이 요구된다. 처음 만들 때 신중하게 만들고 초지일관되게 초반부터 종반까지 사용한다. 유권자용 슬로건도 필요하지만 조직내부 단합용 슬로건도 필요하다.

누구에게나 저항과 반발 없이 수긍되는 내용, 의미가 많은 내용을 포함, 후보자의 이미지와 평소 언행과 일치, 새롭고 매력적일 것 등도 요구된다.

7) 홍보물 제작시

홍보 비전문가인 후보자는 마음만 급해지는 것이 선거다. 그러다 보니 이래라 저래라 말도 많아지고, 이것 넣어라 저것 빼라는 간섭이 극에 달한다. 후보자가 귀가 얇고 우유부단한 사람일 경우 조석으로 바뀐다. 후보자의 요구대로 다 하다 보면 잡탕식 홍보물로 전락한다.

유권자의 입장에서 보면 이런 후보에게 마음이 갈 리가 없다. 유권자는 여러 후보자의 홍보물 가운데 가장 명확하고, 단순하게 어필한 후보의 홍보물을 기억한다는 사실을 알아야 한다. 유권자 입장에서 생각하고 제작해야 한다. 한 가지 홍보물에는 한두 가지의 메시지만 담아야 한다. 우리가 일상생활에서 누구를 만나 부탁할 때도 한 가지를 정확하게 부탁하는 사람하고, 처음 만났는데 이것저것 여러 가지 부탁하는 사람하고, 둘 중 누구에게 마음이 가겠는가?

8) 다양한 기법

캐리커처 표현, 배경으로 놓이는 후보, 목표유권자와 함께한 사진, 만화, 유명인 활용, 그래프 사용한 시각효과, 사진, 헤드라인, 디자인, 켑션, 사진구성, 유머 등

9) 바디카피 유의사항

초등학교 5학년생이 이해하는 카피를 쓴다. 어떻게 말하는가보다 무엇을 말하는가가 중요하다. 후보자를 선택할 때 얻는 이익을 유권자에게 제시한다. 수치를 들어 구체적으로 설명한다. 유권자 또는 유명인사의 추천은 큰 도움이 된다. 우회적인 설득보다 단도직입적으로 말한다.

후보를 선택해달라는 것과 동시에 상대를 택했을 경우의 손해도 언급해준다. 가장 중요한 것은 카피 첫머리에 쓴다. 카피는 혼자 하기보다 여럿의 머리에서 나오는 것이 좋다. 많이 써 본다.

선거법에 명시된 법정 홍보물

	선거벽보	선거공보	전단형	명함형	책자형	현수막
기초 및 광역 의회 선거	○	○	○	○	○	○
기초 및 광역단체장 (국회의원)	○	○	○	○	○(8P)	○
대통령 선거	○	○	○(2종)	○	○(16P)	○

제작 수량

	전단형	명함형	책자형
대통령	유권자 수만큼		세대 수+부재자 수
국회의원 및 지자체장	세대 수	유권자 수	세대 수+부재자 수
지방의회 의원	세대 수+부재자 수		×

선관위 제출시기 및 배포방법

	책자형	전단형	명함형	비 고
대통령	후보자 배포	후보자 배포		※ 관할 선관위에 2부 제출
국회의원 및 지자체장	등록마감 후 3일까지 제출	등록마감 후 6일까지 제출	후보자 배포	※ 책자형은 공보와 동봉 ※ 제출마감일 후 3일까지 선과위가 발송
지방의회 의원	×	등록마감 후 3일까지 제출		※ 전단형은 공보와 동봉 ※ 제출마감일 후 3일까지 선관위가 발송

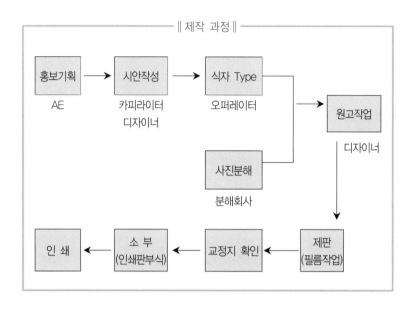

‖ 제작 과정 ‖

홍보기획 → 시안작성 → 식자 Type → 원고작업
AE   카피라이터   오퍼레이터   디자이너
       디자이너

사진분해
분해회사

인 쇄 ← 소 부 ← 교정지 확인 ← 제판
      (인쇄판부식)   (필름작업)

10) 법정 홍보물

(1) 선거벽보(법 제 64조, 규칙 제 29조)

가. 작성

- 작성권자는 후보자(비례대표는 제외)다.

- 게재사항은 후보자의 선거구명, 사진(후보자의 사진만), 성
  명, 기호, 소속정당명(무소속은 무소속이라 기재), 경력, 정
  견 및 소속정당의 정강 정책, 기타 홍보에 필요한 사항, 지
  역수지방의원선거에 있어서는 비례대표지방의원선거후보자의
  명단을 게재할수 있으며, 이 경우에도 후보자외의 자의 인물
  사진을 게재할 수 없음.

- 제출하기 전 수정보완 지도를 받을수는 있지만, 제출된 후에는 정정 또는 철회할 수 없음
- 제출수량(관할선거구위원회가 선거때 공고하는 수량)

나. 규격

길이53cm ,너비 38cm(100g/m 이내의 종이, 종이 지질은 상관없음)

다. 보완 첩부

후보자가 첩부한 선거벽보가 오손되거나 훼손된 때에는 검인제도가 폐지돼, 공고한 수량의 범위(첩부 매수의 30%상당 매수)안에서 자율적으로 첩부하되, 오손, 훼손된 선거벽보위에 덧붙인다. 선거벽보를 당초 첩부된 장소이외의 장소에 첩부하여서는 안 된다.

라. 작성 및 주의사항

후보자가 작성하며, 4색도(칼라) 이내로 작성하여 후보등록 마감일 수 3일까지 관할 선관위에 제출, 선관위는 제출마감일 후 2일까지 게시

예전 선거에서 선거벽보는 2색도(흑백)였으나 모든 선거에서 4색도(칼라)로 바뀌었다. 뿐만 아니라 종전에는 후보자가 벽보를 필름 상태로 제출하고 선관위에서 인쇄하였으나 통합선거법에는 인쇄까지 후보자가 완료하여 선관위에 제출하게 하였다. 따라서

완료된 인쇄물이 법정규정에 어긋나는 경우 재제작해야 하기 때문에 시간적 여유를 두고 사전에 시안을 선관위에 제출하여 검토를 마친 후 제작하는 것이 좋다.

선거벽보는 후보의 첫인상과 마찬가지로 이때의 첫 이미지가 선거중반, 심지어 투표일까지 지속되는 경우도 있기 때문에 대단히 중요하다. 특히 타 후보자와의 비교가 객관적으로 드러나기 때문에 깊은 인상을 줄 수 있는 벽보가 되기 위해 각별히 신경을 써서 제작해야 한다.

먼저 가장 중요하게 생각해야 할 것은 사진 선정이다.

홍보 컨셉에 맞춰 젊고 활기찬 사람으로 보일 것인지, 지성적이고 이지적인 이미지를 담을 것인지 아니면 경륜 있는 온화한 이미지를 유권자에게 줄 것인지 결정한다. 유권자에게 전달할 이미지가 결정되면 누가 보아도 정해진 이미지를 한눈에 수긍할 수 있도록 사진촬영을 한다. 젊고 활기찬 모습의 전달을 의도했다면 역동적인 포즈, 파안대소하는 옆모습 등을 담은 사진을 찍는다. 오랜 경륜과 함께 온화한 모습을 전달하고 싶다면 은은한 미소를 띠는 약간의 좌우측면 사진이 좋다.

그리고 선거벽보 제작시 유의할 점은 전체적인 조화를 이뤄내야 한다는 것이다. 사진, 캐치프레이즈(슬로건), 기호, 이름이 적절한 조화를 이뤄야 한다. 예를 들어 경륜 있고 점잖게 보이려고 하는 후보가 야당이라고 해서 과격한 구호를 쓴다면 조화를 이뤄내기 어렵다.

사진의 이미지에 맞는 구호선정과 로고체가 필수적이다.

선거벽보 제작시에 결정하기 어려운 점들 중 하나가 후보의 약력과 공약을 넣느냐, 넣지 않느냐에 관한 것이다. 유권자들은 선전벽보를 가까이서 보기보다는 1~2미터 거리에서 다른 후보와 비교해서 보는 경향이 있기 때문에 특정 후보자만 유심히 보게 되기가 어렵고, 본다 하더라도 한정된 벽보지면에 약력과 공약을 모두 넣을 수도 없다는 한계가 있다.

이러한 면들을 감안할 때 잘 알려진 후보자라면 굳이 약력이나 공약은 넣을 필요가 없다. 유권자들의 머릿속에는 이미 그에 대한 이미지가 형성되어 있기 때문에 그가 출마했다는 사실만을 인지할 뿐이다.

첫 출마자나 지방의회의원 후보들처럼 유권자들에게 잘 알려지지 않은 후보자들은 약력 또는 특징적인 공약을 간략히 적어 넣는 것도 좋다. 많이 적는 것보다는 타 후보자들과 분명히 구별될 수 있는 약력이나 공약 사항이 있다면 그 부분을 중심으로 넣는 것이 차별화에 도움이 된다.

(2) 책자형선거공보
가. 내용
후보자의 사진, 성명, 기호, 소속정당명, 경력, 정견 및 소속정당의 정강, 정책, 기타 홍보에 필요한 사항

나. 규격

길이 27cm× 너비 19cm 이내 (16절), 면수(지방자치단체장 선거 12면 이내, 지방의원선거 8면 이내), 지질 및 중량에는 제한이 없음.

다. 수량

부재자 수+세대 수

라. 작성 및 제출

후보자가 작성하며 2색도 이내(흑백)로 작성하여 후보등록 마감일 후 3일까지 관할선관위에 제출(벽보와 같이), 선관위는 이의 확인 후 제출마감일 후 3일까지 부재자 및 각 세대에 발송

마. 주의사항

후보자정보공개자료(① 재산상황, ② 병역사항, ③ 최근 5년간 소득세, 재산세, 종합부동산세 납부 및 체납실적, 후보자. 배우자및 직계 존비속 의 연도별 납부액, 연도별 체납액및 완납시기, ④ 전과기록, ⑤ 직업, 학력, 경력 등 인적사항(후보등록신청서에 기재된 사항), ⑥ 위 ①~④(⑤는 제외)에 대한 소명자료)는 책자형 선거공보(점자형선거공보 포함) 둘째면에 반드시 작성해 게재해야 한다.

책자형선거공보물 제작을 못할 경우가 있더라도 둘째면은 반드시 제출해야 한다. 정당한 사유없이 후보자정보공개자료(점자형

후보자정보공개자료는 제외)를 제출하지 아니한 것이 발견될 때는 등록무효가 된다(법 제52조①).

제작사항은 종전과 같고 벽보와 마찬가지로 후보자가 인쇄하여 선관위에 제출하는데, 혹 규정에 맞지 않게 제작될 수도 있으므로 시간적 여유를 갖고 선관위의 검토를 거친 후 제작, 제출하는 것이 좋다.

예전에는 선거공보가 관할 선거관리위원회에서 세대별로 우편 발송되는 유일한 홍보물로서 중요성이 있었으나, 통합선거법에서는 다른 법정홍보물 역시 선관위에서 발송함으로써 다소 중요성이 퇴색되었다.

또한 부재자의 경우 예전에는 선거공보를 통해 투표를 했기 때문에 선거공보 제작시에는 주요 대상을 부재자, 특히 20대의 군 부재자에 맞추는 것이 효과적이었으나, 통합선거법에서는 부재자 역시 선거공보뿐 아니라 책자형 또는 전단형 인쇄물도 함께 받아 보게 됨으로써 20대의 군부재자만을 타켓으로 삼을 필요는 없을 것 같다. 따라서 선거공보 역시 전체 홍보전략에 따라 하나의 매체로서 활용하는 것이 좋다. 다만 다른 후보와 함께 비교되고 흑백으로 작성되는 것을 감안하여 공보의 특성을 최대한 살려서 제작해야 한다.

공보의 내용에는 주로 사진과 슬로건·학력·경력·공약 등이 포함되어 왔으나, 함께 배송되는 후보자의 법정홍보물을 감안하여 다른 홍보물과 중복되는 내용을 담아서 지면을 낭비할 필요는 없다. 타 후보자와 비교된다는 측면에서 학력·경력에 자신이 있으면 학력·경력을 중심적으로 공보에 실어 차별화를 이루고, 다른 홍보물에 공약·후보 소개 등을 나누어 싣는 것이 좋다.

학력·경력보다는 정책 또는 후보의 장점으로 차별화를 꾀할 목적이라면 그 내용을 공보에 담고 다른 홍보물을 통해 공보에 싣지 못한 내용을 담는 것이 유리하다.

(3) 선거공약서

가. 지방단체장 경우 후보자가 작성한다.

작성수량은 선거구위원회가 공고한 수량(세대수의 100분의 10에 해당하는 수 이내)

나. 규격

길이 27cm, 너비 19 cm이내

다. 작성 분량

도지사선거(16 면 이내, 시장, 군수 선거 12 면 이내)

라. 게재사항

선거공약 및 이에 대한 추진 계획으로 각 사업의 목표, 우선순위, 이행절차, 이행기간, 재원조달방안, 후보자의 사진, 성명, 기호, 학력, 경력 등(다른 정당이나 후보자에 관한 사항은 게재할 수 없고, 선거 공약 및 그 추진계획에 관한 사항 이외의 후보자의 사진, 성명, 기호, 학력, 경력 그 밖에 홍보에 필요한

사항은 1면 이내에서 게재할 수 있음)

마. 선거공약서 배부

후보자와 그 가족, 선거사무장, 선거연락소장, 선거사무원, 회계책임자 및 후보자와 함께 다니는 활동보조인), 우편 발송(점자형 선거공약서는 제외), 호별방문, 특정장소에 비치 살포의 방법으로는 배부할 수 없음

바. 제출

배부일 전일까지 관할선거구위원회에 2부를 신고서에 첨부해 제출해야 함. 점자형 선거공약서의 작성비용은 지방자치단체가 부담함.

(4) 선거사무소 간판 등(법 제61조⑥, 규칙 제27조③④)

가. 종류 : 간판, 현판, 현수막

나. 규격 및 수량 : 제한 없음

다. 게재사항

후보자의 홍보에 필요한 사항, 후보자의 기호가 결정되기 전이라도 정당 또는 후보자가 자신의 기호를 알 수 있을 때에는 간판 등에 게재할 수 있음.

(5) 홍보물 제작비용

홍보물 제작비용은 명함형 소형인쇄물을 제외하고 선거비용에 포함되지 않는다.

(6) 명함

가. 선거에 처음 나서는 신인예비후보자에게 명함은 제일 중요하다.

나. 규격: 길이 9cm, 너비 5cm

통합선거법에 따라서, 소형인쇄물이 선관위를 거쳐 각 세대에 배송되는 반면, 명함은 유일하게 직접 유권자들에게 전달되는 홍보물이므로 그 의미와 역할이 중요하다고 할 수 있다. 명함 제작시에 유의할 것은 깜찍하고 말끔하게 만들어져서 유권자들이 휴대하고 다니고 싶도록 해야 한다는 것이다.

일반적으로 통용되는 명함이 그 회사나 사람의 이미지 형성에도 중요한 영향을 끼치는 것처럼 소형홍보물로서 명함도 같은 역할을 한다.

선거운동원의 직접 전달뿐 아니라 후보를 지지하는 자영업자, 택시기사 등 유권자들에게 여론을 전달할 수 있는 분들이 중요하다. 주요내용은 사진, 슬로건, 학력·경력(또는 공약) 등이나 홍보 컨셉에 따라 중점적으로 유권자들에게 전달할 내용을 함축적으로 적는 것도 좋다. 한때 유행했던 것처럼 달력, 지하철 노선, 관내 관공서, 병원 등의 전화번호와 같이 유권자들에게 유익한 내용들을 담는 것도 좋고, 참신한 아이디어를 개발하여 독특한 명함을 만들어 보는 것도 차별화에 도움이 될 것이다. 해당 선거별, 후보자별로 특색 있게 하면 도움이 된다.

(7) 현수막(제 67조, 규칙 32조)
- 천으로 제작해 10제곱미터 이내, 당해 선거구 안의 읍, 면, 동마다 1매(선거 사무소 내부)
- 이동 게시 가능

(8) 어깨띠 등 소품9법 68조, 규칙 제 33조)

종류	규격
어 깨 띠	길이 240cm, 너비 20cm
윗옷(上衣)	3만 원 이내
마스코트, 표찰, 수기, 그 밖의 소품	옷에 붙이거나 사람이 입거나 한 손으로 지닐 수 있는 정도의 크기

※ 법 68조 제 1항에 쥬정된 것을 제외하고는 선거운동기간 중어깨디, 모양과 색상이 동일한 모자나, 옷, 표찰, 수기, 마스코트, 소품 그 밖이 표시물을 사용하여 선거운동을 할 수 없음.

(9) 공개된 장소에서의 짖 호소(법 제 106조 ②)
- 선거운동을 할 수 있는 자면 누구나
- 도로, 시장, 점포, 다방, 대합실 등 기타 다수인이 왕래하는 공개된 장소와 관혼상제 의식이 거행되는 장소에서 법에서 제한 또는 금지하는 방법이 아닌 한 제한 없음
- 금지행위(확성장치 사용, 시설물 설치나 게시, 인쇄물 배부하

면서 지지 호소하는 행위)

(10) 자동차, 선박에 선전물 부착운행(법 제 91조, 규칙 제 48조)
- 자동차, 선박 사용대수 및 선전물 첩부 수량

(11) 정보통신망을 이용한 선거운동(법 제 82조의 4, 규칙 제 45조의 3)
- 인터넷 홈페이지 또는 그 게시판, 대화방 등에 선거운동을 위한 내용의 정보 게시 또는 전자우편 전송
- 전화를 이용하여 송, 수화자간 직접 통화하는 방식
- 문자(문자외의 음성, 화상, 동영상 제외)메시지를 이용한 선거운동정보 전송
- 전화나 문자 메시지 전송 시 선거운동은 오전 6시부터 오후 11시까지 가능
- 후보자 문자 메시지 전송 시 후보자 전화번호 명시
- 전화기 자체 자동전송, 인터넷 무료 전송서비스 이용할 경우 동시에 전송 시 그 수신 대상자 수가 20 이하인 경우
- 다량 문자메시지 회사나 기도입해 문자메시지 보낼 경우는 예비후보자와 후보자가 행한 횟수를 포함해 5회를 넘을 수 없음

(12) 인터넷 광고를 이용한 선거운동(법 제 82조의 7, 규칙 제 45조의 5)
- 인터넷 언론사의 인터넷홈페이지(후보자나 정당 외에는 광고 금지)
- 광고근거, 광고주명과 '선거광고'라고 표시해야 함

– 같은 정당 추천 받은 2인 이상 후보자는 합동으로 인터넷 광고 가능, 그 비용은 당해 후보자간 약정에 따라 분담하되, 그 분담내역을 광고계약서에 명시해야 함.

(13) 홍보물 제작 시 체크리스트

• 여론조사 결과는 충분히 반영되었는가?
• 누구에게 무엇을 전할 것인가?
• 조직의 활동과 연계되어 있는가?
• 후보별 쟁점은 무엇인가?
• 시간은 충분한가?
• 돌발 사태에 대비하고 있는가?

11) 홍보물 주의사항

– 이미 제출된 홍보물은 정정 또는 철회할 수 없다.
– 충분한 시간을 가지고 선관위와 사전협의해 제작하도록 한다.
– 내용 중 경력, 학력, 학위 또는 상벌에 관한 허위사실의 게재 경우, 서면에 의한 이의제기가 있을 때 당해 선관위는 정당 또는 후보자에게 그 증명서류 제출을 요구할 수 있다. 증명 서류의 제출이 없거나 허위사실이 판명된 때에는 그 사실이 공고된다.
– 홍보물에 다른 후보자나 배우자, 직계 존·비속이나 형제자매의 사생활에 의한 사실을 적시하여 비방하는 내용은 법에 위반된다.

- 선거이슈, 선거구호 등 선거중심에 맞아야 한다.
- 후보자가 주는 이미지는 어떤 것인가?
- 유권자는 어떤 계층인가? 유권자 입장에서 제작한다.
- 침묵하는 다수를 염두에 두고 촬영한다.
- 홍보물별로 내용을 달리 선택한다.
  (예) 선거공보물은 출마동기, 개인홍보물은 활동공약 등)

12) 사진 촬영

- 인간미가 느껴지는 사진일 것
- 비용을 들여 메이크업, 코디를 거친 완벽한 사진을 촬영할 것
- 액션이 있는 사진일 것
- 유권자 입장에서 볼 때 무엇인가 자신에게 전하고 있다고 느끼는 사진일 것
- 동적인 사진일 것
- 자연스러운 포즈일 것
- 신체적 특성, 성격, 연령을 감안해 자신의 이미지와 유권자층을 고려해 촬영할 것
- 정당공천자의 경우 기호가 이미 정해져 있고, 다시 말해 벽보 붙이는 순서가 결정 됐으므로 이를 의식해 좌 또는 우 어느 방향으로 시선처리를 할 것인가를 결정해 촬영할 것
- 카메라의 촬영 위치가 수평이나 아래로 향하는 것보다는 약간 위로 향하는 것이 낫다
- 메이크업, 코디 등 전문가를 두고 촬영할 것

- 계절을 의식해 촬영할 것
- 의상과 배경 등은 필히 얼굴과 이미지에 어울리게 해야 한다.
- 훈장, 흉장, 국회의원, 지방의회 의원 배지 등은 선관위에 문의 후 촬영한다.

10. 선거공약

선거공약을 정할 때, 처음부터 좋은 공약이 나오기 어렵다. 처음에는 브레인스토밍 (brainstorming)식 회의로 진행하면 좋을 것이다. 일정한 테마에 관하여 회의형식을 채택하고, 구성원의 자유발언을 통한 아이디어의 제시를 요구하여 발상을 찾아내려는 방법이다.

① 한 사람보다 다수인 쪽이 제기되는 아이디어가 많다. ② 아이디어 수가 많을수록 질적으로 우수한 아이디어가 나올 가능성이 많다. ③ 일반적으로 아이디어는 비판이 가해지지 않으면 많아진다. 등의 원칙에서 구할 수 있다.

브레인스토밍에서는 어떠한 내용의 발언이라도 그에 대한 비판을 해서는 안 되며, 오히려 자유분방하고 엉뚱하기까지 한 의견을 출발점으로 해서 아이디어를 전개시켜 나가도록 하고 있다. 편안하게 약간의 주류를 곁들이면 더욱 효과적이다. 이를테면, 일종의 자유연상법이라고도 할 수 있다. 회의에는 리더를 두고, 구성원수는 10명 내외를 한도로 한다. 1941년에 미국의 광고회사 부사장 알렉스 F. 오즈번이 제창하여 그의 저서 『독창력을 신장하라』(19

53)로 널리 소개되었다.

1) 기본원칙
- 아이템에 구애받지 말아야 한다.
- 공약개발을 창조의 차원에서 하라. 창조의 세계는 무한하다.
- 대통령, 국회의원, 단체장, 지방의회 의원, 교육감이 내세울 공약이 따로 있다.
- 유권자가 가장 민감하게 다루는 현안은 반드시 포함시켜야 한다.
- 공약은 임기 내에 실천할 수 있거나 최소한 임기 내에 착수해야 한다.
- 매니페스토를 염두에 도고 공약을 정해야 한다.

2) 공약의 종류
- 정치적 역량 : 중앙무대에서의 파워(능력), 정직성, 참신성
- 통일 : 통일됐을 때 우리 지역의 역할, 북한 핵
- 세계화 : FTA, TTP, RCEP 등
- 경제 : 수출, 물가, 세금, 금리, 부동산, 주택 등
- 지역발전 : 지방분권, 행정구역 개편, 지방재정자립도, 지역발전위원회 설치 등
- 시장개방 및 대응방안
- 외교 : FTA, 외교통상, 일본(독도, 교과서 왜곡 등), 중국

- 역사 : 친일, 국정화교과서 등(외교 동북공정 등 역사 문제와 경제 등)
- 국방 : 해외파병, 자주국방 등
- 환경(공해) : 물, 쓰레기, 개발과 환경보호의 균형, 각종 협약준수 등
- 보건, 복지 : 삶의 질 향상, 의료보험, 건강, 종합병원 등
- 인구집중 : 주택, 교통(주차장), 도로개설, 확장·포장
- 교육 : 인재양성, 종합대학교 등 교육기관 설립·유치, 도서관 등 교육환경 개선, 기숙사 등 설립, 가치관, 특목고 설치 등
- 농·수·축산업 : 정책, 영농자금, 추곡수매, 비료, 농약, 노후선박, 인력난 등
- 문화 : 한류문화, 전통문화 보존, 문화재 보호 등
- 소외계층 : 독거노인, 소년소녀 가장, 고아, 가출청소년 등 대책

11. 후보자 선거운동

- 후보자나 지도자는 혼자 다녀서는 안 된다. 신변안전을 위해서나 세과시를 위해서나 수행원을 대동하고 다닌다.
- 공천자가 되면 즉시 영향력과 전파력이 큰 관공서와 언론사를 방문한다.
- 각종 지역행사에 참석하되 역효과가 나타나지 않도록 엄선해 참석한다.

- 대화모임 마련(연고자 사업체, 연고자 소속 공공법인, 단체)
- 후보자 수행(수행비서, 청·장년 당원, 방문지역 연고자)
- 후보자 하루 전 일정표 작성
- 후보자와 후보자 부인의 개인 연고자 자료정리 파일(사진, 앨범, 신문 등)을 참모들에게 인수인계
- 선거구 내 숙소 확보
- 선거구 내 비밀아지트 확보
- 후보자 직통의 보안전화 개통
- 선거법 공부 및 변호사 선임
- 유력인사 대책(전임 위원장, 사무국장, 전·현직 국회의원, 지방의회 의원, 단체장, 유력인사 등)
- 언론 대책

  언론사, 정치부기자, PD, 지역신문 등과 친화활동
- 직능 단체

  동문회, 문중 화수회, 상공회의소, 새마을 단체, 체육회, 청년회, YMCA, YWCA, JC, LIONS클럽, 로타리 클럽, 시장·상가 번영회, 요식협회, 숙박협회, 미용협회, 의사회, 약사회, 변호사회, 법무사회, 건축사회, 부녀회, 노인회, 바둑 등 동호인 모임, 노동조합, 모범운전자회, 개인택시회, 기타 단체들
- 관공서 방문

  시청, 도청, 구청, 군청, 동·읍·면사무소, 경찰서, 파출소

(지구대), 국정원 분실, 정보사, 기무사, 지역 선관위, 세무서, 소방서, 우체국 등

12. 선거캠페인

현행 우리나라 선거법에서 정한 선거운동기간은 대통령선거는 22일, 국회의원선거와 지방선거는 14일로 대단히 짧다. 따라서 실제적인 선거운동은 그 기간에 하는 것이라 해도 그 기간 동안에 집행해야 할 모든 것을 기획하는 선거캠페인의 내부적 준비는 그보다 훨씬 더 앞서서 개시되어야 한다.

1) 제1단계

(1) 입후보할 의사를 공적으로 선언한다. 이 선언을 통해 출마할 의사가 있는 많은 사람들 중 일부를 출마 포기하게 하여 경쟁을 완화시킬 수 있다.

(2) 선거캠페인 전략을 수립하고 자원봉사자들을 선발하기 시작한다.

(3) 소속정당으로부터 어떠한 도움을 받을 수 있는가를 확인한다.

(4) 선거캠페인본부장, 캠페인 집행자, 홍보책임자, 재정관리자 등을 임명한다.

(5) 자원봉사자들을 계속 조직하고 당원들을 충원하여 필요한 지역단위의 구역장들을 선정한다. 이것은 소속정당과의 긴밀한 협조 하에 행해져야 한다.

(6) 방송광고를 계획한다면 방송국의 프라임타임 시간을 예약한다.

(7) 경비를 추정하여 잠정적인 예산을 수립한다.

(8) 후원회를 통해 선거자금모금운동을 계획하고 시행한다.

(9) 선거캠페인본부를 설치하고 홍보를 통해 그 사실을 널리 알린다.

(10) 노동단체, 여성단체, 종교단체, 재향군인회, 시민단체 등과의 접촉을 위한 특별위원회를 조직하여 접촉을 시도한다.

(11) 대리 연설원들을 훈련시킨다.

2) 제2단계

(1) 입후보자를 소개하는 책자형인쇄물을 제작하여 선거관리위원회에 제출한다.

(2) 기자회견, 인터뷰, 행사참석 등을 실시한다.

(3) 자원봉사자들을 모집하는 홍보와 캠페인의 주제를 강조하는 홍보를 계속한다.

(4) 선거캠페인 이슈를 홍보한다.

(5) TV연설이나 토론이 있을 경우, 이를 기획하고 예행연습을 한다.

(6) 연설, 가두캠페인(거리유세), 전화권유, 인터넷을 이용한 사이버캠페인 등을 기획한다.

(7) 전화권유 및 가두캠페인에 참여할 선거운동원들을 교육한다.

(8) 캠페인 집행자와 기타 주요 캠페인 참모들과 함께 일일전략회의를 갖는다.

(9) 경쟁상대의 선거운동을 감시하는 선거운동감시원을 훈련시켜 경쟁상대의 선거운동을 감시하게 한다.

3) 제3단계(선거운동기간)

(1) 연설과 지지권유를 위한 공개장소에서의 연설. 대담을 시작한다.

(2) 전화통화로 유권자들의 지지를 적극적으로 설득·권유하기 시작한다.

(3) 입후보자와 그의 주요이슈를 유권자들에게 상기시키기 위해 방송트럭을 이용하며 가능하다면 로고송을 활용한다.

(4) 주요 연설, 인터뷰, 홍보 그리고 대중매체를 이용한 광고와 함께 선거운동의 절정을 이루도록 한다.

4) 제4단계(선거 하루 전일)

(1) 입후보자를 지지하는 유권자들에게 기권하지 말고 꼭 투표에 참여할 것을 전화로 권유한다.

(2) 선거운동원들의 그동안의 노고를 위로하고, 감사의 뜻을 전한다.

5) 제5단계 (선거 후 사후관리)

(1) 입후보자가 강세인 지역과 약세인 지역을 선거결과를 통해 분석한다.

(2) 선거캠페인에 도움을 주었던 모든 사람들에게 감사의 편지를 보내고, 입후보자를 지지했거나 그를 위해 일한 모든 사

람들에게 감사의 뜻을 전한다.

(3) 선거캠페인이 쓰였던 모든 기록들을 보존한다. 주소, 전화번
호와 함께 지지자들의 명록은 본인이 다음번 재출마하거나
아니면 출마할 다른 동료에게는 매우 값진 재산인 것이다.

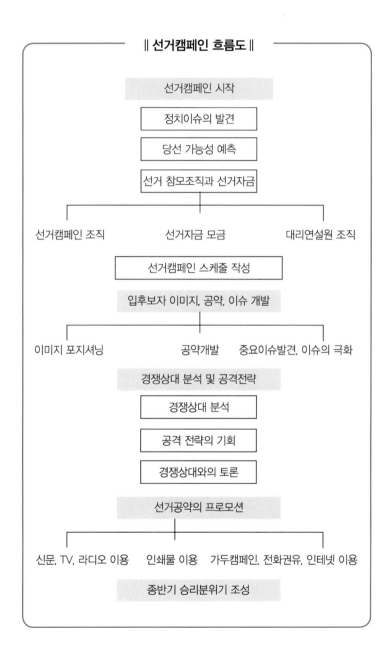

‖ 선거캠페인 흐름도 ‖

선거캠페인 시작

정치이슈의 발견

당선 가능성 예측

선거 참모조직과 선거자금

선거캠페인 조직　　선거자금 모금　　대리연설원 조직

선거캠페인 스케줄 작성

입후보자 이미지, 공약, 이슈 개발

이미지 포지셔닝　　공약개발　　중요이슈발견, 이슈의 극화

경쟁상대 분석 및 공격전략

경쟁상대 분석

공격 전략의 기회

경쟁상대와의 토론

선거공약의 프로모션

신문, TV, 라디오 이용　　인쇄물 이용　　가두캠페인, 전화권유, 인테넷 이용

종반기 승리분위기 조성

13. 선거대책기구

1) 구성

- 선거대책본부장, 기획팀, 조직담당, 선전담당, 청년담당, 직능담당, 여성담당, 총무담당, 보좌역, 수행비서, 회계, 선거사무장, 유세팀, 인터넷팀, 특수팀, 전화홍보팀, 연설팀, 지역팀 등을 두고 필요시 부본부장, 고문, 자문위원, 운영위원 등을 두고 부장 밑에 차장, 간사 등을 둔다.
- 정치조직인의 자세(금전, 이성 유혹에 강할 것, 청렴한 주변 만들기, 후보자를 위한 헌신)

2) 기획팀장

- 선거기획팀을 먼저 구성하고, 선거대책본부 참모진 구성시 포함해도 되고, 제외해도 된다(운영의 묘).
- 기획반을 구성치 않을 경우 기호기반의 기능을 선거대책본부의 기획담당, 선전담당이 수행할 수도 있다.
- 선거대책본부 근처에 별도의 기획사무실을 마련한다.
- 공천 전에는 사무국으로 사용하고, 입후보 후에는 순수 기획팀으로 활용한다.
- 기획팀은 후보자의 싱크탱크 역할을 하며, 가급적 노출을 피한다.
- 본격적인 선거운동은 기획팀에서 선거운동 계획 수립 후 시작함을 원칙으로 한다.

- 기획팀은 후보자 판단에 도움을 주는 것을 주 임무로 하고, 후보자가 오로지 선거운동에만 전념할 수 있는 여건을 마련해 준다.
- 다른 운동조직과 마찰이 없도록 별도 관리한다.
- 기획은 선거의 두뇌집단
- 조직 활성화에 총력 경주
- 상대후보 진영에 노출되지 않도록 한다.
- 선거기간 중반에는 다른 조직과 합쳐서 붐 조성에 노력한다.
- 후보자의 충성 조직원이어야 한다.
- 선거 전반을 알고, 선거법 등에 통달하고, 선거전략 및 홍보 전략을 수립·집행 가능한 사람
- 선거 전 분위기 만들고, 일선조직의 득표활동 지원가능한 사람
- 통솔력을 갖추고 기획, 홍보 등을 아는 사람
- 상황판단이 예리하며, 냉정한 대처능력과 역공세가 가능한 전문가
- 팀장은 각종 선거 유격혐자를 선임한다.
• 후보자 관계
  (후보자 활동 일정 수립, 후보자와 선거운동 전반 정보공유, 후보자 이미지 형성 및 관리)
• 홍보물, 홍보계획
  (전반적인 홍보선전계획 수립 및 진행, 인쇄물, 현수막, 행사 안내장 제작관리 일체)

- 대언론관계

  (보도자료 작성, 배포, 언론 취재관리, 언론 분석, 언론 편파성 시정요구 등)

- 홍보팀 관리 및 계획수립

  (전화홍보, DM 발송, 구전홍보, 조직홍보)

- 각종 이벤트 관리

  (연설회, 출판기념회, 후원회창립대회, 각급 선거대책기구발대식, 각종 기자회견, 당원 연수 및 단합대회, 정당. 후보자 연설회, 현판식, 창당(개편)대회)

- 특별인사 대책

  (전임위원장, 전직 국회의원 등)

  - 보좌역 : 추후 보좌관으로 기용가능한 자, 당 조직창구 역할 가능한 사람

  - 선전담당 : 카피라이트 경험 있는 자, 홍보전담반 운용가능한 사람, 광고기획, 스피치계 출신자

  - 언론담당 : 기자출신자중 언론플레이 가능한 사람, 언론담당을 선전담당이 해도 됨

  - 조직담당 : 사조직 창구 역

  - 기타 : 후원회 창구 역, 고문 수행

  - 활동

    선거계획서 작성 및 보관, 전문홍보대행사 선정 및 관리(여론조사 의뢰, 선거전략 자문), 홍보물 제작 관리, DM주소록

입력 및 발송, 홍보논리 개발, 대언론대책, 각종 Event 계획, 전화캠페인, 구전홍보팀 운용, 조직운용(조직 구성, 조직체계 개편, 조직원 투입 등), 경쟁후보 선거전략 수집 및 분석, 선관위 접촉(선관위는 2인 이상이 동행할 것), 선관위 신고, 공천 당위성, 당선 당위성 논리 개발, 후보자의 연설문, 홍보물의 카피, 언론기자 상대, 보도자료 준비 등

선거운동 조직모형 Ⅰ

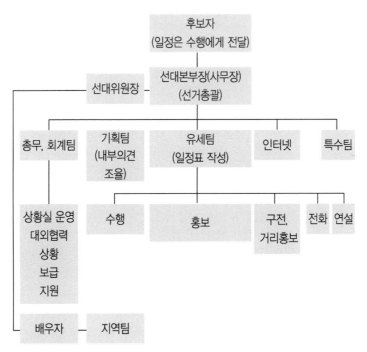

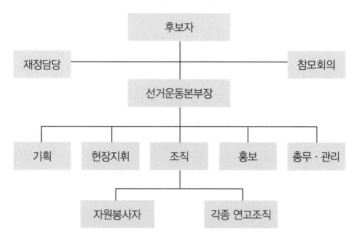

선거운동 조직모형 II

- 후보자
- 재정담당 — 선거운동본부장 — 참모회의
- 기획 / 현장지휘 / 조직 / 홍보 / 총무·관리
- (조직) 자원봉사자 / 각종 연고조직

3) 선거대책본부장

(1) 자격

- 확고한 필승의 신념과 책임감, 신원이 확실한 사람
- 얼굴마담 역할
- 경쟁 후보와 동향, 동창 중 비슷한 레벨의 소유자
- 민원해결 능력자
- 후보와 상호보완적 인물

(2) 기능

- 조직 총괄지휘, 단합대회 개최, 간담회 실시, 교육 실시, 조 직홍보논리, 대응논리, 교육조직 동원능력, 정치자금 조달능 력 등

4) 참모진 자격

- 확고한 필승의 신념과 책임감, 확실한 신원

- 선거의 전 흐름을 알아야 한다.

- 풍부한 교양

- 참모는 입후보자를 대리해 유권자와 접촉하는 대리인

- 참모의 얼굴과 이미지가 후보자의 당락을 좌우

맹구주산 猛拘酒酸

술을 만들어 팔던 사람이 있었다. 술 만드는 재주도 좋았고, 양을 속이지도 않았으며 언제나 친절하게 손님을 맞았다. 그런데 이상하게도 찾아오는 손님이 적었고, 장사가 되지 않아 술은 늘 쉬어버렸다.

고민하던 그 사람은 마을의 현명한 노인을 찾아가 하소연을 했다. 사연을 들은 노인은 혹시 그 사람의 개가 사납지 않은지를 물었다. 술을 만들어 파는 사람은 자기 집 개가 사납기는 하지만 그것이 술이 팔리지 않는 것과 무슨 관계가 있는지 궁금해 했다. 노인은 다음과 같이 대답했다.

"개가 사나워 술을 사러 오는 사람들에게 짖어대고, 술심부름 온 아이들이 놀라 달아난다면 누가 술을 사러 오겠나? 그래서 술이 쉬어질 때까지 팔리지 않는 것이라네."

맹구주산, 즉 '개가 사나우면 술이 쉰다'라는 뜻이다. 주인에게는 더할 나위 없이 충성스러운 개지만, 손님을 내치는 사나움을 맹구 같은 멍청한 주인이 알 리가 없다. 선거나 모든 서비스 영업 현장에서, 우리의 처세에서 자주 보는 장면으로 『한비자(韓非子)』에 나오는 이야기다.

한비자는 나라에 간신이 많으면, 충직한 신하들을 쫓아내 결국 망하게 된다는 말을 하기 위해 이 이야기를 전하고 있다. 한 나라의 간신과 술집의 사나운 개의 공통점이라면, 나라의 주인이나 술집 주인의 이해와는 관계없이 그저 자기 욕심과 본능에 따라 행동한다는 것이다. 내 주변에는 그런 사람이나 개가 없는지 한번 살펴봐야겠다.

이 고사성어가 주는 교훈은 그러니까 '고객에게 물어보자', '고객이 정답이다'다. 고객은 짖어대며 사납게 구는 개가 얼마나 무서운 탈레반 같은 테러리스트인지를 주인에게 바로 알려주기 때문이다. 훈련받지 않은 참모를 접점에 두는 것은 테러리스트를 배치한 것과 같다는 것이다.

"옷감은 염색에서, 술은 냄새에서, 꽃은 향기에서, 사람은 말투에서 그 됨됨이를 알 수 있다."는 독일 속담이 있다. 사소한 것 같지만 부드럽고 다정한 말투, 미소 짓는 반가운 표정, 단정한 옷매무새, 겸손한 매너와 에티켓으로 유권자를 대해야 한다.

참모가 한 말이 유권자를 화나게 하려는 의도가 없었는데도 하여튼 유권자들은 그렇게 화를 내는 것이다. 그리고는 참모의 의도와는 상관없이 그 행동으로 후보 진영의 정치서비스를 판단하고, 좋고 싫음을 결정해 버린다. 게다가 그 인상을 오래오래 잊지 않고 기억한다. 사실 항의하고 욕하는 유권자는 너무 고마운 고객이다. 말없이 웃으면서 돌아서서 투표일에 반대표를 찍는 사람이 무섭다.

- 유권자의 말에 귀를 기울여야 한다.
- 유권자는 항상 옳다는 사실을 기억하자.
- 인간적인 면, 인간의 감성에 호소하는 EQ를 가져야 한다.
- 민원업무를 스스로 해결할 줄 아는 능력
- 후보자의 시간을 빼앗지 않아야 한다.
- 후보자를 모시고 위할 줄 알아야 한다(길을 걸을 때, 소개, 대화·담화 때 등).
- 예 후보자가 유권자를 기억 못할 때 : 동행한 사람은 상황에 따라 "우리 선거구를 위해 열정적인 ○○○선생님"이라고 먼저 소개를 하거나, 후보자가 모르는 것이 확실할 경우, 먼저 손을 내밀도록 해 "○○○선생님, 우리 ○○○후보님이 선생님을 만나 뵙기를 원해 이렇게 모시고 왔습니다.", "○○○ 선생님, 지난 번 ○○대회에 참석해 주셔서 감사합니다." 등 후보보다 반 박자 빠른 행동으로 후보가 이름 등을 기억해 내게 센스를 발휘해야 한다.
- 후보자를 유권자에게 빨리 기억시키는 멘트를 사용한다.
- 후보자를 스타로 만들 수 있어야 한다(후보자의 장점 기억).
- 참모 스스로 재량권을 가지고 결정을 내릴 능력이 있어야 한다.

- 참모의 하는 일이나 행선지를 파악하게 사무실에 알리거나 전담 여직원에게 전해야 한다.
- 정치 참모의 3요소는 눈치, 요령, 센스다.
- 조직 관리에 일가견이 있어야 한다.
- 운동원들은 수시로 교육해야 한다(선거법, 선거전 분위기 등).

5) 간담회 등 회의 요령
- '회의는 춤춘다'는 말처럼 지루할 정도로 늘어져서는 안 된다.
- 주제선정(유권자 설득논리, 상대공격의 대응논리, 홍보물 배포, 연설회 참가), 회의 주재자, 보조자료, 인원구성 계획
- 조직원들 생계에 지장을 주지 않는 시간대
- 간부 당직자가 개별 연락
- 연락 자체가 득표 독려활동임
- 전달사항은 식사 전에 알릴 것
- 다음 날 행사 일정 체크(경조사 모임 등)
- 비당원 있을 경우는 입당 원서 준비해 입당시킬 것

6) 각종 행사 체크리스트
- 일정 차질 여부
- 장소선정
- 인원, 교통편
- 연설원고

- 홍보물(제작, 배포, 제작시간, 고지홍보 등)
- 시나리오(구성, 리허설)

7) 구전 홍보팀
- 구성 : 2인 1조
- 경쟁후보의 선거전략 수집, 출신지역 아닌 타 지역에서 활동
- 우리 후보의 장점 전달
- 유권자 왕래가 많은 목욕탕, 택시, 술집, 시장, 터미널 등 여론 전파력이 강한 지역
- 대화형식을 통해 후보의 긍정적 측면을 제3자 구술방식으로 전달
- 경쟁상대의 흑색선전, 마타도어 발생시 역선전 및 대응논리 전파에 활용

8) 홍보 기동반
- 택시기사 중심 구성
- 여론 전파력, 대(對)승객 홍보, 투표 당일 긴요한 활동

9) 사조직
- 범위

  문중, 개인 연고자 및 추종자, 청년조직, 동문, 제자, 부녀회, 향우회, 종교, 동아리, 각 직업별 조직(직능조직), 노인

조직, 향군단체

- 책임자 선정
- 후보자 또는 담당 참모와 연락책 선정
- 자금체계
- 선거시 활용도
- 선거사무실 출입을 금한다(기호기 팀, 담당 참모와만 접촉).
- 선거 돌입시 공조직과 개편
- 당 조직 취약분야 투입
- 공조직(선거활동은 공조직 위주)도 중요하지만, 실질적인 표 밭은 사조직인 점을 감안, 특별관리
- 선거 전에 나타나는 사조직은 반감의 대상이지만, 선거 후반 전에 나타나는 사조직은 지원군 역할

10) 언론대책

- 언론 담당 선정
  신문, 방송출신 관계자로 정치부 기자들과 면식이 있고, 유대가 좋은 사람
- 선거 시작 전부터 일찍 활동할 것
- 취재, 데스크 이원화로 항시 기자들과 친분 유지 중요
- 기자의 코멘트리스트나 좋은 가십 리스트에 올라가도록 할 것
- 프레스키트(Press-kit)는 기본적으로 제공할 보도자료임
- 사전 충분한 준비

- 후보자 프로필, 신상명세서
- 정견, 공약, 후보자 캐리커처, 주요 홍보물, DM자료, 연설문
  안 등
- 보도자료 작성
  - 내용
    후보자 활동, 선거운동 미담사례 등 뉴스가치가 있는 것
    타당(상대후보) 불법선거운동 사례
    사진, 원고, 통계, 증인의 증언 등 완벽한 자료 준비해 제공
  - 작성원칙
    6하 원칙(5W1H)에 의거 작성
    허위사실 철저 배제
    마감시간 고려할 것(석간 오전 10시, 조간 오후 6시)
    이벤트는 게재 가치와 참신성 필요
    읽을거리 요구됨
- 기자회견
  후보자, 선거대책본부장 등이 필요한 때 수시로 기자회견 하
  여 뉴스거리 제공
  인근 지역 동료후보자와 공동 기자회견 등
  선거법 모범준수 등의 미담 사례

전화와 타 매체와의 특성 비교

매체특성 \ 매체분석	전화접근	MASS미디어			MERCHANDISING미디어				직접판매
		전파매체			인쇄매체				
		TV	라디오	신문	잡지	카다로그	전단	DM	
쌍방향성 매체	●	×	×	×	×	×	×	×	●
개별접근성 매체	●	×	×	×	×	▲	▲	▲	●
정보전달의 즉시성	●	●	●	▲	×	▲	▲	▲	●
타깃의 세분화	●	▲	▲	×	▲	▲	×	●	●
시간, 요일별 세분화	●	●	●	▲	▲	▲	▲	×	●
광범위한 지역도달	●	●	●	●	▲	●	▲	▲	×
특정지역의 도달	●	×	×	▲	×	●	●	●	●
효율적인 도달	●	×	×	×	×	▲	▲	▲	▲
효과파악의 즉시성	●	×	×	×	×	×	×	×	●
탄력적 전술변경	●	×	×	▲	×	×	▲	×	●
경제적인 실시예산	●	×	×	×	×	×	▲	▲	▲

매체와 반응률 비교

(제품 판매실적의 예)

매체반응률	전단지 0.2%	DM 1~2%	전화 7~10%	DM+전화 20~30%
100인	0.2인	1~2인	7~10인	20~30인
300인	0.2인	3~6인	21~30인	60~90인
500인	1인	5~10인	35~50인	100~150인
1000인	2인	10~20인	70~100인	200~300인

14. 전화홍보전략

전화홍보는 과거 선거법에서 불법적인 선거운동이었다.

새 선거법에서는 오후 11시에서 다음날 오전 6시를 제외한 시간에 전화를 이용한 선거운동을 할 수 있게 되었다. 많은 사람이 다니면 길이 되듯이 '전화홍보 금지'라는 사문화된 법조항이 합법화된 것이다.

전화홍보의 중요성은 알고 있으나 '실질적인 득표'를 가져오는 전화홍보의 효과적 전개는 알지 못하고 있다. 대부분 후보들이 유권자에게 무차별로 날리는 화살 가운데 일부로 전락하지 않고 이 책을 읽는 후보님 화살만이 유권자의 마음을 움직였으면 한다.

전화홍보의 장점은 첫째, 전화의 높은 보급률로 언제 어디서든 유권자들에게 필요 접근이 가능하다는 점이다. 둘째, 비용이 싸다는 점이다. 셋째, 유권자와 일대 일 교류가 가능한 양방 커뮤니케이션 매체라는 점이다. 넷째, 대상에 따른 적절한 대응을 할 수 있는 임시성과 가변성이 있다. 다섯째, 다른 매체와 연계하여 선거운동을 할 수 있다. 여섯째, 효율성이 높다.

1) 과학적 접근을 하라

목표대상 선정

세분화한 유권자 자료로 목표유권자 설정 뒤 여러 번 반복 전화홍보하되, 전유권자 30% 내외의 지지가 선거구마다 당선권임을 감안 목표대상은 유권자의 30%를 넘어서는 안 된다. 확고한 지지자는 1회 이상 전화할 필요가 없는 관계로 그 대상자는 더 줄어든다고 봐야할 것이다.

2) 철저하게 준비하라

(1) 자료수집

후보의 가족, 지인, 소속단체 회원, 동창회 등 후보관련 리스트에서부터 시작해 정치적으로 뜻을 함께하는 유권자리스트, 부동층 리스트까지 단계적 목표설정의 자료수집

(2) 기획과 준비

활용이 가능한 홍보요원의 수, 예산, 사무실 크기 등이다. 특히 전화홍보를 위한 별도 사무실은 금지되어 있으므로 선거시작 전 선거준비 과정에서 전화홍보를 위한 여유 공간을 마련하는 것이 필수다.

- 대상지역, 대상자 설정, 시간편성, 통화수를 예측해 필요한 임시전화 가설 대수와 요원 수 결정
- 사무실 규모 결정, 쾌적한 환경, 분위기 조성을 위한 인테리어 대책, 소음방지 칸막이 마련 등
- 요원확보, 교육훈련 일정, 배치, 평가방법 등 결정
- 대상별 유권자리스트 수집
- 대본 작성
- 책임자, 감독자 선정, 근무체계 수칙 등 마련

- 통화보고서(홍보요원용 감독원용), 분석보고서(책임자용) 등
  각종양식 준비

(3) 사전 검사

(4) 분석 및 활용체계 마련

(5) 전화홍보 적정시기 선택

공식적으로 선거운동 기간 외에는 전화홍보를 통한 선거운동을
할 수 없다. 그러나 정당 공천후보자의 경우 정당행사 등을 통
해 이를 알리는 방법, 행사초청의 형태를 통해 전화홍보가 가능
하다. 법이 허용하는 범위 내에서 사실상 전화홍보를 전개할 수
도 있는 것이다. 전화홍보 준비는 빨리 시작하고, 명부입수, 요
원 및, 공간 확보, 시설설치, 대본작성 등을 하려면 1개월 정도
시간을 가지고 충분히 철저하게 준비해야 한다.

(6) 홍보요원의 교육

- 자격

  밝은 목소리, 정확한 어법, 표준어 구사(지역에 따라 지역사
  투리 사용자도 무방), 비밀유지자로 20대 후반에서 40대 초
  반까지 여성, 성격, 음성 고려할 것

- 능력

  유권자의 의사를 신속히 파악하는 능력, 신속한 판단력, 유연한 대응력, 적극성, 요원 상호간 협조성, 집중력과 끈기 있는 사람

- 자료준비와 훈련

  홍보요원은 예상 질문, 답변, 후보자 신상, 이슈와 후보자 입장 등을 정리·준비해 이를 숙지한다. 직접 통화시 책을 읽는 듯한 어색한 통화가 되지 않도록 자기 것으로 만들어야 한다. 후보자와 요원들은 전화홍보 시작 전 만남의 시간을 가지는 것이 필요하다(의문점 해소, 신뢰감, 일체감 기여).

- 전화홍보요원이 알아야 할 것

  ① 상대후보 지지자를 설득하려고 하지 마라.

    가능한 예의 갖추고 빨리 끝낼 것, 상대후보지지자를 설득할 시간에 생산적인 전화가 가능한 유권자와 통화하는 것이 낫다.

  ② 지지유권자라도 통화를 길게 해서는 안 된다. 감사의 뜻을 전하고 지지를 다짐 받은 후 끊는다.

  ③ 어느 지지자건 먼저 그들의 말을 경청하는 것이 바람직하다. 진지한 대화보다 더 효과적일 수도 있고, 새로운 정보를 수집할 수도 있다.

  ④ 친절하고 성의 있는 어조를 유지해 품위를 잃지 않고 통화해야 한다.

⑤ 전체 선거운동의 범주에서 이루어지도록 동일한 메시지 전달

⑥ 전화 캠페인은 홍보물을 통해 유권자에게 메시지가 어느 정도 전달된 후 실시

⑦ 상대후보가 절대 지지를 받고 있는 지역은 고려하되 상대진영 인물은 전화대상에서 제외한다.

⑧ 우리 후보자 절대지지 지역에서 반복은 역효과 우려

⑨ 한 장소에 모여 관리감독 하에 실시

⑩ 통화는 짧게 1분 이내

⑪ 전화벨 소리가 여러 번 울린 후 받는 전화는 주의한다.

⑫ 유권자와 접촉하는 유일한 후보자의 대변인임을 명심해 열과 성을 다한다.

⑬ 통화요원은 하루에도 같은 내용을 수없이 반복하지만, 상대방은 처음 통화한다는 점을 잊지 말아야 한다.

⑭ 상대방의 얼굴을 보지 못하는 점을 명심한다.

⑮ 상대방이 거절하면 간청하지 말고 정중히 사과하고 끊는다.

(7) 상대방이 이끄는 토론에 말려들지 말고 피해야 한다.

(8) 우리 후보 지지자와는 감사와 격려의 인사만 하고 가능한 한 빨리 끊는다.

(9) 항상 친근하게 상대방의 말에 귀를 기울이는 어조를 유지한다.

(10) 부담스러운 질문이나 요구는 하지 않는다.

3) 전문관리요원

효과적으로 전화홍보 선거운동이 이루어지게 요원들을 전문적으로 지휘·지도하는 관리책임자다. 전문지식을 활용해 정책팀과 함께 대본 작성, 기본전략에 대한 평가제안 등 여러 직무를 수행한다.

4) 관리책임자

지도력, 결단력, 업무전체를 파악하고 진행하는 관리능력을 가진 후보자의 참모로, 전문가면 금상첨화이다.

전화홍보요원의 교육내용

항 목	내 용
1. 오리엔테이션	• 후보자 및 선거에 대한 제반사항 소개 • 교육일정과 프로그램
2. 업무자세와 마음가짐	• 전화홍보 요원으로서의 태도와 마음자세 • 업무에 임하는 태도 • 전화응대의 기본준비와 태도
3. 기초지식 – 전화홍보 선거운동 – 업무내용 – 전화홍보 요원의 역할	• 전화의 특성, 기초지식 • 전화에 의한 커뮤니케이션 • 후보자에 대한 인식 • 후보자 대리인으로서의 역할 • 후보자의 이미지 업 • 효율성
4. 전화응대 기초훈련 – 말하기(설명, 보고, 내용전달) – 듣기(기억연습, 전달게임) – 단어사용법, 바른말 사용법 – 목소리(호흡법, 발성, 발음) – 쓰는 법(들으면서 쓰기)	• 기초대화법, 쉽게 설명하는 방법 • 경청방법, 경청의 어려움 • 단어 사용의 기초, 경어 사용법 • 좋은 목소리를 위한 노력 • 발성방법, 리듬훈련 • 메모방법
5. 운영상의 유의사항 – 대본, 서식 작성법	• 대본의 활용방법 • 기본서식의 기입방법
6. 역할 연기	• 가상 상황에 따른 대화훈련
7. 실습 후 강평 – 전체, 개인별 강평	• 보고서 제출 • 실습결과 정리

대본의 기본적인 틀

항 목	내 용
도입부 인사	인사, 자기소개
상대방 확인	유권자가 파악하고 있는 대상인지 여부를 확인
통화목적 설명	요지를 간단하게 설명
상대방의 양해 구함	전화를 받을 입장인지 어떤지에 대하여 양해를 구한다
항목별 설명	후보자, 공약, 이슈, 기타조사에 관한 질문 및 설명
상황의 파악	각 항목이 진행되면서 유권자의 반응을 파악
설득 및 홍보	상대방의 상황에 맞게 적절히 설득 및 홍보
마무리 인사	예의를 갖춰 인사

일일통화집계 보고서
(자원봉사자용)

담당(통화자) :　　　　　　(번)　　　　　년　월　일

통화목표	통 화	실통화수	통 화	통화율	%
통화자 집 계	세대주			부재중	
	부 인		미통화수	결 번	
	자 녀		집 계	기 타	
	기 타				
통화결과	우호승락	보통승락	거 절		
특기사항					

일일 통화집계 보고서
(감독원용)

통화목표				실통화수			
미통화 집계	부재중			통화자 집계	세대주		
	결 번				부 인		
	기 타				기 타		
반응집계	우 호			FOLLOW -UP 집계	디 엠		
	보 통				조직접촉		
	비우호				후보자접촉		
	합 계				기 타		
의견종합							
본부기재	전산실						
	기획실						
	조직국						

5) 운영 및 관리

(1) 비용과 예산 운영

각종 분석(인구학적, 투표행태 등)을 통한 사전검사 실시 후 대상 지역과 집단의 구성원 수를 파악하고 산출해야 한다. 가장 큰 성과를 거둘 지역부터 공략하고, 불필요한 지역을 삭제해 낭비요소를 사전에 제거하면 비용절감이 가능하다.

- 사무실

  전화홍보 전용사무실을 선거사무실과 별도로 둘 수 없기 때문에 넓은 사무실을 얻어 칸막이 등을 설치하는 것이 좋다. 여름철일 경우 에어컨과 공기 정화기, 겨울철일 경우 난방도 고려한다. 20명의 전화 홍보요원과 1명의 관리자로 운영된다고 할 때, 1인당 0.5평 정도의 공간이 필요하므로 15평에서 20평 정도의 사무실이 필요하다.
- 사무실 유지 및 운영비
- 사무기기 및 가구 등의 임대 및 구입비
- 전화설치비
- 전화요금
- 메시지 개발 및 사전 검사용 통화비용
- 전화 홍보요원 교육비
- 자료구입비
- 기타(원고 준비, 문구류, 유급 인건비, 음료 다과비 등)

(2) 근무체제

업무성격이 단순작업을 장시간 반복하는 유형으로 긴장의 연속선상에 놓여 있기 때문에 스트레스를 많이 받는다. 근무체계를 마련해 업무교대시간, 순서 등을 정하고, 연속근무일 경우 근무시간, 휴식시간 체계를 마련한다. 전화작업과 보고서 문서작업을 적절히 조화시켜 일에 변화를 갖게 해준다.

(3) 환경정비

전화홍보의 생산성, 효율성은 작업환경 개선이 좌우한다고 해도 과언이 아니다. 공간의 효율적 배치, 소음대책, 조명 등 작업환경을 최대한 배려한다.

(4) 시나리오 작성

효율적인 통화목적을 달성하도록 기본적인 구성요소를 포함해 유권자의 마음을 파고 들어갈 수 있는 일괄적이고 능률적 대화가 이루어지도록 구성한다.

지역 여건, 출마후보에 따라 다르게 작성하고, 한두 가지를 계속사용하기 보다, 전화홍보의 단계적 목표에 따라 적절하게 적용해 사용한다. 선거 초반, 중반, 종반이 다르고, 부동층 공략이 다르게 단계적으로 확대해 대본을 바꾼다.

몇 차례의 검토를 통해 최종적인 대본을 확정한다.

15. 전화홍보 예상 시나리오

1) 시나리오 필요성

전화홍보 선거 운동 중 유권자의 예상치 못한 질문이 나올 경우, 당황해서 대화가 중단되거나 말이 막히는 일이 없도록 하기 위해 시나리오가 필요하다. 예측 가능한 질문을 예상해 간결하고 확실하며 납득 가능하게 답변을 준비한다. 딱히 답변할 수 없는 전문적 질문에 대해서는 선거대책본부 담당 참모가 재 전화할 수 있도록 양해를 구한다.

2) 전화홍보 전개 방법

(1) 후보자와 직간접적으로 연관된 리스트부터 시작, 접근해간
다. 종친회, 동창회, 후보 참가단체, 종교단체, 소속 정당원
리스트 등

(2) 수화자의 성향을 사전 분석해 목표 대상을 집중 공략한다.

(3) 우호적 청년층은 야간, 주부층은 주간에 집중 통화한다.

(4) 조직팀, 수행팀에서 받은 자료 중 후보 및 운동원이 접촉한
리스트를 받아 전략적으로 홍보한다.

(5) 전화홍보 시 취득한 정보는 매일 전략회의에서 보고 평가할
수 있도록 한다.

전화홍보 통화 보고서

○○구(區) ○○동(洞) ○○반 ○○번지 ○○투표구 ○○

분 류	전화번호	유권자 이름	등급	특별정보	사후검토	
					전화 통화원	선거본부 기재사항

등급시스템 : "1"=지지자 명   "2"=우호적 명   "3"=미결정 명   "4"=비우호적 명
"5"=상대방 지지자 명   "R"=답변거절 명   "X"=부재중 명

선거본부 기재사항

설득을 위한 재통화   □□□   담당요원 :
컴퓨터 입력   □□□   감독원 :
책임자 :

3) 시나리오

(1) 시나리오 A

1 : 아주 부정적 응답을 보일 때는 긍정적인 말투로 간단히 실례를 표하고, 전화를 종결한다(예, 아, 그러십니까. 그렇다면 실례했습니다. 아무튼 시간 내주셔서 대단히 감사합니다. 안녕히 계십시오.).

2 : 매우 친절하고 우호적인 응답을 보일 때는 그 이유, 신상 등을 파악하여 기재(예, 아, 그러십니까. ○○○님께 잘 말씀드리겠습니다.)

3 : 답하기 곤란한 질문을 할 때는 전문관리요원과 통화할 것을 권유

4 : 전화번호 및 이름 인지에 대해서 매우 긍정적인 경우는 소개로 알게 되었음을 알림(아, 저희 ○○○님을 아시는 분께서 전화번호를 말씀해주신 것으로 알고 있습니다.)

5 : 통화대상자 확인 후 통화 계속(본인이십니까/ 부인 되십니까/ 아마 따님이신가 봐요 등, 그러나 초등학교 이하의 자녀가 받을 경우는 통화 가능 시간 확인 후 종결)

(2) 시나리오 B

◆ 1단계 : 법정 선거운동 전 각종 행사개최나 의정보고대회 등의 경우 행사참석을 권유하는 전화

실전시나리오 ① (무덤덤한 경우)

* 여보세요. (이름 확인 : ㅇㅇㅇ씨 댁입니까?)

− 네.

* 안녕하세요? 여기는 ㅇㅇㅇ당 ㅇㅇㅇ후보님 사무실입니다. 잠깐 말씀 좀 드려도 되겠습니까?

 − 네.

* 다름이 아니라 저희 ㅇㅇㅇ후보님께서 댁으로 행사초청장을 보내드리려고 하는데, 받아보시겠습니까?

− 글쎄, 잘 모르겠네요.

* 저희가 우편으로 간단한 초청장을 보내드리려고 하는데, 행사에 참석 안 하셔도 됩니다. 저희가 보내드리는 것을 한번 관심 있게 읽어주시면 해서 전화 드렸습니다.

− 네.

* 주소 좀 확인해도 되겠습니까?

− 네.

* (주소확인) 네, 저희가 수일 내로 보내드리겠습니다. 한번 받아보시고, 잘 좀 읽어 주시길 부탁드립니다.

− 네.

* 시간 내주셔서 감사합니다. 안녕히 계십시오.

실전시나리오 ② (다소 우호적인 경우)

* 여보세요? ㅇㅇㅇ선생님 댁입니까?

- 네.

* 안녕하세요. ㅇㅇㅇ후보님 사무실입니다.

- (무반응)

* 여보세요. 잠깐 말씀 좀 드려도 되겠습니까? 다름이 아니라 저희 ㅇㅇㅇ후보님께서 댁으로 행사초청장을 보내려고 하는데 받아보시겠습니까?

- 잠깐만요. (타인이 전화를 받는다)

- 여보세요.

* 안녕하세요. 다름이 아니라 여기는 ㅇㅇㅇ후보님 사무실입니다.

- 네.

* ㅇㅇㅇ후보님께서 댁으로 행사초청장을 보내드리려고 합니다. 한번 받아보시겠습니까?

- 무슨 초청장요?

* 네, ㅇㅇㅇ후보님 ㅇㅇㅇㅇㅇ대회가 ㅇㅇ일, 장날에 있습니다.

- ㅇㅇ일 날요? 그날은 우리 고장의 장날과 겹치는 날 아닙니까?

* 맞습니다. 그리고 그 행사에 대한 초청장과 ㅇㅇㅇ후보님에 대한 설명이 들어있는 내용입니다. 한번 받아보시겠습니까?

- 네, 보내줘 보세요. 아무 것도 모르는 상태니까요.

* 한번 받아 보시는 것도 괜찮을 것입니다. 네, 그러면 주소 좀 확인하겠습니다.

- 네. (주소확인)

* 네, 감사합니다. 받아보시고 관심 깊게 좀 읽어 주시기 바랍니다.
- 네, 알겠습니다.
* 안녕히 계십시오.

실전시나리오 ③ (별로 좋지 않은 반응일 경우)
* 여보세요. ○○○씨 댁입니까?
- 네.
* 안녕하세요. ○○○후보님 사무실입니다.
- 네.
* 다름이 아니라 저희 ○○○후보님께서 댁으로 행사초청장을 보내드리려고 합니다.
- 네.
* 받아보시겠습니까?
- 안 보내셔도 되는데요.
* 네, 이거는요. 전혀 폐를 끼치거나 손해를 주는 것이 아닙니다. 간단한 안내문 같은 것을 보내드리는 것입니다. 받아보셔도 괜찮은 것입니다.
- 안 받아 봐도 돼요.
* 네, 알겠습니다.
- 다른 데 보내세요. 우리는 그런 데 관심 없어요.
* 네, 안녕히 계십시오.

* ○○○후보님 사무실에서 보내드린 초청장 받으셨습니까?

− 아니 못 받아봤는데요.

* 아! 그러십니까? 아마도 선거우편물이 폭주한 까닭에 도착이 늦어지는 모양입니다. (아! 그러십니까? 선생님 댁 주소를 기록하는 과정에서 아마 착오가 있었든 것으로 보입니다.) 다시 한번 보내드릴 테니 받아보시고, 관심 있게 읽어봐 주시기 바랍니다. 주소 좀 확인해 보겠습니다. ○○시 ○○동 736번지 ○○맞습니까?

바깥 분께도 ○○○후보님에게서 전화 왔었다고 전해주시면 감사하겠습니다.

− 네, 알았어요.

* 시간 내주셔서 고맙습니다. 다음에 다시 한번 연락드리겠습니다.

실전시나리오 ④ (행사가 끝난 후)

* 여보세요 ○○○씨 댁입니까?

− 네, 그런데요.

* 안녕하세요. 여기는 ○○○후보님 사무실입니다.

− 예.

* 어제 많은 분들의 성원에 힘입어 ○○○후보님 ○○보고대회를 성황리에 마칠 수 있었습니다. 혹시 어제 참석하셨습니까?

참석했을 경우

* 무사히 대회를 치를 수 있도록 성원해 주신 분들께 감사 전화를 드리라는 ○○○후보님 말씀이 계셔서 ○○○후보님 대신 제가 전화를 드렸습니다.

- 네, 그러세요.

* 저희 ○○○후보님께서 직접 찾아뵈어야 되는데, 찾아뵙지 못한 점 양해해주시고요. 대신 지면으로나마 자주 인사드리겠다는 ○○○후보님 말씀이 계셨습니다. 감사합니다. 안녕히 계십시오.

우편물 미도착으로 불참일 경우

* 주소 착오로 홍보물이 도착 못하는 수가 있습니다. 주소 좀 확인해도 되겠습니까? ○○시 ○○구 ○○동 1번지 맞습니까? 앞으로도 저희 ○○○후보님께 많은 성원 부탁드리겠습니다.

- 예.

* 바쁘실 텐데 이렇게 시간 내주셔서 대단히 고맙습니다. 안녕히 계세요.

〈실전시나리오 ⑤〉

* 여보세요. ㅇㅇㅇ씨 댁이죠?

– 예.

* 안녕하세요. 여기는 ㅇㅇㅇ후보님 사무실입니다.

– 여보세요. 누구시라고요.

* ㅇㅇㅇ후보님 사무실입니다.

– 예.

* 다름이 아니라 ㅇㅇㅇ후보님께서 댁으로 ㅇㅇ행사초청장을 보내드리려고 합니다.

– 예.

* 보내드려도 실례 되지 않겠습니까?

– 아니 내 이름을 어떻게 알게 됐습니까?

* 선관위에서 제공하는 유권자 명단이 있습니다. 그 명단에서 ㅇㅇㅇ씨 자료가 나왔습니다.

– 예, 그래요.

* 그래서 저희가 자료를 보내드리려고 하는 것입니다.

– 예.

* 보내드려도 되겠습니까?

– 한번 받아보시지요.

* 주소 좀 확인하겠습니다. (주소확인)
  감사합니다. 받아보시고 관심 깊게 읽어주시면 고맙겠습니다. 안녕히 계십시오.

실전시나리오 ⑥ (○○행사 참석권유 및 ○○안내장 접수여부 확인)

* 여보세요. ○○○씨 댁입니까?

– 예, 그런데요.

* 안녕하세요. 여기는 ○○○후보님 사무실입니다.

– 그러세요.

* 다름이 아니오라, 저희 ○○○후보님께서 선생님 댁으로 ○
  ○○대회 안내 자료를 보내드렸는데, 혹 받아보셨습니까?

– 예, 받았습니다.

* 시간은 ○○일 ○○시입니다. 장소는 ○○스타디움이고요.
  ○○○후보님께서 참석해주셨으면 하는 말씀이 있어 제가 ○
  ○○후보님 대신 전화 드렸습니다.

◆ 2단계 : 선거운동 초반, 인지도 제고용

실전시나리오 ① (인지도 제고용)

* 여보세요. ○○○선생님 댁입니까?

– 예, 그런데요. (무반응도 포함) : 반응체크

* 안녕하세요. 여기는 이번 선거에서 후보로 출마한 기호 ○○
  번 ○○○후보 홍보실입니다.

– 그런데요, (무반응 포함) : 반응체크

* 선생님! 혹시 주위 사람들과 이번 선거에 관련된 얘기를 나
  누시는지 모르겠습니다.

(무반응일 경우) 후보에 관한 홍보물 같은 것도 보신 적 있습니까?

관심이 없는 경우
* 그러세요. 선생님이 사시는 지역에서는 저희 ○○○후보를 비롯해 ○○분의 후보께서 출마하셨습니다. 시간되시는 대로 후보들을 한번 관심 있게 지켜봐주시면 고맙겠습니다.
– 그래요.
* 선생님, 시간 내주셔서 고맙습니다. 안녕히 계십시오.

가끔씩 이야기하는 경우(한두 번 들어본 것 같아요)
* 그러세요, 저희 ○○○후보님은 어떠세요?
– 글쎄요. (친 후보적 반응도 체크 : 단, 반 후보적 반응은 종결)
* 저희 ○○○후보가(후보소개) 이 지역 발전을 위해서 꼭 필요한 사람인지 아닌지 지켜봐주십시오. 주위 분들에게도 저희 ○○○후보님에 대해 많은 말씀해주시기 바랍니다. 안녕히 계십시오.

실전시나리오 ② (가두연설 후, 가두연설이 있었던 지역으로 전화할 때)
* 안녕하십니까? 어제 오후에 ○○고등학교에서 거리유세가 있었습니다. 선생님 혹시 거리연설 보셨습니까?

참석자 경우

* 가보셨습니까? 앞으로 투표하시는데, 많은 도움이 되셨는지 모르겠습니다. 성황리에 거리유세가 끝날 수 있게 해준 데 대해 다시 한번 감사드립니다. (바쁘신 데도 참석하여 성원해 주신 데 대해 감사전화 드리라는 ○○○후보님의 말씀이 있었습니다. ○○○후보님을 대신해서 제가 다시 한번 감사드립니다.)

앞으로도 저희 ○○○후보님에게 많은 성원 부탁드립니다.

불참자 경우

* 바쁘셨습니까?(아, 그러십니까?) 사업장이 있는 지역에서 거리연설이 성황리에 끝날 수 있었습니다. 바쁘셔서 참석 못하신 분들에게도 다시 한번 후보자의 한 사람으로 고맙다는 저희 ○○○후보님의 말씀이 있으셨습니다. 저희 ○○○후보를 대신해서 제가 다시 한번 감사 말씀드립니다. 앞으로도 저희 ○○○후보를 비롯해서 모든 후보를 관심 깊게 지켜봐 주십시오.

실전시나리오 ③ (여론조사용)

* 여보세요, ○○동이죠?(리스트의 정확성과 상관없이 선거구 지역이면 무방함)
- 예, 그런데요.

* 안녕하십니까?

　바쁘신데 시간 뺏는 것 아닌지 모르겠습니다. 다름이 아니오라 저희는 이번 ○○○○선거를 맞이하여 지역 여론조사를 하고 있습니다. 선생님의 의견에는 맞고 틀린 답이 없으며, 단지 통계자료로만 쓰이니 부담 없이 말씀해 주시면 감사하겠습니다.

　(다시 한번 감사 인사)

* 고맙습니다. 첫 번째 질문입니다. ○○○○선거가 ○○월 ○○일로 확정되었습니다. 선생님께서는 이번 선거에 참여하시겠습니까? 1번 : 참여하겠다. 2번 : 가능한 한 참여하겠다. 3번 : 투표하지 않겠다. 4번 : 잘 모르겠다.

－ 3번, 투표하지 않겠다.

* 선생님이 사시는 지역은 ○○○지역인데요. 이 지역에서 누가 출마하는지 알고 계십니까?

－ 글쎄요. 잘 모르겠습니다.

* 그러세요, 혹시 선생님께서는 ○○○후보(상대후보)에 대해 들어보신 적이 있습니까?

－ 예.

* 그러시다면 ○○○후보하면 무엇이 생각나십니까?

－ 현역의원 아닙니까?

* 예, 선생님 잘 알고 계십니다. 그러시다면 선생님께서는 ○○○씨에 대해서는 들어보셨습니까?

- 예.

* 그러시다면 ○○○씨 하면 무엇이 생각나십니까?

- 모르겠는데요.

* 선생님께서는 ○○○씨에 대해서는 들어보셨습니까?

- 예.

* 그러시다면 ○○○씨에 대해서는 무엇이 생각나십니까?

- 글쎄요.

* 이번 선거에 출마예정자는 ○명으로 구체적으로 ○○○, ○○○, ○○○, ○○○씨가 거론되고 있습니다. 선생님께서는 만약 투표하신다면 누구를 지지하시겠습니까?

1. ○○○. 2. ○○○. 3. ○○○. 4. ○○○. 5. 미결정

- 3번 ○○○씨요.

* 마지막 질문인데요. 현재 우리나라는 여러 가지 해결할 문제가 있습니다. 국가적으로는 북핵문제, 6자회담 등이 있습니다. 지역문제로는 교통 불편, 치안부재, 환경문제 등이 있다고 볼 수 있습니다. 선생님께서는 어떠한 문제가 가장 시급히 해결할 문제로 생각하십니까? 국가적 문제 1개, 지역적 문제 1개를 선택해 주시기 바랍니다.

- 북핵문제와 교통문제입니다.

* 바쁘신데도 불구하시고 이렇게 시간 내주셔서 감사합니다. 안녕히 계십시오.

일일 전화홍보 결과분석 보고서

1. 결과

2. 결과분석

3. 사후처리

4. 평가 및 요망사항

16. 홍보길라잡이

유권자를 상대로 하는 외부홍보와 조직원들을 상대로 하는 조직홍보를 통해 조직원들이 유권자에게 후보자와 소속정당을 홍보할 수 있도록 한다. 선거대책본부는 조직원에게 수시로 홍보할 수 있는 내용, 대응논리, 경쟁후보 약점 등을 전화, 복사물, 팩시밀리 등으로 전달하여 유권자들에게 알리도록 한다. 특히 민감한 사항, 마타도어 등에서는 신문·사진 등 관계 자료를 송부하여 조직원들이 적극적으로 대응토록 한다.

1) 선거 제반분석
(1) 선거환경분석

(2) 유권자분석

(3) 여당전략분석

(4) 후보 측 홍보전략방향

2) 선거홍보의 준비
(1) 전략수립

가. 상황분석

출마이유, 정견, 비전 확립, 자격, 기여도, 여론조사, 신문스크랩, 자료 조사 등 상황분석(지역, 유권자, 역대선거, 후보자, 경쟁자 등)

나. 문제점 도출 및 홍보전략 수립

SWOT분석, 홍보 기본방향, 홍보목표, 타깃 설정, 선거컨셉 도출, 후보자 포지셔닝, 후보자 이미지 메이킹, 메인 구호 설정, 기반별 단계별 전략, 우선순위 등

(2) 이미지 메이킹

가. 필요성

① 후보자는 좋은 이미지를 만들어 팔아야 한다(보기 좋은 떡이 먹기에도 좋다).

② 선거에서 이미지란 부동표를 모으는 주요 포인트이며, 특히 TV 등 미디어가 후보자의 이미지 형성에 가장 큰 역할을 한다.

③ 이미지 메이킹은 TV, 라디오, 신문과 같은 매체에 좋은 이미지로 비춰질 수 있도록 믿어 대책과 연계해 선거홍보 전반에 걸쳐 통합적, 계획적, 지속적으로 관리되어야 한다.

例 젊은 이미지가 필요한 경우 : 노타이, 모자, 운동복 차림 등으로 야구장, 축구장, 열린음악회 등 대중모임 방문

나. 이미지 메이킹 10계명

① 유권자들이 가지고 있는 이상적인 지도자상을 파악하라.
유권자들은 후보와 자신과의 관계 사이에 무언가 연관되는 점이 있어 욕구나 소망을 들어 줄 수 있다고 믿는다.

② 이미지는 새롭게 창조하는 것이 아니다.
후보자의 이미지 중 호의적인 이미지를 부각시키고, 그 이미

지를 지속적으로 강화시켜야 한다.

③ 이미지 조작으로 유권자를 속일 수는 없다.

후보자의 이미지는 자기가 전달하고자 하는 메시지와 부합해야 하며 실제의 자기 모습에도 부합해야 한다.

④ 차별되는 긍정적 이미지를 창출하여 강한 인상을 주어라

⑤ 캠페인 초기에 좋은 첫인상을 구축하라

선거초기에 관심이 집중된 이슈를 정확하게 파악하여 상대 후보자보다 먼저 유권자의 이익을 대변하는 명료한 견해를 밝혀라

⑥ 미디어를 효과적으로 이용하라

특히 감성적 이미지 전달매체인 TV를 적극적으로 이용하는 것이 중요하다.

⑦ 보이는 것이 중요하다. 메시지를 전달할 때 말의 내용보다는 시각적 이미지가 중요하다.

⑧ 건강하고 활기찬 모습을 보여라.

⑨ 화목한 가정, 지역봉사활동을 하는 모습을 보여라.

아이를 안아주거나 쓰다듬어 주는 모습, 가족 간의 화목한 일상을 담은 사진, 영상물을 적극 활용하라.

⑩ 말을 하기보다는 유권자의 말을 경청하는 모습을 보여라.

항상 펜과 메모지를 가지고 다니며 유권자의 희망사항, 민원을 들으면 적어 두는 모습을 보여라. 유권자와 접촉할 수 있는 이벤트를 소규모라도 자주 열어라.

다. 이미지 메이킹의 실제

① 옷차림도 전략이다. 외모에 신경을 쓰는 것을 사소하게 생각해서는 안 된다. 유권자들은 후보자의 내면이나 능력보다는 겉으로 드러난 모습을 보고 평가한다.

a. 지나치게 유행을 따르기 보다는 클래식한 무난한 정장이 좋다. 농촌지역에서 지역민의 정서에 호소하는 이미지의 경우, 작업복을 활용할 수도 있다.

b. 시간, 장소, 상황에 맞는 옷차림을 해야 한다. 운동할 때나 약수터, 시장, 공장 방문 등 장소에 맞는 적절한 의상을 갖춰야 한다.

c. 안경은 유권자와의 눈 맞춤을 할 때 진실한 마음이 느껴지도록 속이 들여다보이는 맑은 것을 하라

d. 머리색, 헤어스타일도 이미지를 좌우한다. 흰머리가 많아 나이가 들어 보이고, 노회한 이미지라면 자연스러운 갈색 염색으로 활력 있는 이미지로 전환하고, 머리숱이 없는 경우 가발을 이용하는 예도 있다.

② 여성후보자의 경우

a. 품위 있는 정장스커트가 좋다.

b. 여성유권자들에게 위화감을 줘도 안 되지만, 남성유권자들에게는 당당한 지성의 모습을 보여줘야 한다.

c. 화장은 전혀 하지 않는 것보다 전문가의 조언을 받아 자연스럽게 돋보이는 화장을 한다.

③ 악수의 명수가 되라

a. 유권자들이 있는 곳이라면 어디든 차에서 내리고, 연단을 내려와 손을 잡고 어깨를 두드리며 친근함을 표시한다.

b. 손은 약간 강하게 잡아야 한다. 너무 세게 잡거나 너무 헐겁게 잡으면 실례다.

c. 항상 악수하는 사람과 눈을 맞추면서 3~5번 흔들면서 짧더라도 따뜻한 말을 건넨다.

d. 악수하면서 제일 기분 나쁜 사람은 악수하는 상대와 눈으로 보는 상대를 다르게 악수하는 사람이다.

e. 악수를 하다 끝낼 때 조심해야 한다. 기다리고 있는데 자신 앞에서 악수가 끝나면 유권자를 무시하는 인상을 줄 우려가 있다.

f. 악수도 종류가 많은 만큼 연구하고 배워서 최대한 공손한 인사가 되도록 한다.

(3) 슬로건 개발

가. 슬로건 3요소(말하기 쉬울 것, 듣기 좋을 것, 기억하기 쉬울 것)

나. 좋은 슬로건 조건

- 짧고 간결할 것

- 5단어 이내가 최적, 가급적 10단어 넘기지 않도록 할 것

- 쉽고 간결한 말(애매모호, 현학적인 용어는 금물, 신세대용

구어체 광고패러디, 유해어 등도 방법)

- 함축적일 것
- 신뢰감을 줄 것
- 혜택감을 줄 것

다. 슬로건의 유형

- 후보자의 강점 부각형
- 상대후보자와 비교 차별하는 형식

(4) 여론조사

여론조사가 중심이 되면서 사실 여론조사에 대한 조작 내지는 의구심 또한 많은 것도 사실이다. 그럼에도 불구하고 현실에서 가장 많이 활용되는 방식이다.

가. 여론조사 활용

후보자의 강·약점 평가, 유권자의 현안, 지역상황, 부동층의 추이분석 등 자료를 통해 이미지 메이킹, 목표계층 공략, 주요공약 개발, 선거캠페인 집행전략 등의 기초자료로 활용

나. 조사방법

① 공천확정시

- 선거구의 특성과 예상 쟁점, 인지도, 당선가능성 등을 파악해 선거기본 전략수립 및 후보자 자신과 상대후보의 이미지, 강·약점, 집중공략대상 등을 파악한다.

- 세분지역, 성별, 연령 등 인구통계학적 요소별로 폭넓은 표본수를 확보해 전화조사나 1:1 개별면접을 활용한다.

② 선거운동 돌입단계

- 판세조사를 통해 지지율 추이, 부동층의 움직임, 주요이슈 등을 점검해 수시로 대응책을 모색한다.
- 전화조사를 활용하되 단발적인 조사보다는 3~4회의 추적조사를 한다.

전화조사 활용

- 여러 가지 조사방법이 많지만 선거여론조사로는 현실적으로 시간과 비용대비 효과 면에서 전화조사가 많이 활용되고 있다.
- 전화조사의 정확도를 높이는 방법
- 무작위 추출을 원칙으로 하고, 설문지의 내용을 최대한 짧게 하고 질문도 짧을수록 좋다(알지도 못하는 사람과 선거 이야기를 20~30분 할 사람은 거의 없음).
- 정치적인 내용의 경우 대상자의 응답 거부율이 상대적으로 높을 수 있기 때문에 항상 비 응답(통화자 부재)과 무응답(통화 거부)을 모두 기록하여 사후 자료분석 시 반드시 참고한다.
- 인터넷 조사, 이메일 조사 등 새로운 여론조사 방법이 있으나 표본의 부정확성 때문에 선거여론 조사로는 적합하지 않다.

문제점 1 : 여론조사의 함정

한나라당 전당대회(2007년 8월 20일)에서 박근혜 후보는 선거인단 투표에선 이명박 후보에게 432표 차로 이겼지만 여론조사에서 2884표를 뒤져 패배했다. 그러나 아이러니하게도 한나라당 경선에 여론조사가 도입된 것은 박 후보가 당 대표로 있던 2005년이다.

당시 소장파 주축의 한나라당 혁신위원회는 대중적 인기가 높은 후보가 유리하도록 경선에서 당심(대의원 20%, 당원30%)과 민심(일반국민 30%, 여론 조사 20%)의 반영비율을 5대 5로 맞추는 혁신안을 내놨고, 박 후보가 이를 받아들였다. 그때도 당내 일각에서 "여론조사가 정당정치 원리에 맞느냐"는 지적이 있었지만 "정권 교체를 위해선 뭐든지 벤치마킹하자"는 분위기에 밀렸다.

2002년 대선직전 여론조사를 통한 노무현, 정몽준 후보 단일화가 워낙 강렬한 인상을 준 때문이다. 그래서 세간엔 박 후보가 정치개혁의 명분 아래 수용했던 여론조사의 '덫'에 걸렸다는 말이 나온다. 한나라당으로서는 2006년 4월 25일 서울시장 후보경선 이후 두 번째 여론조사였다. 당시도 오세훈 후보가 맹형규 후보에게 현장투표에서는 뒤지고 여론조사에게 이겨 서울시장 후보가 되었다.

민심과 당심을 골고루 반영하자는 명분과 취지는 좋다. 하지만 경선에서 드러난 여론조사의 난맥상을 들여다보면 여론조사가 과연 정치개혁의 산물인지 아리송하다.

사실 여론조사는 추세를 보는 참고자료일 뿐, 이를 표로 연결하는 것은 바람직하지 않다. 투표소간 사람의 표는 1표이고, 집에서 우연히 전화를 받은 사람의 응답은 4~5표로 계산되는 것은 표의 등가성에서도 맞지 않는다.

한나라당은 당초 6000명을 조사하기로 했지만, 이 후보에게 유리한 20~30대의 응답자가 적어 5490명밖에 조사하지 못했다. 일반 여론조사의 경우엔 전체인구의 연령별 비중에 맞춰 가중치를 줬겠지만 한나라당은 결손분을 무시한 채 표로 환산하기로 룰을 정했다.

이렇게 해서 나온 결과를 '여론'으로 봐야 하는지 의문이다. 이 후보가 만약 아주 근소한 표 차로 졌다면 이 대목을 문제 삼았을 가능성이 있다. 질문 문항을 '선호형'으로 할지 '지지형'으로 할지를 놓고도 여러 번 충돌했다.

박 후보 측이 여론조사 때문에 진다는 결과를 예측했더라면 과연 당의 중재안을 수용했을까? 조사 응답자 한 명이 6표를 행사하는 결과를 낳은 것도 표의 등가성 훼손이란 점에서 시빗거리다. 또 응답자에겐 범여권 지지성향도 있을 텐데 이들이 지지하지도 않는 정당의 후보를 선출하는 데 '한 표'를 행사한 것은 정당정치의 근본취지와도 배치되고 역 선택의 가능성도 있다는 지적이다.

1900년대 초 미국의 인기잡지였던 〈리터러리다이제스트〉는 1916년 대통령 선거를 앞두고 수백만 독자들에게 지지후보를 묻는 엽서를 보냈다. 답변을 취합해 우드로 윌슨의 당선을 맞혔다. 전국단위에서 이루어진 최초의 여론조사였다. 같은 방법으로 이후 네 차례 더 대통령 당선자를 맞힌 다이제스트는 전성기를 구가했다.

민주당의 프랭클린 루스벨트 후보와 공화당의 알프레드 랜던이 맞붙은 1936년 대선 때 다이제스트는 정기구독자 외에 자동차와 전화 소유자 등 모두 1천만 명을 조사해 랜던 후보가 압승할 것이라고 점쳤다. 그러나 조지 갤럽은 불과 5000명에게 물어 루스벨트의 승리를 예측했다. 결과는 갤럽의 완승이었다. 리터러리 다이제스트는 신뢰도를 잃고 결국 2년 뒤 시사잡지 〈타임〉에 흡수됐다. 여러 연령과 계층 등을 대표하는 표본 인구개념을 여론조사에 처음으로 도입한 갤럽의 성공은 런던에서도 이어졌다.

1945년 영국 총선에서 윈스톤 처칠이 이끄는 보수당이 쉽게 이길 것이라고 전망한 다른 대부분의 평론가들과 달리 그는 노동당의 승리를 정확히 예측했다. 그 후 갤럽은 객관적인 여론조사 방법으로 하나의 과학이 됐다.

하지만 여론조사는 표본추출방식, 표본을 추출하는 데서 발생하는 오차와 응답거부 층의 편견, 응답자의 거짓 답변 가능성, 질문 형태, 면접원 숙련도 등에 따라 결과가 크게 달라질 수 있는 불완전한 도구다. 1992년 영국 총선의 빗나간 예측이 대표적이다. 오차범위라는 본질적 한계도 있다. 민주주의를 여론조사에 의지하는 나라는 우리나라가 거의 유일하다. 지금의 여론조사 반영방식은 자발적인 투표 참여 의지가 없는 사람들이 직접 현장에서 참여한 사람들의 열의와 선택을 뒤집거나 왜곡할 수 있는 위험성이 있다. 한나라당이 행한 여론조사 방식은 당원들이 후보를 뽑는 유럽식 모델과 유권자가 참여할 수 있는 미국식 모델을 섞어 놓은 어정쩡한 중간형태다.

  심지어 민주신당은 여론조사 방식으로만 대선후보 예비경선을 벌이기로 했다. 이러다간 선거를 아예 여론조사로 대체하자는 주장이 나올 판이다. 여론조사를 반영하는 게 마치 정치개혁인 양 몰아가는 과도기적인 정치실험은 끝나야 한다.

문제점 2 : 오픈프라이머리

- 의의

오픈프라이머리(Open primary)는 한국에서 제대로 시행된 적이 없는 제도다. 단어 그대로 '열린 경선'이라는 뜻의 공직선거 입후보자 선출을 위한 정당 내 경선방식의 하나다. 후보선출권을 소속 당원에 국한시키지 않고 일반 국민으로 확대하는 제도다. 중앙선거관리위원회에서는 '완전국민경선'으로 부르고 있다.

- 도입의의

국민의 선거참여 기회를 확대해 참여민주주의를 실현하기 위한 것이다. 당의 정체성만을 주장하는 대의원이나 당원보다는 국민여론을 수렴하고 상대 당과의 본 선거에서 당선율을 높이기 위한 목적이 크다. 또한 국민의 신뢰를 얻고 대중적 지지기반을 넓힐 수 있으며, 소수가 폐쇄적으로 운영하던 정당구조를 민주적으로 변화시킬 수 있다는 장점도 있다. 2002년 대선에서 열린우리당이 부분적으로 도입한 적이 있다.

- 문제점

* 정당은 당원의 모임으로 헌법에 명시된 정치적 결사의 자유를 가지고 있는데, 100% 오픈 프라이머리는 이러한 정치적 결사의 자유를 침해하고 있다.

* 정당법의 유명무실화다. 정당의 정체성과 이념 실종의 민주정치 파괴행위다. 정당이란 가치 있다고 확신하는 정책을 추구해야 하며 그것으로 평가받는 브랜드인 것이다. 일반인들과 당원이 정확하게 구분이 안 된다면 뭐 때문에 정당허가제를 두는지 의문스럽다.

* 역선택의 문제

선거인단에 당원이 아닌 일반 국민들이 참여하다 보니 당원의 의견과 다른 결과가 나올 수 있다. 이 때문에 정당정치의 근간을 훼손한다는 지적이 있으며, 특히 안티들에 의해 본 선거에서 자신이 지지하는 정당의 유력후보를 돕기 위해 자신이 지지하지 않는 정당의 경쟁력이 약한 후보를 선택하는 역선택이 발생할 수 있다.

* 비효율적 정치의 대표적인 제도

후보를 뽑을 때만 정치에 참여했다는 당의정을 주고, 정권획득을 위해 수단방법을 가리지 않는 네거티브와 포퓰리즘에 의해 국민은 정치권의 농락 대상이 되며, 예비선거와 본선이 혼돈될 정도의 정치제일주의로 소모적이고 비효율적인 제도가 된다.

* 조변석개의 즉흥적인 제도다.

기간당원제니 책임당원제니 하다가 느닷없이 원점으로 돌려 제로베이스화해 여론조사로 가겠다는 발상은 깊이가 없는 정치적 제도다.

다. 여론조사 기관 선정시 유의사항

- 전화여론조사의 경우 전화번호의 최신성을 점검하라.

  최신 전화번호를 사용하는지 무작위로 통화를 하여 점검한다.

- 전화 면접원들의 조사경험 여부를 점검하라.

  급조된 전화면접원의 경우 오류가 높은 조사가 이루어질 가
  능성이 높은 만큼 이에 대한 전화 면접원 교육정도, 조사경
  험 정도를 파악해야 한다.

- 선거경험이 많은 업체를 선정해야 실수를 줄일 수 있다.

  선거여론조사를 실시했는지를 파악하고, 조사업체에서 구비
  한 보고서를 숙독하라

- 설문지 작성의 객관성과 실용성을 점검하라.

  설문지가 객관적이고 중립적으로 간결하게 구성되어 있을 경
  우에만 선거운동에 도움이 된다. 설문구성 전에 설문의 의도
  와 활용도를 사전에 고려해 업체에게 주지시켜야 한다.

モバイル投票 섹션:

모바일투표

모바일(휴대전화)투표 : 선거인단으로 등록된 유권자가 투표장에 가지 않고, 자신의 휴대전화로 투표하는 것이다. 유권자는 자동응답(ARS) 전화가 걸려오면 비밀번호를 입력한 뒤, 녹음된 안내원의 지시에 따라 자신이 지지하는 후보의 기호를 누르면 된다. 3회 연속 전화를 받지 않거나 비밀번호를 3회 틀렸을 경우 무효 처리된다. 이 방법은 대통합민주신당에서 2007년 경선과정에서 도입한 방식이다.

* 지역별 연령대별 선거인단 구성비율 논란

대통합민주신당이 10월 9일 1차 휴대전화 선거인단 3만 명 중 전북지역의 투표 참여자는 전체의 4.8%인 1457명이었다. 2005년 인구 총 조사에 따르면 전북의 인구비율은 전체 인구의 약 3.8%였지만 일반 선거인단(145만4535명 · 중앙선관위 위탁관리분 기준) 중 전북지역은 전체의 14.3%인 20만7341명에 이른다. 휴대전화 선거인단은 연령별 분포에서 선거 참여도가 높은 50~60대가 20~30대에 비해 턱없이 적은 것으로 나타났다.

* 실제투표율과 여론 왜곡

문제는 실제 선거에서는 연령이 높을수록 참여도가 높은데 휴대전화 선거인단은 정반대 분포를 보였다. 투표율을 높인 점은 의미가 있지만 휴대전화 투표가 대선 민심을 정확히 반영했다고 보기는 어렵다고 본다.

2007 대선 경선방식

대통합민주신당, 한나라당, 민주당, 민주노동당의 대통령 후보 경선방식인 소위 '2007년형 경선방식'에 대해 알아보자.

민심의 지지도와 정치적 세력의 크기가 차이가 나다 보니 각 당은 여론조사를 도입하는 등 당심과 민심을 조화롭게 반영하려고 새로운 룰을 마련했지만, 민주주의 선거원칙 훼손우려 등 많은 논란을 일으켰다는 평가다.

전문가들은 당원 신분에 대한 분명한 기준과 여론조사의 정확성을 기하기 위해 여러 조사기관이 매머드급으로 참여하는 등의 장치를 마련해야 공정성, 민주성 훼손시비를 해소할 수 있을 것이라고 입을 모은다.

한나라당과 민주노동당의 경선방식이 몇 가지 논란에도 불구하고 "대체로 양호했다"는 평가를 받았다. 반면 동원선거 논란을 일으켰던 대통합 민주신당과 민주당은 "선거의 기본원칙을 벗어났다"는 비난을 받았다.

대의원 20%, 당원 30%, 국민참여 30%, 여론조사 20% 구성비로 진행한 한나라당 경선에서는 "당원은 박근혜 전 대표를 선택했지만, 룰은 이명박 전 서울시장을 뽑았다"는 말이 나왔을 정도로 여론조사 결과가 판세를 좌우하면서 논란을 빚었다.

표본수와는 무관하게 반영비율에 맞게 가중치를 부여했던 여론조사는 '1인 5표'로서 민주선거의 원칙에 어긋난다는 비판을 받았다. 전체의 10%를 반영하는 대통합민주신당, 15%를 반영하는 민주당 역시 피조사대상자 1명의 의견이 여러 명의 여론으로 확대 해석될 수 있다는 비판에서 자유롭지 못했다.

진정한 의미의 정당정치체제였다면 충성도 높은 당원이 민심을 읽고 그 당원에 의한 후보자 선택이 이뤄져야 하지만, 한나라당은 당원들의 지지를 받은 후보가 떨어지는 결과를 초래했던 것이다. '후보검증위'와 의혹제기를 제어하는 '네거티브 위원회'가 공존하는 점은 모순적 구조라는 평가다.

대통합민주신당 경선은 지역별 인구비례에 맞추지 않은 채 무작위로 모집해 전체 인구 11%인 호남 지역이 선거인단의 40%가량을 차지하고 그에 따라 특정지역후보가 유리한 고지를 점령하는 불합리를 낳았다.

아울러 조직력이 우세한 후보 진영이 선거인단을 대거 동원·접수시키고 이들의 투표를 독려하는 방식이다 보니 비밀선거·보통선거의 원칙이 훼손됐다. 또 타의에 의한 피동적 선거인 접수가 횡행하고 자발성이 떨어져 결국 16.2%라는 저조한 투표율을 보이고 말았다. 한나라당의 경선 투표율 71%에 비하면 턱없이 낮다. 경선 도중에 원샷 방식으로 바꾼 것도 문제라는 지적이다.

다만 이번 경선에 30~40% 영향을 미친 모바일투표는 새로운 실험으로 주목을 받은 점은 적지 않은 의미를 갖고 있다는 평가다. 대리투표, 중간처리과정의 왜곡가능성은 숙제로 남아 있다.

민주노동당의 경우 진성당원의 높은 충성도를 기반으로 운영되고 있어 비교적 모범적인 사례로 꼽힌다. 미국, 서유럽 등의 정당 내 경선방식을 비교적 성공적으로 실현했다는 것이다. 다만 일반 국민들이 원하는 것이 무엇인지를 반영하지 못해 절반의 성공이라는 평가다.

민주당은 대통합민주신당과 비슷한 전철을 밟은 가운데, 수많은 난맥상이 있었지만 이를 개선하려는 움직임조차 보이지 않아 각 정당 중 최저 평점을 받고 있다.

라. 선거업무의 과학화를 통한 효율적인 선거운동

- 여론조사의 횟수와 방식에 대한 제한은 없으나 선거일 6일 전부터 여론조사 결과 공표 및 인용보도 금지
- 여론조사 등을 바탕으로 데이터베이스 활용, 표적(타깃) 유권 자 층에 대한 집중공략
- 이메일 활용, 컴퓨터 간 네트워크 구축을 통한 정보공유, 우 편라벨출력 등 선거업무 줄일 수 있는 방법 모색
- 1차적으로 문중, 학교 동기, 동창회, 종교, 향우회, 직능, 친 목단체 등 후보자와 연고가 있는 조직의 DB부터 확보
- 분산된 유권자의 정보를 컴퓨터에 입력하고 세분화함으로써 연락 등의 선거업무부담 감소
- 조직의 확대는 DB화를 통해 수치화하여 지역별 판세 및 취 약지역 발견
- 데이터마이닝(추출)을 통해 유권자를 분석하고 다양한 매체 로 설득
- 등록 마감 다음날까지 선거인 명부의 전산자료 복사본을 신 청하여 교부받을 것

3) 인쇄홍보

선전벽보, 선거공보 참조

4) 매체홍보

(1) 언론홍보요령

가. 기본방향

- 언론은 논쟁거리를 추구한다. 반드시 이슈를 제기하는 쪽에 서서 이슈의 주도권을 잡아야 함
- 인지도를 구축하는 데 언론보도만큼 좋은 것이 없음
- 항상 기자의 눈을 의식해 실수나 실언을 줄여라
- 함축적인 한 마디를 할 수 있는 후보가 언론의 초점이 됨
- 언론과 기자의 특성에 대한 현실적인 이해를 바탕으로 적극적, 능동적으로 활동하라

나. 언론사 대응방법

- 언론실무, 지역사정, 정치 감각 등을 겸비한 공보기능을 할 담당자, 대변인을 정해야 혼선 방지
- 먼저 선거구에 있는 모든 언론사와 기자 현황 파악
- 기사거리 제공시 충분한 자료를 일목요연하게 정리하고, 제공요지를 분명히 하라
- 선거운동을 이벤트화, 이슈화, 차별화하여 언론의 관심을 끌어 선거중심에 서라
- 담당기자와 먼저 접촉하라! 간부만을 상대하는 태도는 좋지 않다

다. 보도자료, 성명, 논평, 각종 행사 고지 등

- 시간대별 이벤트 중심으로 작성한 후보일정, 중점 선거전략, 구체적인 미담사례 등을 소개한다
- 기사되는 자료와 안 되는 자료를 잘 구별해야한다
- 사실 관계 및 주장을 6하 원칙에 따라, 기사 형식으로 정확 명료하게 기술하라
- 각종 선거운동 관련사건, 비방, 흑색선전, 허위사실 유포 고발 사안 등에 신속 대응한다
- 보도자료 접수 마감시한을 엄수한다.
  신문(조간 : 15시, 석간 : 10시), 방송(저녁뉴스 고려 가급적 15시 경까지)
- 고정 포맷을 사용하라
- 후보기호, 성명, 연락처 및 캐치프레이즈 기재
- 특별한 사안의 경우 성격에 맞게 성명, 논평, 적절히 병행

라. 기자회견

- 선거판세 및 주요 이슈에 대한 뉴스거리 제공
- 타 후보 불·탈법 선거운동 고발 등 긴급 사안 발생시 특별 회견을 하며 중앙 당직자, 인근지역 동료 후보자와 공동 기자회견 실시도 고려
- 후보 합동 기자회견 시 자신 있는 태도로 적극적인 인상을 심어 주어야 한다.
- 필요시 보충 답변이 가능한 실무관계자를 배석시킨다.

마. 인터뷰 요령

① 기자가 질문을 하면 회피한다는 인상을 주지 말고, 명확하고 진솔하게 대답할 것.

② 네거티브한 질문에는 가능한 말을 아끼고 감정적 대응은 절대 금물.

③ 무조건 답변만 하는 수동적 입장에서 벗어나 가능하면 질문도 하여 인터뷰의 주도권을 빼앗기지 않는다.

④ 기자의 질문이나 회유에 이끌려 부화뇌동하거나 타인을 험담하지 않는다.

⑤ 사전에 인터뷰 의제를 설정하고 3~4개의 핵심항목을 구성, 인터뷰를 통해 답변에 반영토록 한다.

⑥ 답변은 항상 간결한 문장을 사용하고, 질문의 초점을 파악치 못했을 때, 질문 반복하거나 어휘를 바꿔 시간을 확보하라.

⑦ 인터뷰 내용을 수정할 의사가 있을 때는 정중하게 부탁하라.

⑧ 오프더레코드는 언젠가 인터뷰를 통해 밝히기로 한 사실만 적용하라.

⑨ 인터뷰를 마친 뒤에도 계속 주의하라.

(2) 신문광고 관련사항

가. 신문광고 규정 및 내용

- 근거규정 : 공직선거법 제69조, 규칙 제34조

- 주체 : 시·도지사 선거의 후보자

- 매체 : 정기간행물의 등록에 관한 법률에 의한 일간신문
- 기간 : 선거개시일로부터 선거일전 2일까지
- 회수 : 5회 이내

  인구 300만 명을 넘는 시·도에 있어서는 300만을 넘는 매 100만마다 1회 가산
- 규격 : 가로 37cm × 세로 17cm 이내
- 흑색으로 제작, 전면광고 면이나 통상적인 광고란에 게재
- 내용 : 정강, 정책, 후보자의 정견, 기타 홍보에 필요한 사항
- 광고주명과 "이 신문 광고는 〈공직선거법〉 제69조의 규정에 따른 광고입니다."라는 광고 근거를 표시

나. 신문광고 게재 절차
- 광고 전에 관할 선관위의 신문광고 게재 인정서를 교부받아 일간신문사와 광고계약 체결
- 광고게재일 전일까지 광고 원고와 광고계약서 사본을 첨부하여 관할선관위에 신고

(3) 방송광고(법 제70조, 규칙 제35조) : 도지사 선거

(4) 방송연설(법 제71조, 규칙 제36조)
가. 대담, 토론회, 합동 방송연설회 개요
- 선거운동기간 중 관할선거방송토론위원회 주관 1회 이상 실시
- 각급 선거방송토론위원회로부터 초청받은 후보자는 정당한

사유가 없는 한 그 대담·토론회에 참석하여야 한다. 정당한 사유 없이 참석하지 아니한 후보자가 있는 때에는 그 사실을 선거인이 알 수 있도록 당해 후보자의 소속정당명, 기호, 성명과 불참사실을 중계방송을 시작하는 때에 방송하게 하여야 한다.

- 토론에 자신 있는 후보자는 적극 제의

나. 방송연설 규정 및 내용

- 개최 주체

텔레비전 및 라디오방송시설(방송법에 의한 방송사업자가 관리·운영하는 무선국 및 종합유선방송국 포함), 정기간행물 사업자, 인터넷언론사

- 기간 : 선거운동기간 중
- 참석대상 : 후보자
- 비용부담 : 대담·토론회를 주관하는 언론기관(개최비용을 후보자 등에게 부담시킬 수 없음)
- 공정한 진행

특정후보자 또는 그 대담토론자 1인만을 계속적으로 초청하여서는 안 됨.

언론기관은 주제발표시간, 맺음말시간, 질문과 답변 또는 보충질문과 보충답변 시간, 질문 및 답변의 순서, 사회자 선정방법, 기타 공정한 진행을 위한 절차와 방법을 토론자에게 알려야 함

(5) TV 합동토론회

가. 개요

- 조직 선거가 사라진 선거에서는 무엇보다 지역여론 형성에
  엄청난 파급효과
- TV 합동토론 결과가 지역 언론 및 유권자, 인터넷 등에서
  재차 가공돼 후보 당락에 막대한 영향력 행사 가능
- 후보자 및 참모진은 TV 토론회가 핵심임을 인식하고, 모든
  홍보전략을 집중해 철저히 대비하고 적극 활용해야 함

나. 주요 질의내용(예시)

- 주요 개인 신상 관련 질문(학력·경력, 가족관계, 군 관계,
  재산형성 과정, 과거 발언 등)
- 정치적 견해 정책 관련 질문
  정치이념, 정치개혁에 대한 입장, 정당의 정체성 등 선거구
  제 개편, 대북문제 등 국가적 현안에 대한 입장, 여성·환
  경·복지 등과 관련한 질의
- 지역사업 관련 질문
  재정자립도 확보 및 지역경제 활성화 대책, 환경·복지·실
  업자 대책, 주거환경 개선(도로정비, 재개발사업 등), 지역
  내 각종 현안 사항

다. TV 합동토론회 홍보가이드

① 충분한 사전준비

- 출마동기, 숙원사업, 현안문제, 이슈 및 쟁점사항 등을 충분히 숙지하고 예상답변 준비
- 정견, 슬로건, 공약 가운데 가장 강조해야 할 부분을 미리 정해 둔다.
- 지역실정에 맞는 개인적 사례 등을 미리 점검
- 사회자가 누군지, 상호질의가 가능한지 등 토론회 진행방식 사전 확실히 이해
- 후보자는 참모진과 예상 질의응답을 철저히 예행 연습
- 사전에 캠코더 등을 활용, 눈동자 움직임·얼굴표정·제스처 등에 대해 철저히 점검
- 정책 대안을 제시할 구체적 자료 준비
- 공약·이슈 등을 일목요연하게 보여줄 한 장짜리 그림이나 도표를 필히 준비
- 반론 및 유머를 넉넉하게 준비
- 불리한 질문시 논쟁대신 재치와 유머로 반론을 펼쳐 상대후보를 맥 빠지게 하자
- TV 매체 특성을 철저히 이해
- TV는 감성적 매체, 유권자는 TV 카메라임을 명심
- 논쟁에서 승리보다 유권자에게 어떻게 비춰지는가가 더 중요
- TV토론시 후보자의 모습과 발언 내용은 오직 카메라를 통해서 유권자에게 전달됨을 반드시 기억

TV 합동토론회 전략

- 유권자의 후보자에 대한 기대치를 낮게 만들어라.

  기대가 낮을수록 후보자가 TV토론을 잘한 것처럼 보인다. 반대로 말 잘한다고 소문나면 잘해야 본전

- 상대후보에 대한 평가 포인트를 구체화하라.

  상대후보의 책임부분, 구체성 결여, 이슈에 대한 비일관성 등을 계속 강조

- 표적유권자들을 결정하라.

  후보자의 주 타깃, 매체특성, 방영시간 등을 고려한 중점 메시지선정 및 반복

- 효과적이고 지속적인 메시지를 반복하라.

  구체적인 이슈, 상황별로 답변할 때마다 전체 주제를 강조, 강화할 것

- 토론 후에는 승리 여론 조성이 필수

  토론이 끝나자마자 대변인을 내세워 비교 우위평가표 발표

  토론에 대한 자체 모니터팀을 구성해 1차토론 이후 문제점을 보완해 향후 토론에 적극대처

② 토론의 자세

- TV토론의 핵심은 논쟁에서 승리가 아닌 시청하는 유권자들의 호감을 얻는 것

- 토론회 시청자의 상당수가 토론회를 집중하면서 시청하는 것이 아닌 만큼, 내용적 부분보다는 전체적인 느낌, 후보자의

이미지, 특정용어가 기억에 남도록 토론

- 자신이 제일 잘할 수 있는 분야의 정책을 확신을 갖고 발언
- 이슈가 될 만한 특정용어를 개발해 반복 사용
- 공약 및 이슈 설명시, 도식화된 그림이나 표를 미리 준비해 적극 활용(필요시 카메라 기자에게 화면 클로즈업 요청)
- 상대후보와 토론시 비방은 되도록 자제하고 유머를 통해 재치 있게 답변
- 토론의 규칙을 지킨다. 사회자가 부여한 시간을 지키고, 상대방의 말을 중간에 끊지 않으며 반론권을 얻어 반론한다. 토론 진행이 원활하지 않거나 공평하지 못하다고 판단되면 의사 진행 발언을 한다.
- 용어는 외래어를 자제하고 어려운 개념은 풀어서 말하며, 혐오감을 주는 용어는 배제한다. 상대방을 공격하는 네거티브 화법보다 "내가 해낼 수 있다"는 포지티브 화법을 사용한다.
- 사실에 근거하지 않은 주장에 대해 애매모호하게 흘려버리지 않는다. 분명한 입장을 부드럽게, 그러나 확고하게 밝힌다. 잘못된 부분은 반박하기보다 진솔하게 인정한다.
- 모르는 분야에 대한 질문을 받을 시에는 아는 척하지 말고 "저는 그 분야의 전문가는 아니지만, 앞으로 최선을 다해 연구하고 열심히 노력하겠습니다."고 답변한다.
- 적절한 비유, 에피소드, 유머, 반복 화법을 간간이 섞어 토론에 활력을 준다.

- 정책적으로 민감한 사안에 대해 당론을 확인하고, 개인적인 견해를 분명히 한다. 특정 이익집단을 대변하는 단체의 곤란한 질문이라 할지라도 개인적 소신과 다르다면 분명한 입장을 밝힌다.
- 국가적 과제, 민생문제에 관한 절박한 인식, 자치단체장, 지방의원의 본분 등에 대해서 마음 깊이, 솔직한 자세로 말한다.

오프닝(인사말) 전략
- 보통 30초에서 1분 이내의 시간 안에서 유권자와 첫 대면하는 순간임을 감안하여 강한 인상을 유권자에게 심어줘야 한다.
- 출마 동기에 대해 원고 없이 카메라를 바라보며 자신 있고 자연스럽게 발언한다.
- 정중한 인사, 자연스러운 제스처, 유머와 재치 등을 적절히 활용한다.
- 후보자를 상징하는 핵심메시지 반복 사용
- 필요시, 오프닝 시간의 1/3 정도를 활용해 퍼포먼스(정치가 국민에게 힘들게 한 점에 대한 반성의 손들고 벌서기) 등을 펼쳐 유권자 관심 유도

③ 이미지 메이크업과 최종점검
- 토론회 시작과 끝 부분의 인사는 정중하게, 강한 인상을 심기 위해 겸손함을 잃어서는 안 된다.
- 경쟁후보와 차별화할 수 있는 독특한 제스처, 유머, 이슈 등

화두를 던질 것

– 자연스럽고 명랑, 쾌활한 태도가 유권자에게 긍정적인 인상을 심어준다.

– 무미건조한 화법은 내용이 아무리 좋아도 호소력이 없다.

– 자신에게 맞는 화법을 정돈하고 필요하면 제스처도 사용한다.

– 의상, 넥타이, 메이크업 등은 스타일리스트의 도움을 받는다.

– 밝고 긍정적이며 단정한 의상으로 선택했는가?

  남성후보(푸른 셔츠와 남색 정장, 적색계통의 넥타이)

  여성후보(강렬한 단색계통의 의상이나 장식, 보석 피할 것)

– 조명과 배경세트의 색깔 고려

  여러 벌의 양복, 셔츠, 타이 준비와 사전 정보교환을 통한 준비

  배경보다 짙은 색의 가볍고 조명에 반사되지 않는 의상(작은 체크무늬와 물방울무늬는 금물)

– 와이셔츠, 타이, 양말, 구두 등 단품도 점검

  셔츠 : 흰색, 아이보리, 연하늘색, 연세로줄무늬(O), 짙은 회색, 번쩍이는 합성섬유, 실크(X)

  타이 : 밝은 느낌의 단색(현란한 색 피함)

  양말 : 피부색 계통은 피하고 검정계통 긴 양말 선택

– 메이크업은 필수

  얼굴 흉터, 기미, 반점, 창백함 보완 위해 메이크업 아티스트 활용 건강미 연출, 염색(흑갈색 필요– 악수할 때 화면 클

로즈업 대비 손톱관리 철저)

- 안경보다는 렌즈

  TV에 반사되거나 어두운 코팅 안경은 절대 금물. 특히 여성
  후보는 가급적 서클렌즈 착용
- 제스처 개발

  진지한 이미지를 위해 메모하는 모습이 바람직
- 금지사항

  너무 큰 액션, 헛기침, 머리 쓰다듬는 행위, 땀을 손수건으
  로 닦는 모습
- 악수할 때는 상대의 눈을 응시

  카메라맨, 조명 등 스태프들과 일일이 힘 있게 악수
- 표정

  부드러운 미소, 진지한 모습(PD나 카메라맨에게 옆 얼굴 카
  메라 샷 보여줄 것 요청)
- 시선

(6) 선거연설, 회견문발표, 자신의 주장 피력 시

: 램프 켜진 카메라 주시, 자신감 있는 미소

(7) 대담, 토론 프로그램 시

: 주로 사회자에 시선을 주되 소신과 결론 피력시 카메라 응시
- 리허설 활용(녹화 체크포인트 사전 조정)

- 의자높이 조절(후보자 위축 방지)
- 스탠드 마이크(얼굴 가림 방지)
- 출연 PD에게 방송관련 의문점 질의 확인
- 마이크 성능을 감안 적절한 목소리 낼 것
- 현명한 후보자는 갈등을 조장하는 TV의 유인작전에 초연할 것
* '지역방송시설'이라 함은 당해 시·도의 관할구역 안에 있는 방송시설(도의 경우 당해 도의 구역을 방송권역으로 하는 인접한 광역시 안에 있는 방송시설을 포함)을 말하며, 당해 시·도 안에 지역방송 시설이 없는 서울특별시에 인접한 시·도는 서울특별시 안에 있는 방송시설을 말함
- 기간 : 선거운동 기간중
- 내용
  * 소속 정당의 정강, 정책이나 후보자의 정견, 기타 홍보에 필요한 사항
  * 정당, 후보자는 방송연설을 함에 있어 청각장애인을 위한 수화 또는 자막을 방영할 수 있음
  * TV방송시설을 이용하여 연설을 하는 경우에는 후보자가 연설하는 모습 이의 다른 내용(수화방영은 제외)의 방영 금지
  * 방송연설 이용일시, 시간대 등 통보
  * 통보자
    방송사가 선거일전 30일까지 관할 선거구관리위원회에 통보

* 통보사항

　후보자 등이 방송연설에 이용할 방송시 설명, 이용일시,

　시간대 및 시간대별 방송연설 1회의 소요비용 등

* 방송시설 지정, 공고, 통지

　선거구관리위원회는 방송사로부터 통보받은 내용에 의하

　여 후보자등록 신청개시일전 3일까지 방송연설에 이용할

　수 있는 방송시설과 일정을 선거구단위로 지정, 공고

- 방송연설 신고

* 신고

　방송연설을 하고자 하는 후보자 또는 정당의 대표자는 방

　송사와 이용 계약을 체결하고 방송일 전 3일까지 신고

* 비례대표 국회의원의 경우는 중앙선거관리위원회에, 기타

　후보는 관할 선거구관리위원회에 신고

* 방법

　방송사와 체결한 방송시설이용계약서 사본을 첨부하여 이

　용할 방송시 설명. 이용일시, 소요시간, 이용방법 등을 서

　면으로 신고(신고서식 : 규칙 별지 제 22호 서식(라))

- 제작비용을 제외한 방송비용은 선거후 보전대상이므로 최대한 활용(100분의 15 이상 득표시 전액 보전)
- 시청률이 높은 프로그램 전후 시간대 예약
- 방송연설 후 지역 언론에 이슈화를 통한 PR이 될 수 있도록 핵심이슈 제기, 독특한 연출, 특별한 소재 등 적극 활용
- 방송연설 원고는 방송언어로 구성해야 한다. 가급적 전문방송 작가를 섭외해서 방송언어로 원고를 준비하는 것이 유권자에게 호감을 얻는 지름길
- 후보자와 참모진, 방송작가가 함께 원고초안을 논의하여 최종원고는 방송작가가 준비하도록 한다(최종원고로 사전 리허설 실시하며 문제점 보완).

라. 경력방송(공선법 제73조, 규칙 제38조)

- 주관 : 한국방송공사(지역방송국)
- 방송시간 : 후보자마다 매회 2분 이내
- 방송횟수 : TV 및 라디오 방송별로 각 2회 이상
- 방송내용 : 후보자 사진, 성명, 기호, 연령, 소속정당명, 직업, 기타 주요경력
- 방송원고 제출
  * 제출자 : 후보자
  * 제출처 : 관할선거구위원회
  * 제출기한 : 후보자등록마감일 까지

* 원고작성방법 : 규칙 별지 제24호 서식(나)
－ 텔레비전용
　　* 직업, 학력은 각 10자 이내, 경력은 2종으로 하되 종별마다 10자 이내(총 100자 이내)
　　* 사진의 크기는 가로 5cm×세로 7cm의 천연색으로 하고 얼굴 부분이 잘 방영될 수 있도록 얼굴의 상·좌·우 여백이 5~10mm가 되도록 하며 최근 3개월 이내 탈모상반신으로 촬영된 후보자만의 사지이어야 하며, 사진을 제출하지 아니한 때에는 사진의 방영을 폭한 것으로 봄(사진은 5매 제출, 전자 파일 포함)
－ 라디오용
　　* 직업, 학력은 각 10자 이내, 경력은 2종으로 하되 종별마다 10자 이내(총 300자 이내)
　　* 제출부수 : 텔레비전과 라디오 방송별로 각 2부
　　* 비용부담 : 한국방송공사

(8) 인터넷과 정치 환경

가. 인터넷

인터넷은 전자민주주의를 활성화시키는 촉매제다. 모든 정치 영역과 정치 커뮤니케이션 형태에 미치는 영향은 큰 변화를 불러일으키고 있다.

첫째, 정치통로가 다변화되고 있다.

둘째, 공중의 정치참여를 촉진한다.

셋째, 언론과 인터넷이 상호의존하고 있다.

넷째, 정치조직의 선전도구로 인터넷이 역할하게 되었다.

이처럼 인터넷은 정치커뮤니케이션의 중요한 수단이자 도구가 된다. 인터넷은 정치적 이해집단의 정치활동의 도구라는 점에서, 인터넷 이용자에게는 정치참여와 정치이용의 도구라는 점에서, 그리고 언론에게는 경쟁자이면서 동시에 언론의 새로운 시장이라는 점에서 더욱 그러하다. 선거법상 컴퓨터 통신을 이용한 선거운동 조항을 살펴보면 그 조항이 모호하다.

나. 한국 2000년 총선관련 사이트 현황

사이트 종류	사이트
선거 및 정치관련 일반 사이트	아이워치코리아닷컴, 엔폴리틱스, 의원넷, 의원21, 인터넷폴리틱스, 한국정치인포메이션뱅크, e원컴, 선거나라, 아이폴넷, 일렉션, 폴리넷, Goldid, 국회의원총선거 종합정보사이트, 사이버총선관장 iVote, 사이버 정치마당, 선거종합정보, 선거24, 쿨인닷컴, Election 2000, V16, vote413 등
시민단체 사이트	2000년 총선시민연대(WWW.ngokorea. org), 경실련, 공선협(koreango.org), 참여연대, NGO네트워크, 청년유권자 연대 (Ourright.ymca.or.kr), 시민정치네트워크(WWW.ymca.or.kr), 정치개혁시민연대, 초언정보통신연대, 2000 총선 대학생 유권자운동 등
정당 사이트	한나라당, 새천년민주당, 자유민주연합, 민주국민당, 한국신당, 민주노동당, 청년진보당, 공화당
후보자 사이트	(한나라당) 강삼재, 김덕룡, 김문수, 김홍신, 손학규, 오세훈, 이부영 등 (민주당) 김근태, 김민석, 김영환, 노무현, 설훈, 정동영, 추미애 등 (자민련) 강창희, 노승우, 박태권 등

다. 각 정당별 사이트에서 제공되는 서비스 내용 및 특성

정 당	당 소개와 선거 정보	이용자 참여	기 타	특 징
새천년 민주당	– 당 소개 – 세부 공약 제시 – 정부의 경제성 과 그래픽 데이 터 정보 제공	– n–파워 – 참여광장 – 12개 게시판	– 인터넷 방송국 (정치 크래프트, 넷 데스크, 네티즌스페이스, I–피플) – 게임 – e–카드 서비스 – 3–D 사이버 캐릭터 (e–민주)	20대 유권자들을 위한 메뉴가 많다
한나라당	– 당소개 – 정책 소개 – 인물 포커스 – 한나라 웹진	– 네티즌 세상 (e–opinion, e–mail 클럽)	– 인터넷 방송국 (사이버 대변인) – 사이버 카페 (명사 칼럼, 뮤직뱅크, 386게임)	자유롭게 글을 게재할 게시판이 없다.
자민련	– 당 소개 – 정책 – 후보자 소개 – 공약 – 지방시대	– 참여정치 코너	– 인터넷 방송국 – 사이버 도우미 '자미니' – 사이버 캐릭터(자민지기)	

라. 전자민주주의와 관련 법령

분 야	관련 법령
선거관련	공직선거 및 선거부정방지법 공직 선거관리 규칙 방송위원회의 '선거방송심의 특별 규정' 국민투표법 시행규칙 지방자치법
행정부의 정보공개 업무관련	정부간행물 판매보급규정

분 야	관련 법령
	보존문서열람 수수료에 관한 규칙 공공기관의 정보공개에 관한 법률 공공기관의 정보공개에 관한 법률 시행령 관보 규정 시행규칙 관보규정
행정부의 국민의견 수렴 업무 관련	행정절차법 행정규제 및 민원 사무기본법 행정규제 및 민원 사무기본법 시행령 행정규제 및 민원 사무기본법 규칙 민원 사무처리에 관한 법률 정책자문위원회 규정
행정부의 정보 자원 관리 업무 관련	사무관리 규정 사무 관리 규정 시행규칙 공문서 분류 및 보존에 관한 규칙 정보 및 보안업무 기획·조정규칙 공공기관의 개인정보 보호에 관한 법률 공공기관의 개인정보 보호에 관한 법률 시행령 공공기관의 개인정보 보호에 관한 법률 시행규칙
행정부 정책에 대한 평가 관련	정부시책 평가 교수단의 조직 및 운영 규칙 국회 회의록의 발간 및 보존 등에 관한 규칙 국회공보에 관한 규정 국회 자료 관리 규정 공공기관의 정보 공개에 관한 법률 공공기관의 정보 공개에 관한 법률 시행령
국회의 정보공개 업무관련	헌법 제26조 청원법 국회법 국회 청원 심사규칙 진정 처리에 관한 규칙 진정 처리에 관한 시행내규

분 야	관련 법령
국회의 국민의견수렴 업무관련	국정감사 및 조사에 관한 법률 국회 보안업무 규정
법원의 정보 공개 관련	법원조직법 공공기관의 정보공개에 관한 법률 공공기관의 정보공개에 관한 법률시행령
법원의 정보 자원 관리 관련	법원 사무관리 규칙 법원 도서관 규칙
정보 규제 관련	대한민국 헌법 정보통신 윤리 강령 정보통신 윤리 심의 규정 방송위원회의 '선거방송심의 특별 규정' 전기통신사업법 53조, 시행령 16조 전기통신사업 시행령 프로그램 보호법 통신비밀보호법 통신비밀보호법 시행 규칙 미성년자 보호법 성폭력 범죄의 처벌 및 피해자 보호에 관한 법률 국가보안법 청소년보호법 미성년자보호법 공직선거 및 선거부정방지법 형법
보편적 접근 관련	장애인 복지법 장애인 · 노인 · 임산부 · 등의 편의 증징 보장에 관한 법률 전기통신기본법 전기통신사업법 정보화촉진기본법

마. 컴퓨터 통신관련 선거운동의 사례별 허용범위(1997)

할 수 없는 사례		할 수 있는 사례
언제든지 할 수 없는 사례	선거 기간 전에 할 수 없는 사례	
– 당선 또는 낙선을 목적으로 공연히 사실을 적시하여 후보자(입후보 예정자 포함, 이하 같음)나 그의 배우자 또는 직계 존·비속이나 형제·자매를 비방하는 내용을 컴퓨터 통신상에 게시하는 행위 – 당선을 목적으로 후보자에게 유리하도록 후보자의 소속·신분·직업·재산·경력(학력 포함) 등에 관하여 허위의 사실을 컴퓨터 통신상에 게시하는 행위 – 낙선을 목적으로 후보자에게 불리하도록 후보자나 그의 배우자 또는 직계·존비속이나 형제·자매에 관하여 허위의 사실을 컴퓨터 통신상에 게시하는 행위 – 특정 정당 또는 후보자에게 유·불리한 방법으로 컴퓨터 통신을 이용한 여론조사를 하고 그 결과를 공표하는 행위	– 누구든지 특정 정당 또는 입후보 예정자를 지지·추천·반대하거나 권유하는 내용, 선거 공약 등 선거운동에 이르는 내용을 컴퓨터 통신상에 게시하여 두는 행위 – 정당의 선거공약, 자당공천 입후보 예정자를 지지 유도하는 내용을 컴퓨터 통신상에 게시하여 두는 행위 – 누구든지 특정 정당 또는 입후보 예정자와 관련된 선거에 영향을 미칠 수 있는 내용(정당의 정강·정책, 입후보 예정자의 성명·사진·경력·인사말 등)을 선거 구민에게 전송하는 행위 ※ 위 '선거기간 전'에 할 수 없는 사례의 경우 선거운동을 할 수 있는 자가 '선거기간 중'에 선거운동의 일환으로 하는 것은 무방함	– 특정 정당·후보자(입후보 예정자 포함, 이하 같음) 또는 정보 통신 사업자가 컴퓨터 통신상의 특정정보 저장 장소에 정당의 정강·정책, 입후보 예정자의 경력·활동상황·정치적 소신, 강연 내용 등을 저장하여 두고 관련정보를 알고자하는 자가 자신의 경비와 노력으로 그 정보를 열람하게 하는 행위 – 특정 정당 또는 후보자와 관련된 정보가 저장된 장소의 접근방법에 대한 안내문을 컴퓨터 통신상의 특정 장소에 게시하는 행위

바. 'Voter.com'에서 제공되는 서비스의 내용 및 특징(미국)

항 목	명칭 및 세부 내용	특 징

정보
데이터
베이스
	• Video Library
	– 비디오 영상 자료실
	: 정당 전당대회, 후보자 인터뷰 동영상파일
	  포함
	• 입후보자 관련 정보
	– 후보자 개인 신상정보
	– 후보자의 주요 이슈
	– 각 정당의 플랫폼과 링크
	• Political Calender
	– 선거 캠페인기간 중 이벤트 일정 제공
	• Issue Archive
	• 대표적인 뉴스 칼럼니스트 100명의 최근기사
	  리스트
	• Beltway Buzz Archive
	– News Stand
	: 최근 일자별로 뉴스 제공
	  뉴스의 정보원인 미디어와 즉각적으로 링크
		• 선거관련 다양한 종류의
		  풍부한 정보제공
		• 제공되는 정보 형태의
		  다양성
		– 텍스트, 비디오, 오디오 파일
		• 정보제공뿐 아니라 정보원의
		  사이트와 즉각적으로 링크됨
		– 자료실과 링크 동시 서비스
		• 정치 정보 자료실의 일부
		  내용은 유료로 이용자에게
		  업데이트됨

뉴스
제공
	• Other Top Stories
	• White House · Peopele
	• Issue News
	– 선거 캠페인 관련 최근 이슈
	– Voter.com Issue Indepth
	: 주요 이슈에 대한 자체 사이트의 심층 분석
	  이슈와 관련된 사이트들로 하이퍼링크
	• Congress
	• 선거 캠페인
	• 국제
	• 선거 당일 선거결과 제공
	– 온라인상에 실시간으로 업데이트 됨
	– 이용자들은 주별, 후보자별, 직책별,
	  선거구별로 선거 결과에 쉽게 접근 가능함
		• 이슈에 대한 사이트의 심층
		  분석
		• 선거 결과의 신속한 제공 및
		  손쉬운 검색 가능
		• 이슈 관련 뉴스의 제공 뿐
		  아니라 더욱 심층적인
		  정보를 제공하기 위해서
		  이슈와 연관된 사이트들과
		  링크됨
		• 이용자는 뉴스를 제공받을
		  뿐 아니라, 뉴스에 대한
		  의견을 전달할 수도 있음

검색	• 각 주별 후보자 검색	• 수보자, 선거 기부금 내역,

엔진	– 각 후보자의 이슈, 호보자의 캠페인 본부, 후보자 공식 웹시이트 검색 • 선거 기부금 내영 검색 – 후보자명, 기부자의 성, 주 이름, 우편번호 기입으로 상세 기부금 내역 확인 • 선거 결과의 주별, 후보자별, 직책별 상세 검색	선거 결과에 대한 포괄적인 정보를 편리한 방식으로 검색 가능함
링크	• 주요 미디어의 사이트와 링크 • 선거 기부금 관련 사이트와 링크 • 이익집단 및 시민단체 사이트와 링크 • 후보자 공식 웹사이트와 링크	• 다양하고 광범위한 범위의 사이트와 링크
온라인 포럼	• 후보자, 선출된 공직자, 저널리스트, 네티즌들 간의 실사간 토론 채팅 서비스	
투표자 등록	• 사이트를 통해 4만여 명이 등록	
네트 워킹	• 미 전역의 60여 개의 이익집단 및 시민단체 네트워킹 – 이익집단 및 시민단체 리스트 제공 • 하나의 단체 명칭을 클릭하면, 해당 단체가 주창하는 이슈, 단체의 공식 사이트, 해당 단체와 관련이 있는 다른 사이트, 해당 단체에 기부금을 제공하거나 자원봉사 하는 방법 등을 즉각적으로 접근할 수 있음	• 정치에 참여하고자 하는 단체들을 인터넷을 이요해서 연결함으로써 이용자들을 정치과정에 적극적으로 참여시키고자 함
이용자 참여	• Activism – Featured Cause : 이용자는 선거 및 정치와 관련된 자신의 주장을 슬로건 형태로 게시판에 올림 → Join This Cause : 게시된 슬로건에 동의하는 다른 이용자들이 그러한 슬로건에 서명하는 동시에, 인터넷을 통해 다른 사람들에게도 슬로건을 전달함 → Great a Cause : 다수가 서명한 슬로건은 이 슬로건을 적극적으로 주창하는 시민운동단체,	• 이용자들은 온라인상에서 스스로 정치적인 슬로건을 만들고, 다른 이용자는 이러한 슬로건에 서명할 수 있음 → 사이트는 다수의 온라인 서명을 받은 슬로건에 대해서 이를 오프라인 상의 실제운동과 연결시킬 수 있는 구체적인 방법을 이용자들에게 제공해 줌

	시민운동 지역, 이슈, 관련 이익집단과 링크됨 • 토론 게시판 – 이용자는 선거 캠페인 이슈에 대한 자신의 의견을 게시판에 올리고, 다른 이용자는 게시된 메시지에 응답할 수 있음	
이메일 뉴스 레터	• 선거 캠페인 소식 및 정치 정보를 업데이트해서 제공하는 일간 뉴스레터	• 이용자들의 단순 흥미유발에서 더 나아가 더 폭넓은 정보를 습득할 수 있게 해줌
이용자 흥미 유발	• Today's Trivia Question – 선거 캠페인 관련된 정보에 대한 이용자들의 지식을 테스트하는 퀴즈 – 퀴즈를 풀기 위해 다른 텍스트를 읽도록 하이퍼링크 서비스	

17. 개인가두연설

개인가두연설회는 새로운 선거법의 핵심적·개혁적 변화중의 핵심이라 할 수 있다. 후보는 거의 무제한적으로 유권자들이 모인 장소를 찾아가 연설, 대담을 할 수 있다. 종전에는 합동연설회로 유권자들을 한 곳으로 모이게 하고 후보자가 연설하는 일방적 형태였으나, 지금은 쌍방향 커뮤니케이션으로 바뀌었다. 이것은 연설을 잘하고, 호감을 주고, 아이디어가 풍부한 후보에게는 기회가 되겠으나 그렇지 못한 후보에게는 부담이 될 수 있는 선거운동이다.

선거연설이란 일반 연설과는 달라서 청중들의 투표라는 행위에 직접적인 영향을 끼친다. 다시 말해 투표로 연결되지 않는 연설회장에서의 환호나 박수는 아무런 의미가 없으며 후보자는 자신의 주장을 잘 설명하고 설득해서 유권자 청중들을 자신에게 투표하도록 만드는 것만이 훌륭한 선거연설이라 하겠다.

1) 입후보자 자세

(1) 신념

확신은 사람의 힘을 솟게 만들고 자기 자신의 위상에 대한 확신이 있어야만 청중에게 감동을 주고 공명을 얻을 수 있다. 먼저 확고한 정치관, 자아관, 민족관, 국가관, 세계관을 정립하고 연설해야 한다.

(2) 열성

니체가 말한 "열성껏 말하라, 열성은 연설가의 사명이다."는 연설가의 기본조건을 이야기 한 것이다. 어떠한 조건과 상황에서도 최선을 다해 열성껏 연설한다.

(3) 자신 있는 태도

유권자 청중을 위풍당당하게 압도할 수 있는 자신 있는 태도로 여유 있게 연설해야 설득력과 호소력이 있다.

(4) 대담한 배짱

연설 중 야유, 소란, 반대파들의 공격에도 개의치 말고 흔들림 없이 태연하게 논리를 전개하는 대담한 배짱이 필요하다.

(5) 임기응변

주의를 끌고 집중하게 만드는 임기응변 필요

2) 준비사항

연설원, 로고송, 연설 멘트, 색다른 연설용 차량 디자인, 주목받을 연설 형태, 수행 연설단 등

3) 필요성

후보자의 이슈 전파, 지지자들 사기 진작, 부동표 흡수 등

4) 개인가두연설회의 주요내용

	대통령 선거	광역시 · 도지사 선거	국회의원, 지방의원 및 자치구 · 시 · 군 장 선거
연설 대담자	후보자 또는 배우자, 연설원(단, 연설원의 경우는 선거운동을 할 수 있는 자 중에서 區, 市, 郡 선거연락소마다 지명한 2인)	대통령 선거와 동일	후보자 또는 배우자
연설 및 대담	소속정당의 정강정책이나 후보자의 정견 기타 필요한 사항		
연설장소	도로변, 광장, 공터, 주민회관, 시장, 점포 및 제78조 1항의 규정에 따른 공공시설장소 기타 중앙선관위 및 관할 구 · 시 · 군 선관위가 지정하여 공고하는 공공시설이나 장소에서 가능. 단, 제80조 규정에 따른 시설이나 장소에서는 연설 및 대담을 할 수 없다(예 열차, 자동차, 항공기의 안과 터미널 구내 및 선박, 여객자동차의 안, 병원, 진료소, 도서관, 연구소 또는 시험소, 기타 의료 연구시설 등)		
자동차 및 확성장치	후보자 : 차량 1대 및 확성 장치 1조 구 · 시 · 군 연락소 : 차량 2대 및 확성장치 2조	후보자 : 차량 1대 및 확성장치 1조 구 · 시 · 군 연락소 : 차량 1대 및 확성장치 1조	후보자 : 차량 1대 및 확성장치 1조
	1) 확성장치는 정지된 상태에서만 사용 가능 2) 휴대용 확성 장치는 연설 장소에서만 사용하여야 하며 차량 부착용 확성장치와 동시에 사용할 수 없다. 3) 확성장치의 나발수는 1개를 넘을 수 없다. 4) 확성장치는 후보자 외에 배우자 또는 연설원이 공동으로 사용할 수 있다. 5) 자동차와 확성장치에는 중앙선관위에서 정하는 표식을 부착하여야 하며 관할 선관위의 검인을 받은 선전벽보, 선거공보, 소형 인쇄물 또는 후보자의 사진을 부착할 수 있다.		
유의사항	가. 개인 가두연설회 개최 장소에는 관할 선관위의 검인을 받은 표식을 제시해야 한다. 나. 연설원은 구 · 시 · 군의 관할구역 안에서만 활동할 수 있으며 신분증명서를 달아야 한다. 다. 후보자, 연설원 등은 완장, 표찰, 기타의 표시물을 패용할 수 있으며 타 후보자의 연설대담에 지장을 주어서는 안 된다. 라. 개인 가두연설회는 합동연설회나 정당, 후보자 등의 연설회 또는 다른 후보자의 개인 가두연설회의 진행에 지장을 주어서는 안 된다.		

5) 개인연설회 부정적 측면

논리적 언변이 부족한 후보, 지역 분석이 부족한 후보, 건강에 자신이 없는 연로한 후보, 비난과 흑색선전이 난무하는 이전투구의 연설장화 할 가능성, 주택가 소음 유발 등

6) 개인연설회 특징

(1) 유권자와 후보자간 직접 커뮤니케이션 장 확보
(2) 차량 이용한 기동성 있는 선거유세를 통해 적은 선거비용으로 광범위하게 홍보유세전략을 펼칠 수 있다.
(3) 유권자들은 후보자를 직접 접촉하고 객관적으로 용이하게 평가할 기회
(4) 선거관심도와 후보인지도를 직접 제고해 선거 참여도 증대
(5) 자금력과 인지도 뒤진 후보나 신인에게도 기회보장 충분해 노력 여하에 따라 예상 외 선거결과 발생

7) 성공적 가두연설

효과적인 연설방법(연설시 유의사항, 청중설득법)

(1) 연설 방법

후보자가 전달하고자 하는 바를 유권자들에게 똑바로 이해시키고, 감명을 주어 그 말에 찬성을 얻으며, 나아가서 자기가 뜻하는 대로 상대방을 움직이려는 것이 연설의 목적이다. 후보자들이 이러한 연설의 목적을 달성하기 위해서는 다음과 같은 사항에 유의

하여야 한다.

연설할 때의 말의 표현방법과, 문장을 작성할 때의 글의 표현방법을 같이 생각해서는 안 된다. 연설언어는 음성에 의한 언어이며, 문장 언어는 문자에 의한 언어로 각기 구분되므로 만일 연설언어를 문학적 원고 쓰듯이 했다면 그 원고는 언어활동의 하나인 연설로서는 매력을 잃고 말 것이며, 듣는 사람들은 거부감을 느끼게 될 것이다.

연설원고의 내용은 논리적이며 세련된(관념적, 추상적)것 보다, 구체적이고 생활에 익숙한 것이어야 한다. 그럴 때만이 듣는 상대방(유권자)이 이해하기 쉬울 뿐더러 후보자와 유권자가 공감대를 형성하게 될 것이다.

다른 사람(기성 정치인들, 또는 유명 연설가들)의 연설이 감명 깊고 듣기 좋았다고 해서 그 스타일을 흉내 내는 것 보다 자신의 개성을 살린 자기 스타일의 연설을 구사하는 것이 바람직하며, 유권자들과의 거리를 좁힐 수 있는 방법의 하나다.

후보자 개인의 철저한 사상의 무장(가치관의 확립)이 무엇보다 필요하며 승리할 수 있다는 자신감을 갖고 연설에 임해야 할 것이다. 시간이 남거나 모자랄 때를 대비, 효과적인 끝맺음, 또는 연설시간 연장을 위한 임기응변도 준비, 숙달해 두어야 한다.

연설을 경청하는 유권자들로 하여금 연설내용을 충분히 이해할 수 있도록 쉽고 간편한 용어와 정확한 발음, 복잡하지 않은 내용으로 해야하며, 말의 속도가 너무 빠르거나, 느리지 않도록 유의해야 한다. 말이 너무 **빠**를 경우 경망스러워 보이며, 느릴 경우 답답해 보인다.

후보자는 연설회 후보자석에 도착할 때부터 모든 연설이 끝날 때까지 그곳에 모인 유권자들이 주시하고 있다는 사실을 잊지 말아야 한다. 후보자석에서의 거만한 자세, 불안한 태도, 흐트러진 행동(하품을 하거나 가려운 곳을 긁음) 등은 유권자들에게 가볍다는 인상을 주게돼 연설회 패배의 요인이 된다.

(2) 유의사항
- 적당히 호흡을 조절하며, 시작부터 너무 큰소리로 일관하여 목이 쉬지 않도록 유의해야 한다.
- 어조는 자신감이 넘치면서도 겸손을 잃지 말아야 한다.
- 후보자의 성명, 기호 등을 수시로 주지시켜야 한다.
- 정확한 단어와 정확한 발음을 사용하며, 가능한 한 같은 말의 사용을 피해야 한다.
- 외래어보다는 순수한 우리말, 좀 더 쉬운 말과 어법에 맞는 말을 사용해야 한다.
- 남의 경험보다는 자신의 경험, 시각적, 청각적 관찰에 의한 지식을 토대로 해야 한다.
- 일상생활 중 남들이 알지 못했던 일, 또는 유권자들과 직접 관계가 있는 내용으로 해야 한다.
- 실현 불가능한 이론이나 광범위한 내용을 삼가야 한다.
- 능력 이상의 어려운 문제를 다루지 말고 누구나 실생활에서

체험할 수 있는 문제를 제기해야 한다.

- 너무 과장된 표현보다 차라리 성실하고 솔직한 표현을 써야 한다.
- 말끝을 흐리지 말고, 또 이랬습니다, 저랬습니다 등으로 말을 자주 끊지 않아야 한다(~해서, ~했고 등 열거형식의 고, 며, 서, 도를 사용한다).
- 심한 방언을 사용하지 않아야 한다.
- 유권자들이 냉담한 반응을 보이거나 야유를 보낸다고 해서 횡설수설하거나 절대 흥분하지 말고 이성을 가지고 연설해야 한다.
- 말이 기교를 부리지 말아야 한다.
- 후보자의 눈은 항시 유권자를 향하며, 불필요한 곳으로 옮기지 말아야 한다.
- 적절한 수사법을 사용해야 한다(강조, 과장, 감탄, 대조, 반복, 열거 등).
- 현란한 지식의 과시보다 듣는 사람을 감동시킬 수 있는 절실한 문제를 제기해야 한다.
- 부여된 시간을 충분히 활용하여 시간이 모자라거나 남지 않도록 해야 한다.
- 연설의 내용을 요약, 반복하여 재확인시켜야 한다.
- 충분한 연습을 토대로 실전에 임해야 한다(반복연습이야말로 효과적인 유세연설의 지름길임을 인식한다).

(3) 효과적인 청중 설득법

모든 인간은 서로 다르기 마련이다. 가정환경이나 사회환경이
다를 뿐만 아니라 각자가 다른 이상을 갖고 있으며 교육의 정도,
흥미나 욕구 등 모든 것에 있어서 차이를 지니고 있다. 따라서 후
보자는 유권자의 처지를 개별적으로까지 이해할 수는 없다 하더라
도 연설을 경청하는 유권자들이 과연 무엇을 갈구하고 있는가 하
는 유권자 심리파악을 할 줄 알아야 한다.

유권자의 집단심리를 파악한 후보자만이 유권자로부터 자기가
목적한 반응을 일으키기 위한 화법이나 변술을 알맞게 발휘할 수
있게 되는 것이다.

청중의 심리학을 쓴 홀링 그워어스는 이 기술을 주의를 끌 것,
흥미를 일으킬 것, 감명을 줄 것, 설복시킬 것, 청중에게 방향을
제시할 것 이렇게 다섯 단계로 나누어 논하고 있다.

곧 후보자는 연설을 경청하는 유권자에게 일단 강한 자극을 주
어서 주의를 자기에게 모은 다음에야 뜻대로 자기의 소신을 피력
할 수 있게 된다. 유권자의 주의를 집중시키고 후보자에게 추종하
도록 하는 것은 연설을 하는 후보자의 중요한 일중의 하나인 것이
다. 이러한 일은 목소리나 몸짓으로는 안 된다.

후보자가 연설을 경청하는 유권자의 필요, 흥미, 감정의 방향을
미리 알아차려 그것에 적합한 자극을 줄 때 비로소 유권자들의 주
의력을 강력하게 이끌 수 있게 된다. 특히 유권자의 주의를 계속
후보자에게로 끌기 위해서는 자꾸만 새로운 자극을 주어 이미 모

은 시선을 흩뜨리지 않아야 한다.

결국 중요한 것은 유권자의 흥미다.

유권자의 흥미를 끌어내기 위해서는 연설내용이나 후보자의 변술이 다채롭고 절실해야 하며, 긴장감과 신비감을 주면서도 이야기의 구체성이 있어야 한다. 똑같은 내용일지라도 연설을 하는 후보자가 다르면 유권자에게 주는 감명도 달라지는 것은 이러한 까닭에서이다.

다음은, 유권자를 설복해야 한다.

후보의 연설을 경청하는 유권자들은 후보의 의견에 전적으로 찬성할 수는 없다. 그러나 깊은 감명을 받을 수는 있다. 따라서 후보자가 특별한 사상이나 신조, 신앙, 또는 특정의 입장을 유권자들에게 피력하는 것은 매우 바람직한 것이며, 후보자가 유권자들로부터 감명을 주는 것에 성공한다면 그는 일보 전진하여 청중을 설복시키는 단계에 이르게 될 것이다.

끝으로 연설을 하는 후보자는 유권자들로 하여금 끝까지 자기의 연설을 듣고 싶어 하도록 하지 않으면 안 되는데 그렇지 못한 경우가 다음과 같다.

- 객관성이 전혀 없거나 설명에만 그치는 경우
- 내용에 있어서 모든 사람이 잘 알고 있는 경우
- 전문적인 내용의 설명, 또는 유권자들이 이해할 수 없는 내용의 연설
- 연설 중의 태도가 교만해 보이거나 유권자를 위압하려는 듯한 태도를 보인 경우

유권자들의 반응은 후보자의 연설에 대한 반사적인 표현이라 할 수 있다. 유권자들의 반응이 연설을 하는 후보자에 대한 격려로 나타나기도 하지만 때로는 후보자에게 좌절감을 주기도 한다. 그러므로 반드시 후보자는 연설회에서 승리할 수 있다는 자신감을 가져야 하며, 연설 도중 거친 야유나 잡음으로 궁지에 몰릴 경우라도 임기응변적인 기질을 발휘하여야 한다.

처음부터 유권자들에게 동정을 구하는 식의 연설을 늘어 놓아서는 안 된다.

(4) 야유에 대처하는 방법

후보자의 연설 도중 항상 타 후보자의 선거운동원과 지지자들로부터 야유를 받게 된다. 이럴 때 후보자는 몹시 당황하게 된다. 야유에 대해 정해진 대처방법이나 특별한 기술이 있는 것은 아니나 대체로 타 후보 지지자들의 야유에 대해 다음과 같은 방식으로 슬기롭게 대처해 나가야 할 것이다.

- 응수가 되는 가벼운 유머(농담과는 구별)나 아이러니컬한 말, 또는 날카로운 경구로 가볍게 물리친다.
- 보다 큰 소리로 연설을 강행하여 더욱 더 열변을 토한다.
- 잠시 중단하고 그들을 향해 여유있는 미소를 지으며 야유가 끝나기를 기다린다. 장내가 정리되면 다시 연설을 진행한다.
- 야유에 대한 신랄한 야유를 즉각 상대방에게 가차없이 되돌린다.

- 야유가 터져 나오는 곳을 향해 노려보며 반응을 보이지 않는다.

(5) 제스츄어 사용법

제스츄어란 몸 전체의 이동이나 움직임이 아니다. 신체의 부분적인 움직임을 말하며, 연설을 보다 효과적으로 진행할 수 있도록 도와주고 그 연설을 경청하는 유권자들에게 빠른 이해를 주므로써 주장의 확실성과 강조를 나타내어 신념을 심어줄 수 있는 방법이다.

- 자연스러운 제스츄어

움직임이 부드러운 제스츄어가 되어야 한다. 지나치게 긴장하거나 표정이 굳으면 부자연스러운 기계적인 동작이 될 것이며, 반대로 지나치게 이완되어 절도가 없어보이는 동작도 좋지 않다.

- 힘과 변화있는 제스츄어

절도가 있는, 그러면서도 변화있는 제스츄어가 되어야 한다. 후보자 연설내용과 감정의 변화와 일치되는 힘과 박력있는 동작을 시원하게 표현하여야 한다.

- 말과 일치된 제스츄어

후보자의 연설내용과 동작이 엇갈리지 않고 상호 어울려야 한다. 초보자나 경험이 부족한 후보자는, 너무 손동작을 의식한 나머지 내용과 동작이 일치하지 못해 엉거주춤하는 일이 없도록 해야 할 것이다.

[시범 연설문]
기초단체장선거 연설문
신념(信念)은 시련보다 강(強)하다

존경하는 ○○시민 여러분!

우리 ○○인의 자존심을 지키면서 낙후된 내 고장의 활기찬 발전을 이루기 위하여 제○기 민선시장 후보로 출마한 기호○번 홍길동, 여러분 앞에 정중하게 인사 올립니다.

"한 사람이 못을 박으면 다른 사람들이 그 못에 모자를 건다"는 영국속담이 있습니다. 참 옳은 말입니다. 이 말은 한사람이 봉사활동을 하면 많은 사람들이 편리한 생활을 할 수 있다는 것을 나타내 주고 있습니다. 지방자치단체의 시장도 마찬가지입니다. 그동안 저는 어떻게 하면 내 고장 살림을 풍요롭게 할 수 있을까 자나깨나 고민해 왔습니다.

중 략

저 홍길동은 가난을 몸소 체험하면서 어린시절을 보냈습니다. '신념은 시련보다 강합니다.' 단돈 3000원 짜리 사글세방에서 이집 저집으로 이사하는 아픔의 시련도 있었습니다. 가난의 아픔을 이겨내기 위한 홀로서기는 살점을 에이는 새벽의 찬바람을 가르며 중앙시장 가게 문을 열고 날마다 가게 문을 맨 마지막으로 닫는 배고프고 가난했던 어려운 시절을 늘 가슴깊이 저미며 지금도 살아가고 있습니다. 헐벗고 굶주림에 허덕이는 독거노인, 소년소녀 가장, 불우한 이웃을 가난한 사람의 입장에서 돕는 베푸는 시장이 되겠습니다.

중 략

옛 말에 작은 고추가 맵다는 말이 있습니다. 그렇습니다. 고추는 작은 고추가 맵습니다. 작은 고추처럼 맵고 야무진 △△당 기호 ○번 홍길동 가는 길 앞에는 불가능이란 없습니다. 어떠한 가시밭길도 헤쳐나갈 수 있는 치솟는 추진력이 있습니다! 홍길동 가는 길 앞에는 오로지 승리 승리만이 있을 뿐입니다.

중 략

현명하신 유권자여러분!
현명한 지혜는 현명한 판단에 달려 있는 것입니다. 현명한 시민 여러분의 판단에 따라 20만 ○○시민의 운명과 미래가 달려있습니다. 달면 삼키고 쓰면 뱉어 버리는 ○○도민의 이름을 팔기로 소문난 ○○인의 양심 팔아 자리보전한 ○○○을 절대 찍어서는 안 됩니다.

중 략

살림살이 잘하라는 시장선거에서 정치꾼이 동네 굿판을 벌리면서 국정을 농단하고 지방경제를 좀먹는 진드기당 ○○당후보를 여러분의 단호한 의지로 퇴출시켜 주십사하는 것이 기호○번 홍길동의 간절한

[시범 연설문]
기초단체장후보 당내경선 연설문
활기찬 신○○ 건설

존경하는 주민 여러분!
저는 기호○번 홍길동입니다. 부족한 제가 오늘 이 자리에서 새로운 ○○ 발전하는 ○○으로 확 바꾸기 위해 △△당 ○○구청장 후보로 출마하기 위하여 당원동지 여러분의 심판을 받기위해 이 자리에 올라온 기호○번 홍길동 큰절로 인사 올립니다.

중 략

사랑하고 존경하는 대의원 동지 여러분!
우리 △△당은 돌아오는 5.31일 실시하는 제4회 전국동시지방선거를 가장 선진화되고 가장 성숙한 선거공영제를 실시하면서 공

명정대한 선거의 정풍을 일으킬 것입니다. 오늘 기호○번 홍길동은 서울25개 구청 중에서 가장 낙후된 우리 ○○을 신바람 나는 ○○ 활기찬 ○○을 건설하기 위하여 구청장후보 출마를 결심하면서 대의원 여러분의 열렬한 성원을 부탁드리는 바입니다.

현명하신 당원동지 여러분!
이번 5.31일 선거에 출마할 구청장경선 후보는 내 고장을 발전시킬 수 있는 적임자를 뽑는 엄숙한 순간인 것입니다. 오늘 이 자리에는 저와 함께 세 분의 후보자가 계십니다만 구민의 구민에 의한 구민을 위한 우리 ○○을 위해 수십 년간 봉사한 기호○번 홍길동이 최적의 적임자라고 생각하는데 여러분의 생각은 어떠십니까?
저 홍길동은 △△대학교 △△△대학원을 수료하였고, ○○대학교 최고경영자과정도 수료하였습니다.

중 략

사랑하고 존경하는 대의원동지 여러분!
기호○번 홍길동은 언제나 현장을 확인하는 현장행정을 펼치겠습니다. 항상 내 고장 ○○의 구석구석을 직접발로 뛰면서 의사를 행정에 반영하는 행동하는 구청장이 되겠습니다.
기호○번 이 홍길동과 함께! 희망찬 21세기 활기찬 신○○의

시대를 열어 나갑시다. 대의원동지여러분의 가정에 늘 행운이 가득하기 바라며 저의 소견을 마치겠습니다.

감사합니다.

[시범 연설문]
광역의원 연설문
정치꾼의 선거가 아닌 주민의 선거를

제가 바로 △△도의회에 ○○당 후보로 출마한 기호 ○번 박철수입니다. 원래 박가는 왕박이 있고 쪼그랑 박(朴)이 있는데 보시다시피 초가지붕 꼭대기에서 떨어진 별볼일 없는 쪼그랑 박입니다.

시골농촌 헛간 토담밑에서 이어질 듯, 끊어질 듯 담장타고 기어올라가는 줄기찬 노력으로 탐스러운 박을 영글게 하는 박넝쿨의 순수한 진실과 푸르른 용기를 가지고 출마한 바로 그 박철수입니다.

존경하는 군민 여러분!

○○당의 공천후보 기호 ○번 박철수는 산좋고 물좋은 ○○면에서 태어났습니다. 이 고장에서 여러분과 함께 동고동락해오다 이제 30년만에 내 고장 일을 우리의 힘으로 하게되어 이렇게 나섰습니다.

중 략

그러나 여러분!

내 고장이 못산다고, 외면당했다고, 긴 한숨만 쉬고 있을 수는 없잖습니까?

이 박철수와 함께, 담장을 타고 올라가는 꿋꿋한 박넝쿨처럼 서로 손을 힘차게 잡고 저 희망의 미래로 첫 걸음마를 시작해 보시지 않으시렵니까?

잘사는 고장, 번영의 길로 다함께 힘차게 달려가지 않으시렵니까?

중 략

기호 ○번 박철수가 우리 도를 위해 땀흘려 일할 수 있도록 밀어주십시오.

그것도 우리도에서 최다의 지지표를 얻을 수 있도록 유권자 여러분께서 한표 한표를 이 젊은 청년 박철수를 힘껏 밀어주실 것을 간절히 호소하는 바입니다.

존경하는 유권자 여러분!

저는 하겠습니다.

기필고 해내겠습니다.

못사는 농촌이 아니라 잘사는 농촌으로, 전국에서 가장 가난한 내 고장을 복지농촌으로 만들기 위해 착실한 머슴이 되겠습니다.

여러분의 의견과 여론에 귀기울이는 신뢰받는 일꾼, 주민과 더불어 나아가는 다정한 벗이 되겠습니다.

감사합니다.

8) 훌륭한 연설

(1) 확고하고 열정적인 연설

(2) 침착한 연설

(3) 큰 목소리로 자연스럽게 호소

(4) 명랑하고 쾌활한 태도와 겸손한 자세

(5) 진지하고 절제된 자세로 유권자 설득

(6) 솔직하고 대범한 자세

(7) 실전연습(연습은 실전처럼, 실전은 연습처럼)

(8) 원고 준비해 연습(연설속도, 시선배치, 제스처, 걸음걸이, 강약 등)

(9) 확신에 찬 연설을 하며, 정확하고 새로운 정보 새로운 사실을 말한다.

(10) 짧고 좋게 표현하는 기술을 연마한다.

(11) 기타 참고사항

자신감, 도입부의 호기심, 인간감정에 호소한 감동, 설득력(충실한 내용), 정확한 통계숫자, 논리 정연한 연설, 풍부한 성량, 점층법, 비유법 등 적절히 사용, 유권자와 단답형 대화, 리듬, 기승전결의 사이클 유지, 명언, 지역특성용어 사용, 받침대 준비(키 작은 후보), 원고 암기, 정확한 발음, 적당한 제스처, 강약 조절, 건강한 목 관리 등

9) 연설문 작성

연설문은 후보자의 능력만큼 중요하기 때문에 오랫동안 준비한다. 연설문은 후보자가 가급적이면 외워 사용하고 중요한 것 몇 가지만 마련해 사용한다. 선거전략과 이슈설정에 입각한 기초연설문에 지역과 청중에 따라 적절하게 내용을 가감 첨삭해 사용한다.

(1) 서두 : 청중주의 끌기 위해 인상 깊고 독특하게 시작
(2) 내용시작 : 설득력 있는 출마의 변, 유권자 공감 소재 삽입
(3) 이슈제기 : 단순하고 명쾌하게(유권자 이해 용이), 때때로 자극적 내용(공감)
(4) 명언, 속담 사용 연설 신선도 유지

○○○ 유권자 여러분!
항상 남에게 없어서는 안 되는 사람이 되기 위하여
황소처럼 열심히 살아온 ○○○당 기호 ○번 ○○○입니다.
이제는 사람을 잘 골라야 합니다.
가정에서도 며느리가 잘 들어오면 못살던 집안도 잘되고,
반대로 며느리가 잘 못 들어오면 잘 살던 집안도 망합니다.

○○○구 유권자 여러분! 여러분들도 그렇게 생각하시지요?

아마 그렇게 생각하실 것이라고 생각합니다.

○○○구 유권자 여러분!

만약에 이번 나온 후보 중에 문제가 있는 후보가 있다면 절대로 뽑아서는 안 됩니다.

1. 거짓말 공약과 공약 백지화 잘하는 후보

2. 군대 안 갔다 온 후보

3. 정치적 소신과 자질이 없는 후보

4. 책임감이 없는 사람

5. 지도력이 없거나 말 못하는 후보

그렇다면 어떤 사람을 뽑아야 되겠습니까?

○○○와 같이 부지런하고, 인간성 좋고, 봉사정신이 강하며, 알뜰살뜰 살림을 잘하여 가정에서나 직장에서부터 성공적으로 살아온 책임의식이 강한 ○○○와 같은 사람을 뽑아 주신다면 ○○○구 유권자 여러분들의 자존심을 살려주고 지역사회 발전뿐만 아니라 국가발전을 이루는데도 크게 공헌할 것이라고 확신합니다.

존경하는 ○○○ 유권자 여러분 !

여러 후보가 나왔지만 이리 보나 저리 보나 우리 지역구 후보로는 ○○○이 가장 합당하다는 생각이 드셨다면 과감하고 화끈하게 밀어주실 것을 부탁드립니다.

다시 한번 약속드립니다.

여러분들을 만족시키는 ○○○가 되겠습니다.

○○○당 기호 ○번 ○○○를 기억하시고 정성스런 소중한 표를 몰아주십시오.

여러분들의 뜨거운 성원을 부탁드립니다.

1. 자기소개 및 인사

존경하는 ○○○구 ○○○형제자매 여러분!

정말로 반갑습니다.

○○○와 같이 성실하고 부지런하게 사회교육에만 반평생을 살아온 ○○당 기호 ○번 ○○○입니다.

사람의 종류에는 세 가지 종류가 있다고 합니다.

첫 번째는 있어서는 안 되는 사람,

두 번째는 있으나마나 한 사람,

세 번째는 꼭 있어야 되는 사람입니다.

저는 ○○○와 같이 꼭 있어야만 되는 사람입니다.

2. 출마 이유

정치란 심부름하는 것이라고 생각합니다.

정치가는 국민의 심부름꾼입니다.

국민이 필요할 때 필요한 것을 필요한 만큼 채워줄 수 있는 심부름꾼이 되는 것이 소중한 일이라고 생각합니다.

이번 지역구에서 일 잘하는 심부름꾼이 절실히 필요하다는 소문을 듣고 유권자들에게 면접을 보러 여러분 앞에 나왔습니다.

3. 출마자의 의지 및 적격 여부

저는 어려서부터 심부름을 많이 해봤고 잘한다고 이미 소문이 나있는 사람입니다.

우선 훌륭한 심부름꾼이 되려면

1) 책임의식

2) 지도자 경험

3) 능력

4) 희생정신과 봉사정신

5) 지역사회 봉사

4. 대안이나 비전 제시

1) 환경문제

2) 교통문제

3) 경제문제

4) 민원처리문제

5) 지역사회발전문제

5. 그것을 해결하기 위한 방법으로

1) 능력

2) 자질

3) 전문성

4) 책임감

6. 상대후보의 문제점 제시

이번 나오신 후보님들 모두가 훌륭하신 분들이라고 생각합니다
만 그러나 이런 후보는 안 됩니다.

1) 도덕성결여

2) 책임감 결여

7. 당 업적 및 홍보제시

우리 조직 (구, 나라, 지역, 모임 등)은 비약적인 발전

8. 비교 우위 선택제시

9. 결단을 촉구

10. 지지호소 및 부탁과 기대

ㅇㅇㅇ 유권자 여러분! 안녕하십니까?

저는 ㅇㅇㅇ당 당원(연설원) ㅇㅇㅇ입니다.

오늘 저는 ㅇㅇ당 총재이시며 100년 앞을 내다보는 정치가
ㅇㅇㅇ님의 찬조연설을 위하여 나왔습니다.

저는 평소의 탱크와 같이 적극적이신 ○○○님을 존경해 왔습니다.

국민을 위한 일이라면 과감하게 밀어붙이는 ○○○님이야 말로 정치가 목표를 잃고 당리당락과 유권자의 표를 의식하여 눈치나 살피는 현대 정치사의 새로운 이정표 될 것입니다.

정치가는 눈앞만 보지 말아야 합니다.

100년 앞을 내다보는 정치, 국민을 위한 정치, 비전과 철학이 있는 정치, 대화와 토론의 정치, 실천하는 정치를 해야 된다고 생각합니다.

○○○후보님이야 말로 위의 사항을 골고루 갖춘 훌륭한 정치가이십니다.

만약의 여러분의 적극적인 지지로 ○○○님께서 ○○○이 되신다면 정치의 비약적인 발전이 이룩될 것입니다.

○○○님을 ○○로 보냅시다.

존경하는 ○○○구 유권자 여러분!

저는 이번에 ○○○당 ○○○후보로 출마한 기호 ○번 ○○○입니다.

저는 ○○시 ○○동에서 태어나 어린 시절을 보냈습니다.

그래서 ○○시 ○○동을 사랑하는 마음이 누구보다도 뒤지지 않는다고 생각합니다.

다시 한번 큰 절 올리겠습니다.

저는 ○○초등학교 ○○회 졸업생입니다.

어린 시절에 ○○동 들판을 달리며 고향의 꿈을 키워 왔습니다.

여러분 앞에서니 어릴 때 놀던 생각이 주마등처럼 떠오릅니다.

고기 잡고 자치기하고 축구하고 부모님 따라 모심고 밭 매고 풀 베러 다니고 나무하러 다니던 생각이 나 어릴 때의 애향심에 가슴이 뭉클해 옵니다.

그동안 저는 수신제가치국평천하의 공자님의 인생철학을 저의 인생철학으로 믿고 열심히 실천해 왔습니다. 그 힘이 저를, 지금의 ○○○를 만들어 냈습니다.

이제 저의 자식들도 자립하여 잘 살고 있습니다.

그리고 ○○년 동안 교육사업에 종사하여 사회 발전에 기여해 왔다고 자부합니다.

이제 남은 인생을 ○○동을 위하여 저의 모든 것을 바치고 싶어 용기를 내어 여러분 앞에 나왔습니다.

잘 했다고 생각하시면 뜨거운 박수를 부탁드립니다.

존경하는 유권자 여러분!

이번에 나온 후보들이 다들 훌륭하신 분들이라고 생각합니다.

그러나 그중에서도 ○○시를 위하여 가장 나은 후보를 뽑아야 합니다.

그러나 이제는 주저하지 마십시오.

정치적인 소신으로 보나, 사회적인 업적으로 보나, 건강으로 보나, 리더십으로 보나, 책임의식으로 보나, 인간성으로 보나, 특히 실천력으로 보나, 이리 보나 저리 보나, 우리 고장의 100년 대계를 생각하며 ○○시 ○○동의 자존심을 지켜줄 수 있는 ○○○당 기호 ○번 ○○○를 뽑아주신다면 여러분을 만족시킬 수 있는 ○○○가 되겠습니다.

○○시 ○○동 부모 형제자매 여러분!

오늘 집에 돌아가시면 바쁜 시간 때문에 이곳에 오지 못한 분들에게 이번에 ○○○후보로는 ○○당 기호 ○번 ○○○후보가 가장 적합한 것 같다고 전해 주십시오.

이왕 밀어 주시는 것 화끈하게 밀어 주십시오.

저도 화끈하게 보답하겠습니다.

기호 ○○번 ○○○를 잘 기억해 두셨다가

정성과 사랑이 담겨있는 소중한 한 표를 부탁드립니다.

다시 한 번 ○○시 ○○동 유권자 여러분들의 뜨거운 지지와 성원을 부탁드립니다.

감사합니다.

* 입후보자로서 인기를 얻는 방법

1. 사회적으로 많은 인정을 받아라.
2. 공적인 일에 적극참여하라.
3. 매스컴에 자주 등장을 하라.
4. 원만하고 밝고 명랑한 사람이 되라.
5. 적은 약속이라도 철저히 지켜라.
6. 봉사하고 헌신하는 습관을 길러라.
7. 어려운 사람들을 많이 도와주어라.
8. 지도력이나 리더십을 길러라.
9. 자기관리와 주변 관리를 잘 하여라.
10. 성실하게 사는 모습을 세상 사람들에게 보여주어라.
11. 표현기술에 능숙해야한다.
12. 유머감각을 가지고 있어야 한다.
13. 항상 밝고 잘 웃는 좋은 인상을 가져야 한다.
14. 당이나 선거참모들에게 존경을 받을 수 있는 사람이 되어야 한다.
15. 잘 알려야 한다.
16. 얼굴을 많이 알려야 하며 각 단체와 직·간접적으로 연관을 가져야 한다.
17. 사람이 모인 곳에 항상 얼굴을 비쳐야 한다.
18. 자신의 홈페이지 관리를 잘해야 한다.
19. 홍보물 제작을 잘하여야 하며 잘 전달해야 한다.
20. 전문가로서의 간접적인 홍보도 중요하다.
21. 정치적인 소신과 확실한 철학과 당의 공헌도가 있어야 한다.

10) 개인 가두연설과 기자재

(1) 로고송

- 연설회 분위기 고조용으로 최고 상품
- 잘 알려진 곡 중에서 골라 저작권 사용계약을 하고, 인물부
  각 위한 내용으로 개사해 활용한다.
- 파손, 도난 등에 대비 여러 장을 준비해 놓아야 한다.
- 로고송과 활동비디오를 곁들이면 효과가 배가 된다.

(2) 기자재 종류와 유의점

- 가두연설용 차량, 마이크, 앰프 시설 필요
- 연설용 차량은 선거홍보물이나 다름없기 때문에 독특한 디자
  인으로 타 후보와 차별화한다.

- 마이크와 앰프시설은 선거법에 따라 고출력, 저출력을 선택하고 고장에 대비해 여유 있게 더 구입하거나 임대한다. 특히 애프터 서비스 받기 좋고 신속 정확한 곳과 인연을 맺어 둔다.
- 자원봉사 부문에서 언급하겠지만 운전기사를 확보하고, 선거 거래처는 신속정확하며 신용과 의리가 있는 곳으로 한다.
- 특히 선거거래처는 선거법·선거회계와 관련 법적, 사회적, 인간적으로 질이 좋은 사람을 선택해야 한다.

(3) 개인 가두연설팀 운영

가. 신속 정확한 정보가 관건

모든 선거운동의 첫 번째가 상대후보보다 앞장서는 것이다. 개인 가두연설회의 경우도 상대 후보보다 한 걸음 빠르게 치고 빠짐으로써 주도권을 잡아나가는 것이 중요하다.

예) 상대후보의 유세 계획, 활동 사전 확보 중요

나. 지역의 특성과 시간대에 맞는 스케줄을 확보하라

① 지역특성

가장 중요한 것은 어떻게 해야 효과적으로 유권자들을 많이 만날 수 있는가 하는 것이 중요하다. 즉 유권자들이 가장 많이 모이는 장소와 시간대를 파악하여 어떻게 후보자의 가두연설 스케줄을 효율적으로 조정, 관리하느냐가 관건인 것이다.

예

- 주부 : 시장(늦은 오후)
- 각종직능 단체 등 모임 : 모임이 바로 끝날 무렵
- 공단 : 새벽 출근시간
- 주말, 휴일 : 등산코스, 종교단체의 집회장소, 유원지 등 위락시설
※ 주의할 점 : 모임이나 기타 유권자들 활동에 지장을 주어서는 안 된다.
② 시간대
- 여름철 : 혹서 시간대를 피하여 새벽~이른 오전, 저녁 5시경~법정 시간대
- 겨울철 : 날씨 풀리는 오후~저녁 무렵, 오후 1시~5시 사이에 집중적 배분
- 가급적 많이 다니면 좋으나 평균 가두연설 시간 20분 배정해 1일 12~15회

(4) 가두연설회 운영팀 구성
가. 필요성
- 효과적이고 체계적인 가두연설 위해
- 다다익선(효율적인 시간관리)
- 비예정지역의 즉각적인 대응

나. 구성

- 지역운영협의회 홍보팀, 자원봉사
- 승용차, 무선연락 체계 갖춘 기동팀 구성해 유세 예정지역 순회하며 상황 보고
- 유권자들이 많이 모인 장소 보고해 빠르게 유세 일정 조정해 대응
- 확정 유세지역은 가두유세 차량, 가두연설 기자재 관리팀이 후보자 도착 전 미리 후보자 홍보활동 및 가두유세 준비
- 후보자 가두연설회 주변 명함 배포요원들 홍보물 배포
- 후보자 수행팀은 선거대책본부와 계속적으로 접촉하여 상황을 수시로 점검

(5) 운영팀 조직

가. 선발조(홍보팀 및 자원봉사 요원)

- 승용차 등 기동성 있는 차량과 무선연락 체계를 갖추고 유세 가능지역 및 예정지역 순회
- 게시, 부착 홍보물의 관리 및 부정선거감시 활동
- 유권자 많이 모인 장소 확인하여 즉시 선거대책본부와 후보자에게 동시연락을 취하여 스케줄 조정과 가두연설 준비

나. 설치조(홍보팀 및 자원봉사 요원)

- 예정된 연설 장소에서 연설준비, 가두연설 유세 차량 및 가두연설 기자재, 홍보물, 자원봉사요원 갖추고 예정된 유세지

역을 후보자보다 먼저 들어가 유세장소 확보 및 분위기 조성

– 홍보물 배포, 후보자 및 후보자 부인 안내 및 소개

– 후보자 또는 후보자 부인 가두유세 준비

다. 수행조(후보자, 후보자 부인 및 수행팀)

– 각 조 운영팀과 유기적인 연락체계 구축

라. 홍보조(홍보팀 및 자원봉사 요원)

– 후보자의 뒤를 이어 유세장에 자원봉사 요원을 배치하여 가
두연설이 끝난 후에 유세 지역 및 인근 지역에 홍보물 배포

개인가두연설 기자재의 종류 및 유의점

	형태	유의점
개인 연설회용 마이크 및 앰프	• 가볍고 간편한 모델 선정 • 고출력 고성능 앰프 • 심플한 디자인 • 종류 : 휴대용 확성기, 앰프 · 스피커 겸용 확성기, 앰프 · 스피커 분리형 확성기, 차량 부착용 확성기	– 기동성을 제고해야 한다. – 맑고 깨끗한 음질로 메시지 전달에 효율적이어야 한다. – 배터리로 사용할 수 있어야 한다.
개인 연설회용 차량	• 일반 포터트럭(대체로 1t) • 트럭 차제에 유세 연단 및 장비 장착	– 시각적 효과를 극대화할 수 있는 디 자인 방안 강구 (유권자에게 불쾌감을 주지 말 것) – 이미지 통일화 작업(CI 작업)이 선행 되는 것이 좋음
각종 선거 홍보물 및 부착물	• 전단형 홍보물 • 책자형 홍보물 • 명함형 홍보물 • 공보, 포스터 등	– 홍보물의 차별화를 꾀하여야 한다 (종이 질과 포맷에 유의) – 강하고 단순한 메시지의 전달 – 같은 정당 후보의 이미지는 통합하 는 것이 좋다

가두유세활동보고서 양식

〈후보자 가두연설 일정표〉

년 월 일

일 정		비 고
AM 1		
2		
3		1) 준비물
		①
4		②
5		③
6		
7		2) 유의점
⋮		①
		②
12		③
PM 1		
2		3) 예상청중 및 실제청중
3		
4		
5		4) 연설 주요내용
6		·
7		5) 보완점
⋮		
12		
활동 평가		

후보자 일일 수행 보고서

수행지역		예정시간		수행시간	
수행인원		수행팀		동행인사	

수행지역에 대한 평가

예상		결과	

후보자 연설 및 대담에 대한 평가

연설 및 대담 내용		주민의 반응	

수행평가

잘된점	개선되어야 할 점	후보에 대한 총괄평가

일일 활동 보고서

활동조장	성 명		팀명	○○○팀 ○○조
	연락처			

활동지역	(구체적으로 기록 요망)

활동내용	(구체적으로 기록 요망)

지역구민 반응	

활동평가 및 건의사항	(구체적으로 기록 요망)	활동요원 명단
비 고		

홍보물(명함)배포팀 일일 상황 보고서

수신 : 사무장

구분 \ 내용	조(組)	담당지역	총인원	활동인원	활동내용 (※ 시간대 및 활동성과 기록)				홍보물(명함)지급현황
					새벽	오전	오후	야간	
조별활동상황	1조	○○동							
	2조	△△동							
	⋮								
	10조								
홍보물 현황			명일배포예정 부수						
비 고									

18. 자원봉사자

1) 법적 근거

과거에는 자원봉사는 '선관위에 등록한 선거운동원'만이 할 수 있도록 되어 있었다. 그러나 선거운동원의 수가 후보자 세(勢) 과시에 이용되어 등록된 선거운동원 외에 불법적으로 일당을 주고 동원되는 수많은 운동원들이 금권선거의 온상화로 비난을 받았다.

새 선거법에서는 '누구든 자유롭게 선거운동을 할 수 있도록'하는 대신 이들에게 일체의 금전적·물질적 보상을 하지 못하도록 규정했다. 다만, 법정 유급인원에 한해서는 수당을 지급하도록 했다.

자원봉사자는 이러한 통합선거법 제58조의 규정에 따른 것이다 (단, 법의 규정에 의해 외국인, 미성년자, 선거권이 없는 자, 공무원, 예비군 중대장, 통·리·반장, 국고보조단체, 의료보험 조합 간부들은 선거운동을 할 수 없다).

이른바 "돈은 묶고 말과 발은 푼다"라는 법의 취지에 따라, 돈만 오가지 않는다면 후보자는 누구라도 선거운동원으로 활용할 수 있게 된 것이다. 법의 취지는 이처럼 좋지만, 후보자 입장에서 누가 아무런 보상과 대가 없이 후보를 위해 힘든 선거운동을 치를 자원봉사자가 되려고 하느냐. 후보 입장에서는 양질의 자원봉사자를 어떻게 많이 확보하느냐가 고민이다.

자기 자신만을 위해 살기도 바쁜 현대 생활에서 누가 아무 대가도 없는 일에 자신의 열정과 능력을 쏟겠는가 하는 점이다. 정당도 이제는 공조직을 자원봉사자 형태로 운영할 수밖에 없다. 당원도 자원봉사자와 다를 바 없다. 당원도 정치이념에 따라 참여하되, 금전적 대가라는 반대급부를 받거나 요구할 수 없다.

자원봉사자 교육 자료의 주요 내용

━━━━━ 자원봉사자 교육 자료 ━━━━━

1. 선거의 의미
− 여ㆍ야 또는 무소속 등 출마자의 관점에 따라 선거의미 부여

2. 지역 특성
① 주요 주거 형태
② 학력별 유권자 분포
③ 연령별 유권자 분포
④ 출신도별 유권자 분포

3. 후보자의 정치적ㆍ경제적ㆍ문화적 성향
① 출신지ㆍ학력ㆍ경력
② 출마동기ㆍ정치철학
③ 주요업적ㆍ언론평가
④ 주요 지지자의 추천사
⑤ ○○○후보가 당선되어야 할 이유
⑥ 상대 ○○○후보를 낙선시켜야 하는 이유
⑦ 상대방의 논리에 대한 반박

4. 후보의 주요 공약
① 정치적 공약
② 지역발전 공약

5. 자원봉사자 활동 수칙
− 신념, 태도, 유권자 응대법, 마음가짐 등

6. 통합선거법의 주요 내용
− 불법ㆍ허용사례 열거

자원봉사자의 신상카드

〈앞면〉   〈뒷면〉

      성명 생년월일 주소 전화번호	− 학력 − 단체활동 경력 − 추천인 − 후보자에 대한 신뢰도 평가 비고

자원봉사자 전체활동 일정표

	팀 명	D−17	D−16	D−15	••••••	D−1
가두 연설 수행팀	선발조					
	설치조					
	수행조					
	홍보조					
홍보팀	명함배포팀					
	전화홍보팀					
	(홍보물 제작팀)					
조사팀	(여론조사팀)					
	모니터요원					
정책 및 공약 개발팀						
별동대팀						
기 타						

2) 자원봉사자와 유급선거운동원

유급선거운동원의 수는 법적으로 정해져 있다. 후보자는 이들을 적절히 배치하고 운용하도록 계획을 짜야 한다.

(1) 배치

가. 유급선거운동원

- 주로 24시간 선거운동 몰두하는 분야

선거사무장, 전화 받을 요원, 회계책임자 등

나. 자원봉사자

- 유급선거운동원 배치외적 분야
- 자원봉사자는 기본적으로 생업에 종사하고 있기 때문에 종일 선거운동에 매달릴 수 없음을 감안 한다. 즉 자원봉사자는 그들이 남는 시간에만 선거운동에 종사하도록 배치하고 배려 한다.
- 자원봉사 약속자의 경우, 어떤 시간에 어떤 일을 할 수 있는지를 미리 논의해 두는 것이 좋다.
- 정당후보자의 경우는 당의 공조직과 과계도 유의해야 한다.
- 자원봉사 조직은 어디까지나 사조직이라 할 수 있다.
- 후보자 조직사업의 가장 중요한 사업이 공조직과 사조직의 효과적 운영이다.

3) 자원봉사자의 확보

(1) 자원봉사자의 마음을 읽어라

가. 동기부여

자원봉사자는 선거에서 정말로 귀하고 꼭 필요한 분들이다.

자신만을 위해 살아가기도 힘든 현대사회에서 선거운동 자원봉사를 하기란 쉽지 않다. 후보자는 그런 자원봉자자의 마음과 입장을 항시 생각하고 이해해야 한다.

사실 선거운동 즉 선거고시 보름 정도 치르고 당선되면 후보자가 좋지 자원봉사자에게 돌아갈 것이 무엇이며 무엇이 좋겠는가 말이다.

후보자는 자원봉사자를 역지사지(易地思之)해야 한다.

신발을 바꾸어 신고 있다고 생각해야 한다. 자원봉사자를 대할 때 언제나 그들의 입장에서 봐야 한다. 그들을 이해하지 못한다면 자원봉사를 약속했더라도 언제든지 후보를 떠날 수도 있으며 떠난다 하더라도 후보로서는 말릴 방법이 없다. 단지 떠나기만 하면 괜찮을지 모르지만, 경쟁후보자 편으로 간다면 선거를 망친다.

자원봉사자가 왜 나를 도우려고 하는지 생각해보자.

나의 인품, 당선가능성, 재산, 이권, 자리 등의 동기를 이해하고 적절하게 부여해 주는 것이 좋다. 예를 들어 동기부여란 후보의 동문 친구나 후배가 선배를 도우려 한다면 그들은 학교의 명예나 자신의 만족감(공직에 있는 친구 또는 선배가 있다는 만족감)을 위해 일하게 될 것이고, 그들에게 후보를 위해서, 학교의 명예를 위해서 더욱 열심히 일해야 된다는 정신이다. 동기 없는 자원봉사는 없다. 그것이 자신의 만족감이든, 보람이든, 후보자는 자원봉사자의 동기를 찾아내 그것을 북돋아주고 일깨워줘야 한다.

나. 도원결의(桃園結義)

『삼국지』에 나오는 유명한 고사다.

복숭아나무 밑에서 유비, 관우, 장비가 의형제를 맺으며, "우리가 비록 한날한시에 태어나지는 않았지만, 어려울 때 서로 구하고 도우며 나라를 바로잡자. 죽을 때는 반드시 한날한시에 죽자."고 결의한 것이 도원결의다. 선거도 총알 없는 전쟁이기에 가장 도움이 되는 사람이 바로 도원결의한 동지들이다. 자신의 일처럼, 자신의 일 이상으로 후보를 위해 뛰어줄 사람이 얼마나 있느냐를 스스로 자문해 볼 일이다.

후보 이상으로 유능한 사람이 주위에 많이 포진할수록 당선이 유력해진다. 따라서 훌륭한 인재를 찾아 모시고 삼고초려(三顧草廬)해서 공손하게 모시고, 공짜로 활용해서도 안 된다. 후보자 주위에 있는 인물들은 후보자가 인재를 어떻게 대우하는가를 규구준승(規矩準繩)의 엄한 잣대로 지켜보고 있다는 사실을 명심해야 한다. 유능한 자원봉사자 확보를 위해서는 저절로 모이게 하는 것보다 적극적으로 모시러 찾아 나서야 한다.

다. 진적성산(塵積成山)

자원봉사자를 일거에 필요한 만큼 확보할 수는 없다. 어떤 다른 목적을 가지고 다단계 회사나 또는 이상한 조직들이 후보자의 이런 심리를 알고 접근할 가능성은 있다.

자원봉사자를 모으는 심정을 채근담(菜根譚)의 시로 표현해 보고자 한다.

승거목단(繩鋸木斷), 수적석천(水滴石穿),
학도자(學道者), 수가력색(須加力索).
수도거성(水到渠成), 과숙체락(瓜熟蒂落),
득도지(得道者), 일임천기(一任天機).

새끼줄로 톱질해도 나무가 잘라지고,
물방울이 떨어져 돌을 뚫는다.
도를 배우는 사람은 모름지기 힘써 구하라.
물이 모이면 개천을 이루고,
참외는 익으면 꼭지가 떨어진다.
도를 얻으려는 사람은 모든 것을 자연에 맡겨라.

선거의 진리가 담겨있는 말이다. 예전에 낙하산 공천 받아 바로 당선되기 위해, 동원했던 관권, 금권, 공작 등이 대부분 이 과정을 무시하고 당선을 위해 저지른 일의 결과다. 자원봉사자는 후보의 꾸준하고 지속적인 접촉과 관계 속에서 자원봉사의 동기가 부여된 사람만이 가능한 것이다. 따라서 후보는 어느 한 단체, 모임 등에만 자원봉사자를 의존해서는 안 된다. 광범위한 인적네트워크와의 접촉 속에서 자원봉사자를 모아야 한다.

자원봉사자는 선거구민이 아니라도 가능하기 때문에 지역의 선거권이 없더라도 후보자가 얼마든지 자신이 관계하는 모임 속에서 얼마든지 확보할 수 있다.

선거구와 관계없는 모임, 단체라도 더욱 열심히 참여하고 그들이 자신을 도울 수 있도록 노력해야 한다. 오랜 시간 회원들과 모임과 꾸준한 접촉을 자원봉사자를 모으는 것이 가장바람직하다.

라. 사조직과 자원봉사자 확보

① 주력 층을 확보하라
- 대학생 등 청년조직과 주부 등 부녀자 층

② 동문, 친구, 선후배
- 가장 믿음직스럽고 든든한 후원군이다.
- 선거에 임박해서가 아니고 평상시 출신학교 행사, 모임에 자주 참석하고 얼굴도 익히며 알리고 꾸준히 동문들과 접촉해야 한다.
- 학교의 명예와 후보의 정성이 합쳐져 시너지 효과를 낼 수 있다.
- 평상시 후원하고 신뢰를 모아야 가능하다.
- 중요한 포인트는 평소의 꾸준한 관심과 접촉이다.

③ 현재 후보가 활동하는 각종 모임, 단체
- 평소 모임 회원들의 애경조사에 참석하고, 관심을 보여 자신

을 도울 서의와 능력 있는 사람을 모아 도원결의를 해 둔다.

④ 모임 및 단체에 많이 가입하라

- 여력이 있다면 모임 및 단체 가입은 다다익선이다.

- 모임은 가급적이면 모임활동이 왕성하고 젊은이들의 참여가 높은 곳일수록 좋다.

- 후보들의 착가중 하나가 자신의 주도하에 자신이 경비를 들여서 사설단체를 급조하려는 경향이 있는데 좋은 방법이 아니다.

- 오래된 전통과 업적이 있는 모임에 백의종군하라.

- 일단 모임에 참여하면 성심껏 참여하고 열심히 활동해 인정받아라.

- 같은 뜻의 모임 동지가 자원봉사자가 된다면 금상첨화다.

⑤ 선거기간 전 자필편지 활용

⑥ 전화홍보요원과 대학생 조직

- 후보자 부인 중심으로 모집(전화홍보요원)

- 후보와 후보부인의 친구들의 대학생 자녀 모집

- 평소에 약속을 받아두고 꾸준한 관심을 보일 것

4) 자원봉사자의 배치와 활용

(1) 명함배포

후보자가 유권자에게 직접 배포하는 유일한 홍보물로 남녀대학생, 부녀자 등의 자원봉사자를 활용한다.

(2) 전화홍보

유권자의 수에 따라 계산해 배치

(3) 개인 가두 연설회

- 무제한의 가두연설을 도와줄 자원봉사자의 확보가 중요하다.
- 연설원, 연설회 차량 운전자, 앰프 시설 설치자, 치어리더, 분위기 유도할 청년조직 등 연설회마다 20~30명 정도 필요

(4) 홍보물 제작

- 자체 제작 시 자원봉사 필요(외부 용역 시 불필요)
- 편집 디자이너, 카피라이터, 인쇄전문가 등 필요하며 긴급 기동성을 요할 때 대기

(5) 여론조사

- 표본선정, 면접원 교육 철저
- 경영학과 통계학 전공 학생
- 자체 조사 가능(외부 조사기관 용역도 가능)

(6) 공약개발

- 전직 공무원
- 도시계획 전공자, 행정학 전공자

(7) 모니터 요원

- 지역 여론 청취, 여론 전파 선도
- 선거대책본부 공·사조직 문제점 즉시 시정할 수 있는 사람 (지역 유지 및 원로)

(8) 기동대

- 다른 후보 불법 선거운동 감시
- 사고 발생 지역 침투 위해 기동력확보

5) 올바른 자원봉사자의 자세

자원봉사자는 후보자를 대신하는 사람으로 인식되고, 말과 행동을 조심해야 되며 역할에 따라서는 후보자를 1/n을 대표한다. 자원봉사자=후보자라는 생각을 항상 가지고 유념해야 한다.

(1) 자신이 도우는 후보자가 확실히 승리할 수 있다는 생각을 가지며, 후보자에 대한 신감과 긍지를 가진다.

(2) 계층에 맞는 PR로 유권자와 일체감을 조성해야 한다.

(3) 성실함, 정성으로 승부한다.

(4) 시험도 쉬운 문제부터 풀듯, 쉬운 상대부터 설득해 나간다.

(5) 절대로 적을 만들지 않는다.

(6) 경계는 하되 절대 웃음을 잃지 않는다.

(7) 유권자에게 확실한 비전을 제시해야 한다.

- 자신이 돕는 후보자가 최적임자임을 홍보해 인식시키고, 후보자의 지역 발전 공약, 지역의 숙원사업을 숙지한다.

(8) 후보자 신상 및 정치철학에 대해 짤막하고도 일관성 있게 설명할 수 있도록 한다.

(9) 유권자의 의도를 확실하게 파악한다.

- 유권자가 지지자인지 아닌지 제대로 파악한다.

(10) 책임지지 못할 말을 해서는 안 된다.

(11) 각 투표소의 위치를 숙지한다.

(12) 선거본부에 다양하고 정확한 정보를 제공해 준다.

- 유권자의 반응, 후보자에 대한 유권자 견해 등

(13) 후보자에 대해 관심을 보이는 유권자의 연락처, 주소 등을
파악해 선거본부에 보고한다.

(14) 후보에 대한 불만사항 등을 유권자에게 언급해서는 안 된다.

(15) 옷차림은 항상 깨끗하게 하고 가급적 정장을 입고 단정해
야 한다.

(16) 시간을 잘 지킨다.

(17) 홍보물을 전달할 때, 항상 메시지를 전달하라.

(18) 정중한 자세, 진지한 표정으로 유권자의 가슴에 남을 것

6) 자원봉사자 교육

군대나 어디나 교육되지 않고 통제되지 않는 다수는 오합지졸
이다. 교육은 선거운동의 효율성 제고를 위해 가장 중요한 수단이
다. 전쟁에 대비한 병사의 훈련과 같다.

(1) 목적

- 효율성 제고

- 자율성과 융통성 발휘

- 후보와 선거상황에 대한 이해도 제고

- 유권자 공감 조성
- 후보 효과적으로 소개

(2) 방법
- 전체 자원봉사자 교육
- 영역별, 분야별, 자원봉사자 교육
- 통합적, 세분화된 교육 프로그램 병행 실시

(3) 교육내용
- 선거의 의의, 선거의 의미
- 선거지역의 특성
- 후보 신상명세
- 후보의 정치철학 및 업적
- 후보의 주요공약 및 비전
- 선거법 주요내용
- 경쟁후보자 측 대처요령
- 유권자와 대화, 마무리 논리

(4) 다음 선거
- 선거 후에도 사후관리를 지속적으로 해야 한다.
- 다음 선거를 위해서도 반드시 필요한 사람들이다.

1. 선거의 의미
- 여·야 또는 무소속 등 출마자의 관점에 따라 선거의미 부여

2. 지역 특성

① 주요 주거 형태

② 학력별 유권자 분포

③ 연령별 유권자 분포

④ 출신도별 유권자 분포

3. 후보자의 정치적 · 경제적 · 문화적 성향

① 출신지 · 학력 · 경력

② 출마동기 · 정치철학

③ 주요업적 · 언론평가

④ 주요 지지자의 추천사

⑤ ○○○후보가 당선되어야 할 이유

⑥ 상대 ○○○후보를 낙선시켜야 하는 이유

⑦ 상대방의 논리에 대한 반박

4. 후보의 주요 공약

① 정치적 공약

② 지역발전 공약

5. 자원봉사자 활동 수칙

- 신념, 태도, 유권자 응대법, 마음가짐 등

6. 통합선거법의 주요 내용

- 불법 · 허용사례 열거

8) 자원봉사자를 가장한 선거브로커

- 신인 출마자 주변에 브로커들이 많이 몰려온다.
- 선거를 많이 치렀고, 선거를 잘 알며, 당선되는 방법을 안다
  고 큰소리친다.
- 예전의 선거를 잘 기억하며 박식하다.
- 지역유지들 이름을 앞장세우고 표가 많다고 자랑한다.
- 선거일보다는 돈에 관심이 많다.

19. 투개표 전략

1) 후보자 행동
- 투표구를 순회하며 인사(취약지구 우선)
- 투표 완료 후 조용한 곳으로 이동해 휴식

2) 선거대책본부 활동
- 투개표장 관리
  투표구별 관리자 배정해 감독 감시활동
  개표 감시요원 배정
- 투표구별 득표 독려

20. 마타도어와 네거티브 전략

1) 마타도어

(1) 일반사항

- 마타도어(흑색선전)는 우리 조직과 후보자를 대상으로 시행된다.
- 악성루머, 금전관계, 여자관계, 사업체 부도 소문, 인격모독 등을 통해 조직을 파괴하고, 조직원들의 활동력 저하와 함께 후보자에게 치명적인 상처를 준다.
- 대부분의 마타도어는 선거 수일 전 또는 우리 후보가 미처 대응할 수 없는 상황에서 발생한다.
- 마타도어일수록 6하원칙에 의거 치밀하게 작성되고, 가짜 증거, 증인도 확보한다.
- 내용의 비중이 클 때 급속히 전파된다.
- 일간지나 방송을 이용하는 경우도 있다.
- 선거 때 자금 살포는 야간에 행해진다.

(2) 마타도어 사례

가. 조직원 교란

- "당신은 1, 2, 3등급 중에 3급으로 분류됐더라."
- "○○씨는 ○○○○만 원을 받고 선거운동 한다던데 당신도 뭔가 있는가 보네."
- 전화를 이용한 자중지란 유도

- 상대방의 노련한 사람이 우리 주요 선거운동원에게 전화(주로 여성 이용)
- 상대가 우리 진영의 내막을 잘 알고 있을 때 사용
- "막판에 사용할 자금 ○○○만 원을 ○○○을 통해 보냈는데 받으셨는지요?"
- 정당공천 사례비
- 공천 대가로 조직가동비, 간담회 등의 개최비를 지급했다고 거짓 유포
- "주요 선거운동원은 선불 ○○○만 원, 후보자 등록 후 ○○○만 원, 매일 ○○만 원의 활동비를 받는다."고 유포. 이 경우 지급날짜, 지급장소, 금액까지 밝혀 믿음을 준다.

나. 유권자 교란
- ○○○후보 선거운동원을 가자하여 금전을 주었다가 잘못 전해 주었다고 회수하는 일
- ○○○후보의 이름이 적힌 소액금액 살포 또는 액면만 표시한 빈 봉투를 유권자 집에 투입
- 협박전화
- "○○○에게 또는 ○○당에 투표하지 않으면 재미없어."
- ○○○후보 측을 가장하여 전화로 무리한 요구 또는 전화로 예약, 시간예약 등을 한 후 불이행
- 기업체나 사업주에게 구청, 세무서, 보건소 간부 등을 사칭 ○○당을 찍지 않으면 사업을 못해 먹게 만들겠다고 협박

- 유권자 집에 분필, 스프레이 등으로 각종 후보 표시 후 집주
  인에게 ○○당에서 성향분석을 하고 있다고 악선전
- 상대진영 당원끼리 폭행사건을 벌이고 ○○당원에게 맞았다
  고 악선전하는 행위
- 여러 경쟁후보끼리 싸움을 붙임
- "A후보가 B후보를 비난했다. 또는 A후보가 ○○○만 원을
  B후보에게 받고 사퇴했다."는 선전 및 흑색선전물 배포
- 추한 모습을 보여 유권자들에게 역효과를 창출하기 위함
- 취직시켜주거나, 선거운동원으로 채용시켜주겠다거나, 농촌
  총각 장가보내주겠다거나, ○○당 사무실이나 ○○장소로 나
  와 ○○을 찾으라고 하는 허위 약속
- 현수막, 선전벽보 등을 스스로 훼손시킨 후 ○○당에서 자행
  한 악랄한 행위라고 악선전
- ○○당 선거운동원을 가장한 청년이 노인정 또는 노인들이
  모인 곳을 찾아가 담뱃불을 빌려달라고 하는 무례 행위
- 선거 2~3일 전에 특정지역(서민층 주거지역, 고지대 등)을
  측량하면서 선거후 철거한다고 허위 선전
- 자기 당 간부 또는 핵심당원 집에 열성당원으로 하여금 심야
  에 투석케 한 후 자기 당원을 협박한다고 연선전과 언론보도
- 여성층 및 부동층 영향자의 주소를 입수하여 "○○당을 찍지
  않으면 각오하라"는 협박편지를 우송
- 청년 열성당원 몇 명을 선발, 후보의 개인연설장에서 유세

시작 또는 종료와 동시에 혈서를 써서 헌납하는 조작극 연
출, 붐 조성 목적
- 유세장에서 후보자의 사진을 배포하면서 당선 후에 가지고
오면 보답하겠다고 거짓 약속
- ○○당 당원 집에 전화하여 자금이 부족하니 당비를 많이 내
달라고 재촉함
- 투표 당일 투표소에서 자기 당원이 상대 당원으로부터 어젯
밤 피살 또는 폭행당했다고 거짓 선전
- 유권자에게 "○○당에서 이번 선거에 한 집 당 얼마씩을 뿌
렸는데 받았느냐"고 거짓 유포

다. 후보자 흠집
- 복잡한 여자관계, 재산 은닉, 탈세, 부도, 범죄(전과기록) 등
거짓 정보를 퍼뜨려 후보자에게 피해를 주는 행위
- 요구르트 아줌마나 행상아줌마 등의 외판원을 이용하여 미장
원이나 이런 곳에서 "첩이 있다. 여자관계가 복잡하다. 고리
대금업을 했다." 등의 거짓정보 유포
- 후보자 이름을 이용한 3행시 등을 이용해 나쁜 이미지를 주
는 행위
- 우리 후보의 경력(정당, 기업경영, 공무원 생활 등)을 빗대어
흠집 내는 행위
- "○○○후보는 정당(또는 기업경영, 공무원)생활을 오래 하며
자기그릇 채우는 것만 배웠다."

라. 대응

- 예상되는 대응시나리오 작성 준비
- 상대 후보 진영의 동태 파악
- 우리 후보 측 정보누출 수시 파악 확인
- 정보누출시 거짓정보 흘려(Trial balloon) 누출자 파악
- 역이용
- 전화도청 여부 수시 확인(전화기, 사무실, 자동차 등)
- 선거기간 중 야간순찰 강화
- 경쟁후보와 공명선거 실천 결의 및 막후 대화채널 가동
- 마타도어 상황발생시 신속보고, 끝까지 추적해 빠른 시간 내 허위사실 확인 후 법적조치(선관위 고발, 언론사 제보)
- 3현(現)
  현장에서, 현재 상황을 본 사람이, 현재 시간에 확인 조치
- 선거법 위반으로 고발당하면 선거대책본부나 후보가 가지 말고 변호사가 대신 나간다.
- 경쟁후보의 선거법 위반은 필히 선관위 고발해 그 활동을 제한시키고 상대 조직의 기를 약화시킨다.
- 상대후보들끼리 선관위 고발 난타전을 주고받도록 상황을 운영한다.

2) 네거티브

네거티브 캠페인은 선거에서 상대방의 약점, 비리, 실수를 폭로하고 공격해서 지지율을 떨어뜨리자는 전략이다. 네거티브는 허무맹랑한 흑색선전이나 유언비어일 수도 있지만 사실에 근거한 내용인 경우도 많다. 우리나라에서는 과거 독재시절 정치공작의 경험 때문에 네거티브 자체를 부정적으로 바라보지만, 네거티브는 선진국에서도 보편적인 선거전략의 하나다. 실제로 네거티브는 후보자의 자질, 인품 등을 검증하는 주된 계기를 제공해줄 수도 있어 반드시 나쁜 것은 아니다. 다만, 거짓이나 잘못된 정보에 기초한 비방과 증거 없이 일방적으로 내지르는 흑색선전이 문제다.

미국의 역대 대선을 분석한 조지아주 케네소 주립대학 스윈트 교수는 『네거티브, 그 치명적 유혹』이란 저서에서 "국민은 네거티브 캠페인을 사랑한다."고 결론지었다. 왜 그럴까?

국민이 '합리적'이기 때문이다. 어느 유권자가 각 후보의 정책을 힘들게 비교, 분석해 더 나은 후보에게 투표하더라도 그의 한 표가 우리나라 전체 유권자 3500여만 명 중에서 차지하는 비중은 거의 제로다. 다시 말해 그의 노력은 헛수고나 다름없다. 따라서 합리적 유권자는 노력이 필요 없는 네거티브에 귀를 기울인다.

네거티브 선거전이 기세를 떨치는 이유를 심리학자들은 '부정성 효과(negativity effect theory)로 설명한다. 사람의 심리적 특성상, 부정적 내용이 긍정적 내용보다 빨리 퍼지고 강한 메시지여서 기억에 오래 남는다는 이론이다. 결국 네거티브에는 '싼 비용 큰 효과'와 '한계효용체감' 법칙이라는 점에서 후보들에게 큰 유혹이 된다. 이런 점에서 네거티브의 별명이 '치명적 유혹'이다. 특히 뒤지는 후보에게 네거티브 선거전만한 특효약이 없다.

3) 네거티브 공격·방어 6계명

가. 네거티브 공격

① 이성적으로 폭로하라

네거티브는 '저 사람을 찍으면 왜 안 되는가'를 설명하는 것이다. 결국 네거티브를 통해 끌어올 유권자가 상대후보의 지지층이라는 이야기다. 따라서 빈틈없는 논리로 무장해야 한다.

② 쉴 새 없이 몰아붙여라

네거티브는 속도전이다. 상대후보가 다른 이슈를 만들어 낼 시간을 주지 않는 게 관건이다. 네거티브와 인터넷은 궁합이 잘 맞는 도구다.

③ '투 트랙' 작전을 써라

전문가들은 "네거티브로 상대방을 깎아 내릴 수는 있지만, 자신이 올라갈 수는 없다."고 말들 한다. 상대방에 대한 네거티브와 동시에 자신이 가진 비전과 정책을 함께 내놓아야 효과를 본다는 것이다.

나. 네거티브 방어

④ 감성적으로 대처하라

⑤ 후보와 캠프가 따로 가라

후보는 끝까지 모호한 태도를 취하고, 후보가 마지막 순간까지 말을 바꿀 수 있도록 퇴로를 가지고 움직여야 한다. 캠프는 네거티브로 신속하게 움직이고 후보는 정책으로 서서히 움직여야 한다.

⑥ 면역주사를 맞아라

네거티브에 흔들릴 유권자들에게 미리 자신의 약점을 내보여 면역력을 길러 주는 방법이다.

21. 권력운영법칙

1) 권력은 힘이다

2) 상대를 정확하게 파악하라

3) 힘을 집중하라

4) 중심이 되는 사람을 공격하라

5) 가지를 쳐라

6) 정보를 가지고 기선을 제압하라

7) 임기응변에 능하라

8) 승리의 순간이 가장 위험하다

9) 가끔씩 약점을 노출하라

10) 공짜는 위험하다. 대가없이 가지지 말라

11) 큰 사람의 그림자 속에 들어가 있지 말라

12) 상대의 마음을 잡아라

13) 거울전략으로 상대를 흔들어라

14) 한꺼번에 많은 것을 바꾸려고 하지 말라

15) 물을 휘젓고 고기를 잡아라

16) 생각은 다르게 해도 행동은 똑같이 하라

17) 가질 수 없다면 경멸하라

18) 때를 만들고 기다릴 줄 알라

19) 보스가 되고자 하면 보스처럼 행동하라

20) 사람들의 아킬레스건을 파악하라

21) 대중에게 환상을 주고 권력을 만들어라

22) 상대에게 선택권을 주고 나에게 유리하게 만들어라

23) 당신만의 노하우를 가지고 공개하지 말라

24) 끝이 좋으면 다 좋다

25) 대담하게 용감하게 나아가라

26) 약속으로 신앙을 만들고 말은 모호하게 하라

27) 손에 더러운 이미지를 칠하지 말라

28) 자신을 재창조하라

29) 평상시 완벽한 정치인이 되라

30) 명분보다는 실리를 택하라

31) 상대보다 어리석게 보여라

32) 어부지리를 택하라

33) 상대를 먼저 파악하고 자기자신을 파악하라

34) 군중을 이용해 동맹군을 만들어라

35) 예측불가능한 사람이 되라

36) 희소성의 가치를 가져라

37) 싸우지 말되 일단 싸우면 이기고, 싸운 적은 완전히 박살내라

38) 정보를 항상 취득하라

39) 이익에 호소하라

40) 때로는 정직한 행동으로 상대의 경계심을 무너뜨려라

41) 상대가 나에게 의지하게 만들어라

42) 불행하거나 불운한 자들을 피하라

43) 말로 승리를 거두기보다 행동으로 보여주어라

44) 나 있는 곳으로 상대를 불러 들여라

45) 남이 대신할 수 있는 일을 직접 하지 말라

46) 관심을 잡아두라

47) 말을 적게 하라

48) 내 평판은 키우고 상대의 평판엔 구멍을 내라

49) 의도를 감추어라

50) 애매한 친구보다는 분명한 적을 만들어라

51) 상관보다 잘나 보이려고 하지 말라

52) 瞞天過海(만천과해) : 하늘을 가리고 바다를 건넌다

53) 圍魏救趙(위도구조) : 위나라를 포위하여 조나라를 구하다

54) 借刀殺人(차도살인) : 남의 칼로 사람을 해친다

55) 以逸待勞(이일대로) : 쉬다가 피로에 지친 적과 싸운다

56) 趁火打劫(진화타겁) : 상대의 위기를 틈타 공격한다

57) 聲東擊西(성동격서) : 동쪽에서 소리 치고 서쪽으로 공격한다

58) 無中生有(무중생유) : 지혜로운 자는 무에서 유를 창조한다

59) 暗渡陳倉(암도진창) : 기습과 정면공격을 함께 구사한다

60) 隔岸觀火(격안관화) : 적의 위기는 강 건너 불 보듯 한다

61) 笑裏藏刀(소리장도) : 웃음 속에 칼날이 숨어있다

62) 李代桃畺(이대도강) : 오얏나무가 복숭아를 대신해 죽다

63) 順手牽羊(순수견양) : 기회를 틈타 양을 슬쩍 끌고 간다

64) 打草驚蛇(타초경사) : 풀을 베어 뱀을 놀라게 한다

65) 借屍還魂(차시환혼) : 죽은 영혼이 다른 시체를 빌려 부활한다

66) 調虎離山(조호리산) : 호랑이를 산속에서 유인해 낸다

67) 欲擒故縱(욕금고종) : 큰 것을 얻기 위해 작은 것을 풀어준다

68) 抛塼引玉(포전인옥) : 돌을 던져서 구슬을 얻는다

69) 擒敵擒王(금적금왕) : 적을 잡으려면 우두머리부터 잡는다

70) 釜底抽薪(부저추신) : 가마솥 밑에서 장작을 꺼낸다

71) 混水摸魚(혼수모어) : 물을 흐려놓고 고기를 잡는다

72) 金蟬脫殼(금선탈각) : 매미가 허물을 벗듯이 위기를 모면하다

73) 關門捉敵(관문착적) : 문을 잠그고 도적을 잡는다

74) 遠交近攻(원교근공) : 먼 나라와 사귀고 이웃 나라를 공격한다

75) 假途伐虢(가도벌괵) : 기회를 빌미로 세력을 확장시킨다

76) 偸梁換柱(투량환주) : 대들보를 훔치고 기둥을 빼낸다

77) 指桑罵槐(지상매괴) : 뽕나무를 가리키며 홰나무를 욕한다

78) 假痴不癲(가치부전) : 어리석은 척하되 미친 척하지 마라

79) 上屋抽梯(상옥추제) : 지붕으로 유인한 뒤 사다리를 치운다

80) 樹上開花(수상개화) : 나무에 꽃 피게 한다

81) 反客爲主(반객위주) : 손님이 도리어 주인 노릇한다

82) 美人計(미인계) : 총칼이 침대를 당하랴

83) 空城計(공성계) : 빈 성으로 유인해 미궁에 빠뜨린다

84) 反間計(반간계) : 적의 스파이를 역이용한다

85) 苦肉計(고육계) : 자신을 희생해 적을 안심시킨다

86) 連環計(연환계) : 여러 가지 계책을 연결시킨다

87) 走爲上(주위상) : 도망가는 것도 뛰어난 전략이다

22. 선거손자병법

1) 시계(始計)

- 선거국지대사(選擧國之大事)

선거는 국가의 중대한 일이다.

- 조자영민여상동의(組者令民與上同意)

조직이란 유권자들이 후보자와 한뜻이 되도록 하는 것이다.

- 세자인리이제권야(勢者因利而制權也)

세력은 내가 이미 갖고 있는 나의 이점을 상황에 맞게 잘 활용

함으로써(임기응변 : 權) 생기는 것이다.

- 선거궤도(選擧詭道) 선거과도(選擧科道)

선거 작전은 속임수며, 과학이다.

- 공기불비(攻其不備) 출기불의(出其不意)

그 준비하지 않은 곳을 공격하고, 그 뜻하지 않는 바를 찌른다.

2) 작전(作戰)

- 선문졸속(選聞拙速)

선거는 속전속결로 끝내야 한다.

- 선귀승(選貴勝) 불귀구(不貴久)

선거에서는 이기는 것이 중요할 뿐, 오래 끄는 것은 중요하지 않다.

- 지선지장(知選之將) 민지사명(民之司命), 국가안위지주야(國家安危之主也)

선거를 아는 장수는 유권자의 뜻을 맡은 자이며, 국가의 안위를 책임지는 주인공이다.

3) 모공(謀攻)

- 전아위상(全我爲上) 파피차지(破彼次之)

나를 온전히 보존하는 것이 최상이고, 상대를 깨뜨리는 것은 그 다음이다.

- 백전백승(百戰百勝) 비선지선자야(非善之善者也), 부전이굴인지병(不戰而屈人之兵) 선지선자야(善之善者也).

백 번 싸워 백 번 이기는 것이 가장 좋은 것은 아니다. 싸우지 않고도 적을 굴복시키는 것이 가장 좋은 것이다.

– 상선벌모(上選伐謀) 기차벌조(其次伐組)
최고의 선거정책은 지모로써 상대를 굴복시키는 것이며, 두 번째는 조직력으로 적을 굴복시키는 것이다.

– 지피지기(知彼知己) 백전불태(百戰不殆),
부지피이지기(不知彼而知己) 일승일부(一勝一負),
부지피부지기(不知彼不知己) 매전필태(每戰必殆).
적을 알고 나를 알면 백 번 싸워도 위태롭지 않다.
적을 알지 못하고 나를 알면 일승일패하고,
적도 모르고 나도 모르면 싸울 때마다 위태롭다.

4) 군형(軍形)
– 불가승재기(不可勝在己) 가승재적(可勝在敵)
적이 승리하지 못하게 하는 것은 나에게 달려 있고, 내가 이길 수 있는 것은 적의 약점에 달려 있다.

– 선수자(善守者) 장어구지지하(藏於九地之下), 선공자(善攻者) 동어구천지상(動於九天之上).
잘 지키는 자는 그의 병력을 땅 속 깊숙이 감춘 것 같이 하여 적에게 공격할 틈을 주지 않고, 잘 공격하는 자는 높은 하늘에서 움직이는 것 같이 하여 적에게 방어할 수 있는 틈을 주지 않는다.

- 선전자(善戰者) 입어불패지지(立於不敗之地)

잘 싸우는 자는 먼저 불패의 기초 위에 서 있다.

- 승병선승(勝兵先勝) 이후구전(而後求戰), 패병선전(敗兵先戰)
이후구승(而後求勝)

승리하는 군대는 이길 수 있는 상황을 만들어 놓고 전쟁에 임하
고, 패배하는 군대는 일단 전쟁을 치르면서 이길 길을 찾는다.

- 약결적수어천인지계자(若決積水於千仞之谿者) 형야(形也)

군형이란 마치 막아 둔 물을 터뜨려 천길 계곡에 쏟아지는 것처
럼 하는 것이다.

5) 병세(兵勢)

- 이정함(以正合) 이기승(以奇勝)

정으로 대적하고 기로써 승리한다.

- 기정상생(奇正相生) 여순환지무단(如循環之無端) 숙능궁지재
(孰能窮之哉)

기와 정은 둥근 고리처럼 순환하여 시작과 끝이 없다. 어느 누
가 그 전략의 무궁무진함을 논할 수 있겠는가?

- 이리동지(以利同之) 이졸대지(以卒待之)

이익으로써 적을 움직이게 하고, 병력을 매복시켜 그들을 기다
린다.

– 여전원석어천인지산자(如轉圓石於千仞之山者) 세야(勢也)

병세란 마치 둥근 돌덩어리가 천 길이나 되는 높고 가파른 산에서 아래를 향해 굴러 떨어지는 것과 같이 하는 것이다.

6) 허실(虛失)

– 선전자(善戰者) 치인이불치어인(致人而不致於人) 능사적인자지자(能使敵人自至者)

이지야(利之也) 능사적인부득지자(能使敵人不得至者) 해지야(害之也)

잘 싸우는 자는 적을 내 의지에 따르도록 조종하고, 적에게 조종되지 않는다.

능히 그처럼 적이 제 스스로 내게 오는 것은 적에게 이익을 보여 주었기 때문이며, 적이 제 스스로 오지 않는 것은 적에게 해로움을 보여 주었기 때문이다.

– 출기소불추(出其所不趨) 추기소불위(趨其所不意)

적이 미처 구원하지 못할 곳을 공격해야 하며, 적의 의표를 찔러 전혀 예상하지 못한 방향으로 진출해야 한다.

– 아전이적분(我專利敵分)

아군의 역량은 한 곳으로 집중하고, 적은 분산시킨다.

– 미호미호(微乎微乎), 지어무형(至於無形), 신호신호(神乎神乎), 지어무성(至於無聲)!

허실 운여의 묘는 가늘고 가늘어 형태가 없는 것 같고, 신령하
고 신령하여 소리가 없는 것 같다.

- 병형상수(兵形象水)
군대의 형세는 물과 같아야 한다.

- 병무상세(兵無常勢) 수무상형(水無常形)
물이 고정된 형태가 없듯이 군대의 운용에도 정해진 법칙이 없다.

7) 군쟁(軍爭)
- 이우위직(以迂爲直) 이환위리(以患爲利)
먼 길로 돌아가면서도 지름길로 똑바로 가는 것과 같게 만들고,
작전에 불리한 조건을 오히려 유리하게 바꾼다.

- 병이사립(兵以斯立) 이리동(以利動)
군대는 속임수를 써서라도 적보다 우위에 서야 하고, 유리한 상
황일 때 움직여야 한다.

- 삼군가탈기(三軍可奪氣) 장군가탈심(將軍可奪心)
적군의 사기를 빼앗고, 적장의 마음을 빼앗아야 한다.

- 귀사물알(歸師勿遏) 위사필궐(圍師必闕) 궁구물박(窮寇勿迫)
자국으로 철수하는 적의 퇴로를 막지 않는다. 적을 포위했을 때
는 반드시 도망갈 길을 터주고, 막다른 곳에 몰린 적은 너무 압
박하지 않는다.

8) 구변(九變)

- 군명유소불수(君命有所不受)

군주의 명령이라도 듣지 않아야 할 것이 있다.

- 굴제후자이해(屈諸侯者以害) 역제후자이업(役諸侯者以業) 추제후자이리(趨諸侯者以利)

적국을 굴복시키려면 계략으로 적국이 두려워하는 약점을 위협하며, 적국의 힘을 낭비시키려면 적국의 백성들이 쉴 새 없이 일하게 만들고, 적국이 협조하게 하려면 이익을 미끼로 유인해야 한다.

- 무시기불래(無恃其不來) 시오유이대야(恃吾有以待也), 무시기불공(無恃其不攻) 시오유소불가공(恃吾有所不可攻).

적이 침입하지 않기를 기대하지 말고, 어떤 적도 대적할 수 있는 나의 힘을 키워야 한다.

적이 공격하지 않기를 기대하지 말고, 어떤 적도 공격하지 못하도록 하고 있음을 믿어야 한다.

〈참고〉

천하수안(天下雖安) 망전필위(忘戰必危)

천하가 비록 편안하지만 전쟁을 잊으면 반드시 위태로워진다.

- 필사가살야(必死可殺也) 필생가로야(必生可虜也)

죽기를 다해 싸우기만 하고 물러설 줄 모르면 죽음을 당할 수 있다.

죽음을 두려워하여 목숨만 지키려고 한다면 적에게 사로잡힐 수 있다.

− 염결가욕야(廉潔可辱也) 애민가번야(愛民可煩也)

결벽증이 지나치고 명예욕이 강하면, 적의 계략에 빠져 모욕을 당할 수 있다. 부하를 지나치게 아끼면 부하를 보호하려다가 곤경에 빠질 수 있다.

9) 행군(行軍)

− 병비익다야(兵非益多也)

병력이 많다고 해서 반드시 좋은 것은 아니다. 훈련 상태와 장수의 우수한 작전이 우선적으로 필요하다.

− 영지이문(令之以文) 제지이무(齊之以武)

명령을 내릴 때에는 문(인덕)으로써 하고, 질서를 잡을 때에는 무(위엄)으로써 한다.

− 졸미친이벌지즉불복(卒未親耳閥之則不服), 졸이친부이벌불행 즉불가용야(卒已親附而罰不行則不可用也)

병사들과 친해지기도 전에 벌부터 주면 그들은 장수를 따라 주지 않고, 친해졌다고 해서 벌을 주어야 할 때 벌을 주지 않으면 이 또한 명령에 위엄이 서지 않아 병사를 지휘할 수 없다.

10) 지형(地形)

- 전도필승(戰道必勝) 주왈무전(主曰無戰) 필전가야(必戰可也),
  전도불승(戰道不勝) 주왈필전(主曰必戰) 무전가야(無戰可也)

반드시 이기는 길이 보이면 임금이 싸우지 말라고 해도 반드시 싸워야 하고, 이기지 못할 것이 명백할 때는 임금이 싸우라고 해도 싸우지 말아야 한다.

- 진불구명(進不求名) 퇴불피죄(退不避罪), 유인시보(唯人是保)
  이리합어주(以利合於主)

장수는 승리해도 명예를 추구하지 않으며, 패배하게 되어도 책임을 회피하지 않는다.
오로지 백성의 안전을 도모하고, 나라에 이익이 되는 결과만을 추구할 따름이다.

- 시졸여영아(視卒如嬰兒) 고가여지부심계(故可與之赴心谿), 시졸여애자(視卒如愛子) 고가여지구사(故可與之俱死)

병사를 어린아이처럼 보살피기 때문에 병사가 장수를 따라 위험한 곳까지 뛰어들고, 병사를 자식처럼 사랑하기 때문에 병사가 장수와 더불어 기꺼이 죽을 수 있게 된다.

- 후이불능사(厚利不能使) 애이불능령(愛利不能令), 난이불능치(亂利不能治) 비여교자(譬如驕子) 불가용야(不可用也)

지나치게 부하를 아껴주면 부하를 마음대로 부릴 수 없고, 지나치게 부하를 사랑해 주면 부하에게 제대로 명령할 수 없다.

병사들이 군기를 어지럽히는데도 이를 바로 잡지 못한다면, 이러한 병사들은 마치 버릇없는 자식과 같아서 전투에는 아무런 쓸모가 없다.

11) 구지(九地)

- 선탈기소애즉청의(先奪其所愛則聽矣)

먼저 적이 아끼는 바를 빼앗아라. 그러면 적이 내가 원하는 대로 움직일 것이다.

- 승인지불급(乘人之不及) 유불우지도(由不虞之道) 공기소불계야(攻其所不戒也)

적의 힘이 미치지 않을 때, 적이 미처 헤아리지 못한 길, 적의 경계가 허술한 곳을 쳐야 한다.

- 병사심함즉불구(兵士甚陷則不懼) 무소왕즉고(無所往則固)

병사들은 극심한 위기에 빠지면 오히려 두려워하지 않게 되고, 빠져 나갈 길이 없으면 더욱 단결하게 된다.

- 솔연자상산지사야(率然者常山之蛇也), 격기수즉미지(擊其首則尾至), 격기미즉수지(擊其尾則首至), 격기중즉수미구지(擊其中則首尾俱至)

상산 지방에 사는 솔연(率然)이라는 뱀은 머리를 치면 꼬리로 덤비고, 꼬리를 치면 머리로 덤비며, 허리를 치면 머리와 꼬리가 함께 덤빈다.

- 투지망지연후존(投之亡地然後存) 함지사지연후생(陷之死地然後生)

병사들은 패배할 처지에 놓이게 되면 힘을 다해 싸워 보존하고, 사지의 함정에 빠뜨려지면 목숨을 걸고 싸워 살아남게 된다.

- 분주파부(焚舟破釜)

배를 불사르고, 솥을 깨뜨려 결사의 전의를 다진다.

- 인정지리(人情之理) 불가불찰야(不可不察也)

상황에 따른 병사의 심리적 변화를 세심히 관찰해야 한다.

12) 화공(火攻)

- 비리부동(非利不動) 비득불용(非得不用) 비위부전(非危不戰)

이득이 없으면 전쟁을 일으키지 말고, 소득이 없으면 군대를 사용하지 말며, 위태롭지 않으면 싸우지 말아야 한다.

- 주불가이노이흥사(主不可伊怒而興師) 장불가이온이치전(將不可以慍而致戰)

군주는 일시적인 분노를 참지 못해 전쟁을 일으켜서는 안 되고, 장수는 성난다고 해서 전투를 시작해서는 안 된다.

- 합어리이동(合於利而動) 불합어리이지(不合於利而止)

국가의 이익에 합치되면 전쟁을 일으키고, 합치되지 않으면 전쟁을 일으키지 말아야 한다.

- 망국불가이부존(亡國不可以復存)

한번 망해 버린 나라는 다시 존재할 수 없다.

13) 용간(用間)

- 애작록백금(愛爵祿百金) 부지적지정자(不知敵之情者) 불인지
지야(不仁之至也) 비인지장야(非人之將也)

작위, 봉록, 금전 등을 아까워하여 적의 정보를 수집하는데 소
홀히 하면 이것은 지극히 인하지 못한 일로서 이런 사람을 장수
라고 할 수 없다.

- 선지자(先知者) 불가취어귀신(不可取於鬼神) 불가상어사(不可
象於事) 불가험어도(不可驗於度) 필취어인(必取於人)

적의 형편을 아는 것은 귀신에게 물어서 알 수 있는 것도 아니
고, 유사한 사례로써 유추할 수 있는 것도 아니며, 경험으로써
알 수 있는 것도 아니라, 반드시 사람에 의해서만 알 수 있는
것이다.

- 비성지불능용간(非聖智不能用間) 비인의불능사간(非仁義不能
使間)

사람을 알아보는 지혜가 없으면 간첩을 이용할 수 없고, 인의의
도리가 없어도 간첩을 부릴 수 없다.

〈결단의 7대 수칙〉

1. 신념을 확고히 하라

◆ 집단을 움직여서 개혁을 환수하는 힘의 근원은 leader의 신념

- 역사를 바꿔온 개혁은 an equation=신념+vision+동참+action

- 비전과 열정(vision&passion)이 신념을 뒷받침하며, leader의 신념이 확고할 때 '협의하되 타협하지 않는 일관성' 유지가 가능

◆ Vision과 Master Plan으로 신념을 구체화

- 세계의 흐름을 정확히 읽고 이를 설득력 있게 형상화함으로써 나아갈 방향을 제시하고 힘의 Vector를 한 방향으로 결집

- Vision을 구체화한 Master Plan을 수립함으로써 구성원 전체에게 예측가능성과 안정감을 부여

2. 때를 놓치지 말라

◆ 실기하지 않는 과감한 결단과 행동력

- 진정한 지도력은 대중적 인기에 영합하지 않는 대승적 결단과 과감한 행동력에서 나오며, 흐름의 맥을 잡아 쐐기를 박는 것이 결단의 요체

- 미국의 루즈벨트 대통령이 Big Panic(Financial Panic)을 탈출한 바탕은 정책을 적시에 수립하고 적시에 집행하는 timing 중시의 행동주의 철학

◆ 결단은 끝없는 정신적 고뇌의 산물

- 난관의 돌파구는 오랜 고뇌의 과정을 통해서 얻어지는 『대국적 발상과 새로운 행동(thinking big&acting new)』에서 비롯

- leader에게는 깊은 고뇌를 거친 과감한 결단이 요구되며 한 쪽이 결여되게 되면 실기(失機)를 하거나 독선에 빠지게 됨

- CEO가 구조조정을 추진하고 위험을 안고서 투자결정을 내리는 행위 등은 모두 고뇌와 결단의 과정

> **결단력 부족으로 멸망한 원소(袁紹)**
>
> 원소는 중국 하북지방 명문가의 후예로 귀공자 같은 풍모, 기라성 같은 인재, 튼튼한 지역경제 등 패자의 조건을 가장 많이 갖추고 있었다. 그러나 조조와의 세 차례 전쟁에서 결단을 내리지 않아서 大敗를 하였으며 그 결과 원소가 전사하고 강병 100만과 하북지역까지 조조의 수중에 들어갔음.

3. 초기 주도권을 장악하라

◆ 결정된 사항을 신속히 추진함으로써 초기 주도권을 장악

- 실패한 leader는 대부분 기득권층의 초기 저항을 극복치 못하여 기득권층이 잠재적 불만세력들을 흡수하면서 저항이 커졌기 때문

- 독일의 콜 총리는 민간 think tank와 기업인, 금융인, 노조 대표들과 협의하여 경제정책을 결정한 후에, 자신은 밀어붙이는 역할을 담당

◆ 톱의 카리스마는 Hegemonie을 장악하는 첩경
- 위기 시에는 필연적으로 혼란이 따르므로 톱이 주도권을 장악해야 조직 내 자원을 둘러싼 경쟁을 막고 힘의 vector를 결집시킬 수 있음
- Chrysler를 재건한 아이아코카는 자신의 연봉 36만 달러를 1달러로 깎아내리고서 카리스마적 리더십을 행사

4. 〈나〉를 버려라

◆ 지도층이 내 몫을 버릴 때 전체가 살아남
- 지도층이 자리에 연연하여 권한 확대와 기득권 보호에 힘을 쏟는 조직은 소집단으로 갈라져 갈등과 분열 끝에 파국을 맞게 됨
- 구성원들이 미래를 바라보고 활기차게 일하는 것은 지도층이 내 몫 챙기기에 앞서 구성원들의 이익을 우선할 때 가능

◆ 난국돌파의 정신적 뼈대는 노블리스 오블리제(Noblesse Oblige)
- 구성원들의 헌신은 TOP을 비롯한 지도층이 자기 생명과 재산을 희생하는 용기와 헌신을 가시적으로 보여줄 때 나타남
- Roma는 포에니전쟁 당시 바닥난 국고를 전시국채를 발행하여 지도층이 사도록 했으며, 칸나에 전투에서 대패한 후에는 원로원 의원이 재산 전부를 국가에 헌납

노블레스 오블리주(Noblesse oblige)

프랑스어로 "귀족성은 의무를 갖는다"를 의미한다. 보통 부와 권력, 명성은 사회에 대한 책임과 함께 해야 한다는 의미로 쓰인다. 노블레스 오블리주는 사회지도층에게 사회에 대한 책임이나 국민의 의무를 모범적으로 실천하는 높은 도덕성을 요구하는 단어다. 하지만 이 말은 사회지도층들이 국민의 의무를 실천하지 않는 문제를 비판하는 부정적인 의미로 쓰이기도 한다.

로마의 불문율로 천년의 버팀목이었다.

"고귀하게 태어난 사람은 고귀하게 행동해야 한다."라는 뜻의 노블레스 오블리주는 과거 로마제국 귀족들의 불문율이었다. 로마 귀족들은 자신들이 노예와 다른 점은 단순히 신분이 다르다는게 아니라, 사회적 의무를 실천할 수 있다는 사실이라고 생각할 만큼 노블레스 오블리주 실천에 대해 자부심을 갖고 있었다.

병역의무에서 모범을 보였다.

초기 로마공화정의 귀족들은 솔선하여 명장 한니발의 카르타고와 벌인 포에니 전쟁에 참여하였고, 16년간의 제2차 포에니 전쟁 중에는 13명의 집정관(Consul)이 전사하였다. 집정관은 선거를 통해 선출된 고의공직자로 귀족계급을 대표하며, 로마의 관리 중에서 가장 높은 관직이었다. 또한 로마에서는 병역의무를 실천하지 않은 사람은 호민관이나 집정관등의 고위공직자가 될 수 없었을 만큼 노블레스 오블리주 실천이 당연하게 여겨졌다.

기부활동

고대 로마에서는 자신의 재산을 들여 공공시설을 신축하거나 개
보수한 귀족에 대해서 "아무개 건물" "아무개가 이 도로를 보수하
다" 이런 식으로 귀족의 이름을 붙여주었는데, 귀족들은 이를 최
고의 영광으로 생각하였다. 또한 법을 제안한 정치인의 이름을
따서 법의 이름을 만들었다.

로마 공화정의 부자들은 자신의 재산을 군자금으로 기부하였다.
제1차 포에니 전쟁당시 로마에서는 군선 200척을 건조하여 전쟁
을 승리로 이끌었다. 제1차 포에니 전쟁당시 강경론을 주장했던
집정관 대 카토는 검소함과 노동을 실천하는 사람이었다.

이렇듯 지배계급인 로마의 귀족들이 사회적인 의무를 충실하게
실천하는 전통은 로마사회의 통합을 이루었다. 국가도 장려책을
사용해 적극적인 참여를 이끌어 내었다.

14세기 백년전쟁 당시 프랑스의 도시 '칼레'는 영국군에게 포위당
한다. 칼레는 영국의 거센 공격을 막아내지만, 더 이상 원병을 기
대할 수 없어 결국 항복을 하게 된다. 후에 영국 왕 에드워드 3
세에게 자비를 구하는 칼레시의 항복 사절단이 파견된다.

그러나 점령자는 "모든 시민의 생명을 보장하는 조건으로 누군가
가 그동안의 반항에 대해 책임을 져야한다. 이 도시의 대표 6명
이 목을 매 처형 받아야 한다"고 말한다.

칼레시민들은 혼란에 처했고 누가 처형을 당해야 하는지를 논의했다. 모두가 머뭇거리는 상황에서 칼레시에서 가장 부자인 '외스타슈 드 생 피에르(Eustache de St Pierre)'가 처형을 자청하였고 이어 시장, 상인, 법률가 등의 귀족들도 처형에 동참한다.

그들은 다음날 처형을 받기 위해 교수대에 모였다. 그러나 임신한 왕비의 간청을 들은 영국 왕 에드워드 3세는 죽음을 자처했던 시민 6명의 희생정신에 감복하여 살려주게 된다. 이 이야기는 역사가에 의해 기록되고 높은 신분에 따른 도덕적 의무인 '노블레스 오블리주'의 상징이 된다.

5. 반대자를 포용하라

◆ 반대세력을 포용해서 지지세력으로 전환
- 개혁으로 인해 기득권을 손상 받는 계층은 개혁과정에서 집단행위, 여론호소 등의 방법으로 개혁에 저항하게 됨

◆ 반대세력도 비전을 공감하도록 집요하게 설득
- TOP이 반대의견을 적극 수용하고 반대자들과의 사적 의사소통을 늘리면 대국을 보는 〈사고의 틀〉이 서로 접근하게 됨
- 큰 원칙은 확고하게 지켜 일관성을 유지해야 하지만 구체적 사안에서는 타협하면서 대국관을 형성하게 하는 것이 진정한 용기

– 영국의 대처수상은 노조와 대립하던 기간중 매일 저녁 노조의 핵심세력과 식사를 같이 하면서 영국의 위기에 대한 대국관을 공유

6. 핵심과제에 집중하라

◆ 상황해결에 필요한 최적의 방법을 선택하고 집중

– 경제논리가 우선되어야 하는 상황에서 정치적으로 접근하면 사태는 더욱 악화 · 경제공황기에 개혁을 추진했던 북송(北宋)의 왕안석이 정치논리로 흘러 실패했던 반면, 15세기 일본의 요시무네는 경제논리로 풀어 성공

– 멕시코의 세디요 대통령은 IMF체제를 탈출하기 위해 여소야대(與小野大)를 감수하고 경제살리기에 전력

– "항산(恒産)이 없으면 항심(恒心)도 없다"는 맹자의 말처럼 경제논리에 초점을 맞추는 것이 경제위기 탈출의 유일한 활로

◆ 시대의 흐름과 내부역량을 감안하여 적절한 개혁방안을 수립

– 개혁의 내용은 "개혁적이되 구성원이 충분히 수용할 수 있을 정도(MAYA : most advanced yet acceptable)"가 적절

– 정책수립에는 Technocrat가 필요한데, 루즈벨트는 주지사 시절부터 "Brain Trust"라는 expert 집단을 활용

◆ 하나를 해결해서 연쇄효과를 거두는 "고구마캐기"식 추진

– 핵심과제에 집중적으로 도전하여 주변과제는 부수적으로 해결

- 핵심과제의 경우 TOP이 직접 챙겨서 "추진력의 방아쇠(Trigger)"로 활용

7. 현장을 통해서 일하라

◆ 측근의 staff조직보다 현장의 line조직을 우선

- staff 조직을 우선하면 사람의 장막(帳幕)이 형성되고 TOP의 의중에 따라 행동하는 집단사고(Group Thinking)를 초래해 그릇된 의사결정을 유발

- 1961년 4월, 미국 케네디 대통령의 쿠바 피그스 침공 실패가 집단사고의 전형

- staff조직이 강할 경우, staff의 기능은 전략창출에서 감시기능으로 변질되고 line은 일하지 않는 복지부동(伏地不動) 조직으로 전락

◆ TOP leader를 대신할 작은 리더(Change Agent)들을 양성

- TOP이 만사를 전담할 대 TOP의 모습이 자칫 독선으로 투영되기 쉬우므로, TOP의 의지와 철학을 전파, 실행하는 Agent를 양성해 권한을 위양

- Roma의 제국체제를 떠받친 집정관(consul)은 황제와는 통치철학만을 공유하고 독립 의사결정권을 가진 지역별 사업부장

◆ TOP과 현장을 잇는 다양한 의사소통 채널(Communication Channel)을 구축

- TOP이 단위조직의 리더, 조직내외의 이해관계자와 의사소통 channel을 구축해야 상황흐름을 정확히 파악하고 대국관을 공유

바둑과 선거

1. 바둑의 기원

바둑은 고대 중국의 요순 임금이 그들의 어리석은 아들 단주와 상균을 가르치기 위하여 고안해낸 것이라고 입으로 전해지고 있다. 그 후 왕자인 단주는 바둑을 통해서 많은 인격형성과 총명함을 깨달아 훌륭한 임금이 되었다고 전해지고 있다.

우리나라 바둑의 유래는 고구려, 백제가 새로운 민족 국가의 면목을 갖추고 중국의 여러나라들과 친선 외교관계를 맺어 빈번하게 왕래하면서 저들의 상류계급에서 사교적 오락으로 발전되었던 바둑이 외교 사절편으로 인해 전파되었고, 삼국시대 중엽부터 건전한 국민오락으로 대중화가 이루어졌다. 처음에 바둑판은 17줄로 되어 있었으나, 오늘날 19줄의 바둑판으로 정착되었다. 바둑에 선거와 전쟁 모든 인생 들어 있다.

2. 기도오득

기도오득은 바둑을 둠으로써 얻을 수 있는 다섯 가지 좋은 점을 말한다.

1) 득호우(得好友) : 좋은 친구를 얻을 수 있고,

2) 득심오(得心悟) : 마음에 깨달음을 얻을 수 있고

3) 득인화(得人和) : 사람들과 화목해 질 수 있으며,

4) 득천수(得天壽) : 하늘이 내린 명대로 살 수 있고,

5) 득교훈(得敎訓) : 인생의 교훈을 얻을 수 있다.

3. 위기구품

위기구품(圍棋九品)은 기사의 단위에 대한 품격을 나타낸 말로, 프로기사의 경우 초단에서 구단까지 있습니다.

1) 수졸(守拙) = 초단 어리석게나마 자신을 지킬 줄 아는 실력을 갖춘 단계

2) 약우(若愚) = 2단 어리석은 듯 보이지만 나름대로의 바둑을 두는 단계

3) 투력(鬪力) = 3단 비로소 싸울 만한 힘을 갖춘 단계

4) 기교(小巧) = 4단 간단한 기교를 부릴 줄 아는 바둑을 두는 단계

5) 용지(用智) = 5단 지혜로움이 보이는 바둑을 두는 단계

6) 통유(通幽) = 6단 바둑의 깊고 그윽한 맛을 깨달은 단계

7) 구체(具體) = 7단 여러 조건을 두루 갖추어 완성에 이른 단계

8) 좌조(坐照) = 8단 가만히 앉아서 바둑의 세계를 훤히 내다보는 단계

9) 입신(入神) = 9단 바둑에 관해서는 신의 경지에 이른 단계

4. 위기십결(圍棋十訣)

8세기 중엽 당나라 현종(玄宗)때 바둑의 명수 왕적신(王積薪)이 펴낸 위기십결(圍棋十訣). 바둑을 둘 때 명심하고 준수해야 할 열

가지 요결(要訣)을 말하는 것인데 오늘날까지도 기계(棋界)에서 또 우리의 생활에도 존중되고 있는 비결이고 교훈이다.

1) 不得貪勝(부득탐승) : 바둑은 이기는 것이 목적이나 너무 승부에 집착하다보면 오히려 그르치기 쉽다. 명경지수(明鏡止水)와 같은 마음가짐으로 최선의 수를 찾아야 한다.

2) 入界宜緩(입계의완) : 무슨 일이든 결정적 시기가 있는 법이다. 그러므로 포석에서 중반으로 넘어갈 때 승패의 갈림길에서 너무 서두르지 말고 참고 기다리는 자세가 필요하다.

3) 攻彼顧我(공피고아) : 상대방을 공격하기 전에 먼저 자기의 허점을 잘 살펴야 한다. 섣부른 공격은 화를 자초할 뿐이니 나의 약한 곳부터 지켜 둔 다음에 공격해야 한다.

4) 棄子爭先(기자쟁선) : 바둑알 몇 개를 버리더라도 선수를 잃지 말아야 한다.

5) 捨小取大(사소취대) : 작은 것은 버리고 큰 것을 취하라는 뜻이다. 당연하지만 말처럼 쉬운 일은 아니다. 큰 것과 작은 것을 정확하게 판단할 줄 아는 능력이어야 한다.

6) 逢危須棄(봉위수기) : 위험을 만나면 모름지기 버릴 줄 알아야 한다. 생사가 불확실해 보이는 말은 일단 가볍게 처리하는 것이 요령이다.

7) 愼勿輕速(신물경속) : 경솔하거나 졸속하게 두지 말고 신중하게 두어라. 대국 자세가 올바를 때 보다 깊고 정확한 수를 읽을 수 있다.

8) 動須相應(동수상응) : 두어진 바둑알 한개 한 개에 생명력이 있는 것처럼 서로 유기적인 관계를 형성한다. 그러므로 착점을 결정하기 전에 자기편 바둑알의 능률과 상대편의 움직임을

깊이 생각해야 한다.

9) 彼强自保(피강자보) : 상대방이 강하면 스스로를 먼저 보강해야 한다. 2보 전진을 위한 1보 후퇴, 즉 도약을 위한 웅크림이 중요하다.

10) 勢孤取和(세고치화) : 적의 세력 속에서 고립되어 있을 때는 빨리 살아 두어야 한다. 아생연후살타(我生然後殺他)라는 말처럼 일단 스스로를 먼저 보강하면서 국면의 추이를 살펴야 한다.

이론과 실제가 다른 선거

1. 당선인의 경험담은 '만병통치약'

선거처럼 이론과 실제가 다른 것도 드물 것이다. 선거지식에 대한 해박한 박사가 막상 선거에서 당선되는 경우가 많지 않은 것을 보면 이 사실을 쉽게 이해할 수 있을 것이다. 후보자 주변에는 과거 어떤 선거라도 입후보하여 당선된 경력을 가진 사람이 있을 것이다.

가장 좋은 대상자는 물론 지난번 선거에 당선된 사람의 경험담이겠지만 그 외에도 과거 각종 선거에서의 당선자, 그리고 지구당 위원장의 참고 발언이 크게 도움이 될 것으로 생각한다.

그들의 승리와 실패담은 교과서에는 없다. 그러나 그들은 그 경험을 하나씩 축적하여 빛나는 당선의 영예를 안은 사람들이다. 다만 그대로의 방식이 아닌 당신의 방식을 적절히 변경한 방식으로 말이다.

2. 낙선자를 맨토로 두면 실패한다.

여기에 대한 대답은 간단하다. 당신도 낙선의 대열에 서는 것이다. 정확한 통계가 있는 것은 아니나 몇몇 신문사와 사설 연구소에서 각종 선거에서 낙선된 경험이 있는 사람들의 경험을 추출해 본 결과 다음과 같은 공통점이 주로 발견 되었다.

- 사전에 철저한 계획을 세우지 않고 선거에 임함.
- 미리부터 너무 자신이 넘쳐 선거에 최선을 다하지 않음.
- 후보자와 그 가족, 핵심 운동원들이 주민들에게 신뢰를 얻지 못함.
- 선거 기간 동안 자금 관리를 너무 못했거나 돈이 너무 부족했거나 사무장이나 참모를 믿지 않고 선거를 진행 한다.
- 주변에서의 도움이 생각보다 너무 적었음.
- 이상한 소문(후보자 사생활)에 속수무책이었음.
- 처음부터 당선될 수 있을까에 자신을 갖지 못했음.
- 어지간한 일은 참모에게 맡겨라. 그리고 중요한 결정만 후보자가 직접 하라.모든 일에 간여하려 들면 작은 것은 잡을 수 있으되 큰 것을 놓칠 우려가 있다는 사실을 잊지 말자.
- 리더십이 없다는 사실을 알지 못했음
- 식당개업과 같은 진리를 깨닫지 못했음

3. 후보자의 가족은 곧 후보자이다.

요즘처럼 모든 것이 공개되는 사회에서의 선거에서는 후보자의 모든 것이 유권자에게 알려지게 된다.

후보자의 학력, 경력, 인품, 가족 사항 등은 물론이거니와 그의 성격이나 취미, 기호 등도 모두 나타난다.

심지어는 3대째 까지 거슬러 올라가서 조상의 일까지도 노출된다 하지 않는가?

선거 때 후보자의 언행이 중요한 것처럼 후보자의 배우자, 아들, 딸 등등의 언행도 유권자에게 샅샅이 노출된다는 사실을 간과하면 낭패하기 십상이다.

후보자의 가족도 후보자와 똑같이 여긴다는 사실을 명심하고 가족 단속을 철저히 해야 한다.

가능하다면 자원 봉사자나 운동원 전체의 언행에도 후보자가 신경을 써야 한다.

유권자는 자원 봉사자나 그 운동원을 보고 그 후보자의 평가를 쉽게 내리기 때문이다.

친절한 가족, 성실한 자원 봉사자와 운동원은 득표에 결정적인 영향을 준다는 사실을 명심하자.

4. 모든 결정은 참모장이 하게 하라.

바쁜 후보자가 선거 때 모든 결정을 내린다는 것은 거의 불가능한 일이다.

그리고 선거 시에는 크고 작은 요구들이 끊임없이 많기 마련인데 그 요구중 상당수는 당초 선거계획에 포함되지 않은 것도 있게 된다.

그 요구의 가부 결정을 항상 후보자가 내린다면 득보다는 실이 더 많게 된다.

참모장은 후보자 보다 더 냉철하고 더 객관적이다.

그리고 혹시 요구가 거절되어 조치되지 않아 비난을 받더라도 후보자 자신은 나름대로의 도피처가 생기게 된다.

그러한 결정은 참모장이 내리도록 맡겨두면 된다.

다만, 그 결과는 어떤 방법으로든지 반드시 보고를 받으면 된다.

어지간한 일은 참모장에게 맡겨라.

그리고 중요한 결정만 후보자가 직접 하라.

5. 사람은 누구나 칭찬받고 싶어 한다.

운동원을 잘 뛰도록 해주는 방법은 돈보다는 인간적인 대접을 해주는 일이다.

자원봉사자와 운동원들을 인간적으로 응대하고 존경하라.

자신의 일이 아닌 남의 일을 성심껏 하는 사람은 칭찬받아 마땅하지 않은가!

그리고 노력한 일에 대해 고마움을 표시하라.

어느 지역, 어느 단체, 어느 씨족에게도 여러분만 믿는다고 얘기하라.

후보자로 부터 따뜻한 위로의 말, 온화한 미소를 받는 운동원이 어찌 그 날의 활동을 게을리 할 수 있을 것인가?

당신의 말 한마디에, 당신의 태도 때문에 그는 오늘도 당신의 기대보다 훨씬 더 많은 성과를 거둘 수 있을 것이다.

후보자가 알아야 할 20가지 유의사항

1) 선거란 기복이 심하게 오르내리는 시소 같은 것임을 알아야 한다.

2) 계속 전진하라.

3) 선거운동이 재미없어지면 중단하라.

4) 우연한 일은 정치라는 게임의 한 부분이다.

5) 시간이 가장 중요한 재산임을 명심해야 한다.

6) 어려울 때 당신을 자신 있게 하는 등 당신에게 힘을 주는 사람을 찾아가라.

7) 웃어라, 편안하라, 침착하라.

8) 최선을 다했다면 선거당일에 마음을 편안히 가져라.

9) 당신의 선거운동임을 명심하라.

10) 가족, 특히 배우자와 선거운동에 대해 상세히 진지하게 논의하라.

11) 참모진도 인간임을 명심해라.

12) 진실만을 이야기 하라.

13) 사람들에게 믿음과 신뢰를 줘야 한다.

14) 각 개인들을 소중히 여겨라.

15) 홈런 한 방을 기다리지 마라.

16) 자신의 자산과 능력에 대해 가장 솔직해야 한다.

17) 이성을 잃지 마라.

18) 요구가 아니라 동의로써 이끌어라.

19) 당신은 입장을 바꿀 수 있다. 그러나 신속하게, 공개적으로 피력하라.

20) 어떠한 허드렛일도 결코 작은 일이 아니다.

정치 신인이 알아야 할 사항

- 참신성과 깨끗한 이미지의 장점이 있지만 경험부족과 인지도가 낮다는 약점이 있다.

- 여론이나 지역주민에게 검증되지 않는 관계로 후보에 대한 부정적인 새로운 정보가 노출될 때마다 선거 판세에 영향을 미친다.

- 신인은 자신의 장점을 최대한 부각시키고 전문성의 조명과 적극적인 홍보로 약점을 보완해 가야하며 상대방의 공격에 흔들리지 말고 적극적인 방어논리와 대비책을 미리 강구하여 선거 구도를 유리하게 이끌도록 해야 한다.

- 유권자에게 처음 선보이는 신인으로서 출마의 동기와 명분을 명확히 알려라.

- 유권자에게 자신을 쉽게 인식시킬 수 있는 경제전문가, 행정전문가, 정보화 기수, 인권변호사 등의 이미지 메이킹을 집중적으로 하라.

- 지역 내 연고조직, 인맥을 총동원하고 적극적인 후원자를 확대하라.

- 정치는 말로서 하는 예술의 일면도 있다. 유권자에게 호감을

주고 똑똑하다는 인상을 심을 수 있도록 유세, 연설에 철저히 대비하고 연습하라.

- 신인으로서 자신의 장점을 철저히 살리고 상대의 약점을 적극 부각시켜라. (낡은 정치인 VS 새로운 전문가, 참신한 일꾼 VS 말뿐인 정치꾼)
- 지구당개편대회, 후원회, 당원연수, 의정보고회 등 합법적 행사를 최대한 활용하라.
- 조직 확보에 최선을 다하되 선거브로커 등을 주시하고 조직 책임자 선정 시 여러 사람의 평판을 반드시 고려하라.
- 모든 것을 돈으로 해결하려 들지 말고 자발적인 운동원과 선거전문가를 활용하라.
- 많은 정보를 혼자 판단하지 말고 선거본부의 종합적인 검토를 구하고 경험 있는 선배의 조언을 구하라.
- 참신한 이미지를 이용 선거판의 이슈를 선점하여 지역여론의 핵심이 되라, 선거 중심에서 멀어지면 유권자에게 잊혀질 수 있다.
- 주 타깃 층을 명확하게 선정하라. 모든 계층, 성향의 유권자에게 표를 얻을 수 없으므로 선거초반에 유권자의 특성을 면밀하게 분석하여 주 공략 층을 선정하여 집중적으로 공략하라(동향출신 유권자, 지역특성에 따른 주부, 근로자, 농민, 자영업자 등).
- 자금 활용계획을 철저히 수립하라. 불확실한 자금원을 예상,

자금계획을 세우면 선거후반에 치명적인 낭패를 볼 수 있다.

- 신문, 방송 등 매스컴을 적극 활용하라. 신문, 방송의 긍정적인 보도기사 등은(돈이 들지 않으면서 신뢰성을 높이고 홍보효과를 극대화할 수 있는 최적의 홍보수단이다. 매스컴 연계를 강화하고 언론 조직에 경험이 있거나 기획능력이 있는 담당(기획, 홍보겸임이 바람직)을 두어라.

- 다중이 왕래하는 시장, 상가, 지하철역 등에서 맨투맨 식으로 뛰는 선거에 주력 하라.

- 지역유권자에게 겸손한 자세로 다가갈 수 있도록 하고 금의환향한 사람처럼 자랑하지 말고 지역현안에 대하여 철저히 준비하라.

투표할 권리 주어진 에밀리 데이비슨의 사건

우리가 당연한 것처럼 여기는 투표권은 투쟁의 결과다.

세상에 공짜로 얻어지는 것은 없다. 특히 여성의 투표권이 그랬다. 숱한 투쟁과 희생을 치르고 나서야 비로소 '남성과 비슷한' 정도의 권리를 얻었다.

오래전부터 당연히 거저 주어진 것으로 생각하고 있지만 그것은 죽음을 불사한 항거, 험난한 싸움 끝에 얻어낸 것이다. 예전에는 부자, 권력자, 남자, 귀족 등만 표를 행사했다. 반대로 가난뱅이, 무식자, 여성, 노예, 흑인 등에게는 투표권이 주어지지 않았다. 지금도 조금 이해되지 않는 것은 교도소 재소자들에게 투표권이 주어지지 않는 것이다.

죽음으로 외친 말 "여성에게 참정권을!"

첫 순교자 에밀리 데이비슨은 옥스퍼드대를 졸업한 재원이었다.

영국 런던에서 133년 역사의 더비 경마대회가 열리는 와중에 트랙에 뛰어들었다. 1913년 6월 4일 엡섬더비(Epsom Derby)경마대회에서 국왕 조지 5세 소유의 말을 낚아채려다 머리에 큰 상처를 입어 나흘 뒤 숨졌다. 그녀는 체포·투옥을 마다하지 않고 맹렬하게 여성 참정권 투쟁을 벌여온 '여성사회정치동맹'의 열렬 멤버였다.

여성도 투표할 수 있어야 한다고 믿었던 여성 참정권 활동가였다. 그의 죽음은 영국 전역에 여성 참정권의 불을 댕겼다. 남성들의 공포심은 더해졌다. 인텔리 여성도 저렇게 과격한데 저소득 여성은 어떨 것인가. 유력지 '더 타임스'는 "한 여자가 중요한 경기를 망쳤다."고 폄하했을 정도다.

민주주의의 완성은 모든 국민이 정치에 참여할 수 있는 참정권의 행사에 있다. 하지만 지금처럼 법정 나이에 이른 모든 국민의 한 표 행사가 당연시된 것은 불과 100년도 안 된다.

여성보다 앞서 참정권을 얻었던 남성 시민, 노동자, 농민의 참정권 획득 역시 기나긴 투쟁의 산물이었다. 18세기 이후 영국과 프랑스 등 서구유럽은 강력한 중상주의 정책으로 이른바 '부르조아'로 불리는 유산 시민계급들을 배출하게 된다.

이들은 자신들의 커진 힘으로 정치에 참여하고자 했다. 바로 이들 시민계급과 절대왕정간의 정치적 주도권 다툼을 놓고 벌인 시민혁명이 근대 민주주의의 길을 연 초석이었다.

하지만 시민혁명이후에도 여전히 농민, 노동자, 여성 등 소외계층의 정치 참여는 배제됐다. 이들 소외 계층들이 참정권을 얻기까지는 살벌한 투쟁과 탄압이 계속됐다. 이 과정에서 서구 민주주의와는 달리 노동자와 농민 등 무산계급에 의한 정치를 의미하는 이른바 '프롤레타리아 독재'란 정치체계도 만들어 졌다.

1913년 6월4일 있었던 에밀리의 살신성인은 지구상 마지막 정치적 소외집단이었던 여성들의 참정권을 현실화시킨 단초였던 것이다.

5년 뒤 30세 이상 여성에게 참정권이 주어졌고, 1928년 전 여성에게 확대됐다. 투쟁의 결과보다는 제1차세계대전 때 여성들의 공헌을 고려한 조치였다. 영국 북부 모페쓰에 있는 그녀의 무덤에는 '여성사회정치동맹'의 구호가 쓰여 있다. "말이 아니라 행동을."

영국 여성이 완전한 참정권을 얻기까지는 그 뒤로도 15년이 더 필요했다. 미국 흑인은 1960년대에, 스위스 여성은 1971년에 투표권을 얻었다.

한국은 1948년 해방이후 근대적 보통선거제 도입을 통해 제헌 국회의원 선거가 실시되면서부터다. 이후 우리는 4.19혁명, 5.16 쿠데타, 유신투쟁, 군사독재저항, 5.18항쟁, 6월항쟁 등을 거치면서 내용면에서도 참정권의 완성도를 높여왔다.

1987년 민주화 이후 투표율이 지속적으로 떨어지고 있다. 그 사이 한국인의 삶의 질은 점점 더 나빠졌다. 투표하지 않은 만큼 무언가 잃고 있었다. 지난 대선 때는 1393만 명이 투표장을 찾지 않았다.

다른 사람이 자기의 운명을 결정하도록 한 것이다. 데이비슨은 자기의 정치적 의사를 표현하지 못하는 것을 자기 존재를 부정하는 죽음과 같은 일로 여겼다.

"말이 아니라 행동을.(Deeds not Words.)"

– 데이비슨의 묘비명

다른 사람이 내 삶을 좌우하지 않게 하는 방법 한 가지는 스스로 행동하는 것이다. 오늘이 바로 그날이다. 나라가 어느 방향으로 갈지 우리에게 묻고 있다.

더비 경마에서 투표권 쟁취를 위해 달리는 말에 몸을 던진 에밀리 데이비슨의 "말이 아니라 행동을.(Deeds not Words.)"

선거실행 체크리스트
선거홍보전략

1) 상황분석

유권자 분석(유권자의 선호이미지, 후보자 선택기준, 정보취득 경로)

경쟁자 분석(경쟁자의 홍보자원 및 홍보전략)

후보자 분석(후보자의 이미지 평가, 홍보자원)

2) 홍보기본전략

- 커뮤니케이션 목표
- 후보자 컨셉트
- 표적집단
- 전략개념
- 표현전략
- 표현 컨셉트(슬로건)
- 표현 체크포인트(표현의 톤과 매너)
- 매체전략
- 기본전략
- 활용계획
- 운영매체

- 집행일정
• 광고전략
- 광고목표
- 광고 컨셉트
- 크리에이티브 전략
• 홍보계획
- 단계별 후보자 및 정당 홍보계획
- 대 매체 접촉 계획

선거유세전략
• 상황분석
- 유권자 분석(연령별 · 소득수준별 · 계층별 · 출신지별 지역 분포 현황, 관심 사항)
- 경쟁자 분석(경쟁자 유세자원 및 유세전략)
- 후보자 분석(후보자의 유세자원, 개인적 특성, 인지도 지지도 상황, 현역 도전자 여부)
• 유세기본전략
- 유세목표
- 표적집단
- 유세테마
- 전략개념
- 유세일정

- 유세 시나리오
- 유세유형별 시나리오(정당 · 개인 연설회, 가두 유세)
- 표적유권자별 시나리오(성별, 연령별, 계층별, 지역별)
- 유세 지도
- 표적유권자 거주 및 주요 왕래지역
- 유권자 접촉 장소
- 선거유세 장소 및 가두유세 동선
- 지역별 요충지 유세방안
- 유세실행지침
- 후보자 유세실행지침
- 배우자 유세실행지침
- 선거운동원 유세실행지침

선거조직전략
- 상황분석
- 유권자 분석(주요 단체 및 기관 현황)
- 경쟁자 분석(경쟁자 조직자원 및 조직전략)
- 후보자 분석(후보자 조직자원)
- 조직기본전략
- 조직 목표
- 선거조직의 체계
- 주요 조직대상

- 조직 활동 일정
• 조직실행지침
- 공조직 운영계획
- 자원봉사단 운영계획
- 사조직 운영계획
- 참모진 운영계획

선거자금전략

• 상황분석
- 선거법상 선거비용 관련조항 분석
- 경쟁자 분석(경쟁자의 자금 현황 및 자금전략)
- 자금 소요 예측
- 후보자의 분석(후보자의 자금 현황)
• 자금집행계획
- 자금집행의 원칙
- 자금흐름 예산 수립
- 항목별, 프로그램별 예산 수립

선거 전략 실행 계획

1) 선거운동 전술계획
• 전략 집단 선정
• 유세 계획

- 선거운동 일정 계획
- 후보자 일정계획
- 선거운동원 일정계획
- Feed-back System 운영계획
- 예산계획

2) 촉진 계획 - 붐 조성 위한 촉진 계획
- 텔레마케팅 계획
- PC통신 운영계획
- TV토론회, 후보자 토론회 계획
- 이벤트 운영 계획

선거운동
선거운동 - 법정선거기간전(선거90일전 : D-90)

총괄
- 선거 체제로의 전환
- 전 조직력의 선거 체제화
- 선거사무소/ 연락소 확보 및 구성
- 각종 도표 및 행정지도 준비
- 선거전략 기본 계획 수립
- 선거구 분석

- 여론 분석
- 경쟁자 분석
- SWOT분석
- 기본 이미지메이킹 방향 설정
- 선거 수행 기본 자료 수집, 정리
- 인구자료, 명부확보, 지역현안 자료
- 총괄 기획팀 구성
- 기획실장 내정
- 기획실 팀 구성
- 법제 담당자 선정
- 정책팀 구성
- 총무/ 재무팀 구성
- 총무팀 구성 : 문서 수발 및 전반 업무
- 회계팀 구성
- 관리팀 구성 : 사무실, 연락소, 차량 및 요원 관리
- 민원접수팀 구성
- 민원 접수전화 신설
- 민원 접수 양식 및 방법 교육
- 민원의 정책 반영
- 각종 기념일 활용 대책 수립

후보자

- 출마 형태 확정 및 기본 선거 방식 결정
- 정당 공천 여부
- 선거 규모 및 자금 투여액 등 책정
- 본격적 지역활동 개시
- 경조사 수시 참석
- D-90까지 일일 후보일정표
- 연말 연시 활동 계획
- 지역내 각 단체 순방 계획
- 선거 핵심 참모진 물색, 확보
- 연설문안 작성 및 연습
- 후보자 추천대회용
- 종교활동 적극화

홍보

- 팀 구성
- 광고 책임자 선정 및 팀 구성(대행사 선정시는 책임자만 선정)
- 이벤트 기획팀 구성
- 전화홍보팀 구성(조직팀과 협조)
- PR(언론)책임자 선정 및 팀 구성
- 스피치라이터 팀 구성
- 후보 이미지메이킹 계획 수립

- 후보자 이미지 메이킹 방향 설정
- 홍보 요소별 계획
- 대행사 선정
- 사진 촬영
- 전속 사진사 확보
- 실외 사진 위주, 스튜디오 촬영
- 역대 홍보물 수집
- 의정보고회 준비
- 의정보고회 일정, 장소 선정
- 의정보고회 홍보물 작성
- 이미지 제고 및 친근감 조성을 위한 홍보활동
- 연말연시 친필 서신
- 단체, 그룹별 면담, 인사
- 사진찍어 보내기
- 현직 사진 명함 제작
- 권역별 홍보계획 수립
- 권역별 미장원, 버스정류장, 이발소, 목욕탕, 병원, 다방, 양복점, 슈퍼마켓 등 대중이 모이는 곳 중심하여 섹터화
- 전화번호부 해체/권역, 집단별 DB화, 외지 인명록 작성
- 외지의 영향력 있는 인물 리스트업

공조직(당원협의회, 구(舊)지구당)

• 선거 조직 정비 계획
- 단위 지역팀 : 읍/면/동 활동장 관리
· 유세 동원 책임자
· 선거 당일 책임자
. 투/개표 책임자 → 조직3원화로 다양화 운영
- 청년팀 : 청년 조직 관리
· 조직 관리팀
· 태스크 포스팀
· 이벤트팀
- 여성팀 : 여성 조직 관리
- 비공식 조직팀 : 직능, 학/혈연, 종교
- 라이프스타일 팀
- 유세팀(업무별 담당자 선정)
• 자원봉사자팀 운영
- 자원봉사단 운영팀 구성
- 자원봉사단 활용 및 인력 운용 계획
- 자원 봉사자 확보
· 후보자 및 배우자의 친지, 동문, 친우 동호인, 소속, 직능사
  회단체의 회원 및 그 자녀
· 청년조직구성 시 자녀 또는 자녀의 친구활용
• 선거구민 명부 확보 및 구역화

- 선거구민의 DB화 구축
- 선거구민의 A, B, C 등급 분류
- 취약 지역 분류
- 유권자 구조 분석, 지역별 특성 파악, 직능 자생단체 현황 및 주요 간부 명단 파악
- 현조직 1차 점검 및 신규 조직책 선정보완
- 선거 핵심 참모진 보완 및 선대위 구성
- 당원 교육 본격화
- 당원별 업무 분담 계획(활동 영역, 지위, 업무 및 역할)
- 당원 단합 대회
- 권역별 거점 확보
- 후보자 관련 각종 단체 임원 사무실 또는 친지등 지인의 사무실 활용
- 이·미용원, 식당, 목욕탕, 다방, 주점, 복덕방 등 다수인이 왕래하는 자영업소의 주인과 종업원을 거점으로 확보
- 거점과의 잦은 접촉으로 친밀감 증대
- 자원 봉사자화 유도

사조직
- 사조직의 구성/정비 및 세력화
- 사조직 선거대책위 구성 및 정례회의

조사

- 팀 구성
- 조사 담당자 선정
- 1차 여론조사 실시
- 후보자 또는 정당 명의의 여론탐색용 조사 실시
- 2차 여론조사 실시
- 선거 전반 계획 수립을 위한 정밀조사(질문지 조사)

선거운동-법정선거기간전(선거30일전 : D-30)

총괄

- 선거기획단 정식 발족
- 선거전략 확정
- 선거 컨셉트의 결정
- 표적 유권자의 결정
- 커뮤니케이션 채널 선정
- 타이밍 결정
- 자원 배분 계획 확정
 · 조직 운영 계획
 · 선거 운동 일정 계획
 · 후보자 일정 계획
 · 선거운동원 일정계획

· 자문위원회 활용계획

· 예산 계획

• 각종 선거 양식 준비

– 등록 서류 및 선거 일정 관련 서류 확보

• 선거 차량 확보

– 차량 확보 및 운영 계획

• 사무실 비품 확보

– 책상, 복사기, 전화 등 비품 확보

– 소모품등 각종 거래처 결정

• 정책/공약 결정

– 선거공약 및 이슈 결정

– 단계별 이슈 전략

– 핵심 이슈 선정

• 민원팀 가동

– 민원팀 본격 가동(민원 접수 및 처리)

• 의정보고회 실시

– 5월 5일까지 : 이후는 선거법에 의해 제한

• 후보자 추천대회 등 공식 행사 개최

– 공식행사를 기화로 대대적 인지도/이미지 제고 작업 실시

– 당원용 홍보물 대량 배포

– 언론기관 적극 활용

후보자

- 공개적인 선거활동

- 자신의 지지기반 대상 반 공개적 선거활동 개시

- 지지자 중심의 여러 선거 인맥 구성

- 일정표에 의한 치밀한 지역구 방문

- 일일 일정표에 의한 지역내 단체 방문

- 소외지역 방문

- 인지도 제고 위주의 집중 순방

- 선거 핵심 참모진 가동

- 참모회의 가동

- 유세 연습

- 유세 연습(후보자 및 부인)

- 1일 30명 이상 통화

- 후보 수행팀 구성

- 선거구내 지리에 밝은가?

- 주요 인사의 얼굴은 알고 있는가?

- 거부감을 주는 용모인가?

- 상황대처 능력은 있는가?

- 신뢰감이 있는가?

- 당 관계자 방문 인사

- 주요 당직자 회의 참석

- 주요 당직자와 상견례 및 친분화

- 관내 주요기관 방문 인사
- 도·시·군·구청, 경찰서, 교육청, 읍·면·동사무소, 언론사, 행정기관

홍보
- 당 공식행사(추천대회) 대대적 개최
- 현수막 등 장식물 점검
- 홍보물등 배포 물품 점검
- 장소 및 법적 요건 점검
- 후보 연설문 점검
- 기타 이벤트 점검
- 의정보고회 개최
- 현수막 등 장식물 점검
- 홍보물 배포 물품 점검
- 장소 및 법적 요건 점검
- 후보 연설문 점검
- 기타 이벤트 점검
- 홍보물 제작 일정 점검
- 광고대행사에 대한 브리핑
- 아이디어 회의
- 기획 방향 점검 및 결정
- 제작물 1차 시안 결정 및 보완

- 유세 장소 예정지 사전 답사
- 지역별 공약 세분화
- 민원, 숙원사항 정리
- 각 지역별 부착 홍보물 등 크기/위치 점검
- 참석 수행인사 섭외
- 연설회 차량 준비
- 현수막 부착 장소 점검
- 약도, 사진
- 전화홍보요원 선발 완료/훈련
- 선발 : 친절한 유경험자인가?
- 표준말 또는 해당 지역 말씨를 쓰는가?
- 교육
- 시나리오 준비
- 통화대상자 전화번호부 확보

공조직(지구당)

- 선거 실무 조직 인선 마무리
- 선거 사무장, 대책본부장, 회계, 총무, 기획실장, 각 부서장 등
- 선거 조직 가동 시작
- 지역별 정책 공약 결정 및 여론 확산 작업
- 지역별, 조직별, 사람별 선거 준비/운동 지침서 작성
- 당원의 소집단화 추진

- 투표구 협의회장 중심 후보자 공개 여론화
- 당원 대상 사랑방 좌담회 형식 소집단 통한 묶음화 시작
• 전반 업무 매뉴얼화 마무리
- 선거 전반 업무의 매뉴얼화 마무리
- 신규 운동원에 대한 매뉴얼 교육
• 청년 기동대 구성
- 불법선거 활동 감시
- 유사시 비상 출동
- 이벤트 업무
• 권역별 거점 추진

사조직
• 사조직 위원회 본격 가동
- 다방 등의 대중이 모이는 장소를 중심으로 구전활동 시작
• 공조직과의 연대/협력 방안 구체화
• 공조직과의 역할 분담 구체화

조사
• 여론조사 실시
- 상황 변동 추적

선거운동-법정선거기간전(선거기간시작전 : D-15)

총괄

- 선거인 명부 작성 입회인 신고
- 득표 목표 최종설정
- 현재 예상 득표수 분석
- 추가 득표 계획
- 선거 상황실 설치
- 선거운동 상황판 설치
 · 주민 분석
 · 세부 단위별 우열 분석
 · 일일 일정 및 선거운동 상황, 알림 등 고시
 · 일일 선거 운동 수칙 공지
- 비용 계획 확정
- 선거 비용 제한액에 따른 비용 지출 계획 확정
- 선거 기탁금 확보
- 일정별 계획에 따른 자금수급 계획
- 법정일전 지출 비용 처리
- 지출한계의 10%이상을 예비비로
- 선거 일정 관련 법적 준비 완료
- 등록 서류 최종 점검
- 선거사무 행정 서식 등 최종 점검

- 선거인 명부 복사 인수
- 타후보 사무실, 차량 등 필요사항 파악
- 취약지역/대상층 선거전략 수립
- 부재자 대책

후보자

- 인지도 및 지지도 점검
- 경쟁 후보 대비 강/약점 최종 분석
- 선거전략 및 정책, 공약 이론화 및 숙지
- 각 언론 담당자와 간담회 등 개최
- 대담, 토론회 준비 및 참석
- 선거 조직책, 책임자들과 연쇄 감담회 주재

홍보

- 홍보물 최종 점검 및 인쇄 준비 완료
- 현수막등 샘플 점검 및 안 결정후 제작 돌입
- 각종 홍보물의 최종 안 확정
- 각종 홍보물의 교정쇄 확인
- 인쇄소 점검—정당 후보자의 경우 인쇄 개시
- 방송원고 작성
- TV용, 라디오용
- 지역별, 유세 종류별 유세 문안 확정, 리허설

- 유세 문안 확정
- 비디오 촬영 녹화 점검
• 출마에 즈음한 기자회견 준비
- 기자회견문
- 기자회견시 대담 내용
• 각 언론사에 후보자 미이더 키트 배포
• TV 및 단체 토론 준비
- 토론 가이드
- 리허설
• 중앙당 당보 배포
- 지역판 특집 1차 배포
• 전화 홍보 가동
- 1차 당원 인사 중심
• PC 홍보 가동
- 대화방 오픈 예고 및 토론 유도

공조직
• 전 조직의 선거 체제화 가동
• 지역별 인적 자원 최종 점검 및 독려
• 자원봉사자 및 당원 모집 독려
• 자원봉사자 집체교육/역할 교육
• 상근 조직원의 대폭 확충 및 사전 교육

- 전 운동원의 실전 배치
- 부녀자 여론 조성팀 가동, 점검
- 선거인 명부 열람
- 지지자의 누락 여부 확인
- 통협의회장과 정밀 성향 분석
- 청년 이벤트팀 최종 리허설 및 도상 연습
- 유세팀의 최종 점검
- 합동 유세
- 정당, 후보 연설회
- 공개장소에서의 연설, 대담
- 여론조성 이동반 가동
- 활동 장소 확인 및 가동
  · 대화식의 후보자 인적 설명
  · 대화식의 승리 대세몰이
- 확대당직자 회의 개최
- 선거일간 유권자 인사 계획 수립
- 일일 계획(장소, 인력 배치)
- 후보일정 포함

사조직

- 사조직 팀 일일 동향 보고서 작성, 제출
- 여론 동향 보고서

- 선거일간 명함 배포 계획 수립
- 일일 배포 장소, 인력 배치 계획(공조직과 협의)

조사

- 전화 여론조사 1차
- 인지도 동향을 위주로 조사

선거운동-법정선거기간(초반:D-16~D-11)

총괄

- 후보자 등록 신청
- 선거인 명부 누락자 등재 신청
- 기자회견 및 언론사 방문
- 기자회견 : 출마의 변, 공약, 강점
- 언론사 방문 : 협조 분위기 유도
- 투표용지 가인 정당 대리인 신고
- 선거인명부 사본교부
- 교부신청(읍 · 면 · 동의 장에게 디스켓과 사본 동시 신청)
- 선거 책임자 신고
- 선거사무장, 연락소장, 사무원, 회계 책임자
- 선거 사무소 현판식 개최

- 다과, 음료, 떡 제공
- 참석자 확인 : 핵심 당직자, 참모, 운동원
- 음향시설 준비, 당가, 로고송 방송
- 후보 인사, 격려사 등으로 이벤트화

후보자
- 본격 선거 유세/운동시작
- 05:30부터 23:00까지의 일정에 따른 강행군
- 일일 전략회의 주재
- 매일밤 10:30
- 평가회의 및 익일 전략 숙의
- 일일 유세 자료 검토
- 합동연설회 준비
- 연설문작성, 원고 암기, 회독

홍보
- 경력 방송 원고 제출
- 법정 1차 홍보물 제출
- 선거공보, 8페이지 책자, 선거벽보
- 현수막 게첨
- 선관위 검인후 게첨
- 외지인 활용 계획

- 전화5통, 캠페인
- 정당 홍보물 배포
- 특별 당보
- 당원용 8페이지 홍보물
- 기타 당원교육용 홍보물

공조직
- 주요지역 인사활동 독려
- 장소 점검 및 배포 독려
- 전 조직원(사조직 포함) 아침조(7:30–9:30), 저녁조(06:00~ 09:00) 동원

    (버스 정류장, 전철역, 대로변 등)
- 일요일, 종교시설 배포
- 토요일, 주택가/상가 집중 배포
- 이동식 여론 조성반 계속 가동
- 부녀자 연론 조성반 집중 가동
- 각 대책반 회의
- 임무 점검 및 독려
- 선거인 명부 활용
- 권역별 분류, 성향 분석, 선거 활용
- 합동연설회
- 연설문 회독, 숙독 확인

- 인원 동원 계획
- 청년기동대 가동
- 타후보 불법 사례 적발
- 대세몰이 이벤트

사조직

- 공고직과 연계한 홍보물 배포 작업 계속
- 여론 조성반 가동
- 별도의 전화 홍보팀 가동

조사

- 2차 전화 여론 조사
- 인지도 제고 여부 파악
- 이미지 파악

선거운동-법정선거기간(중반 : D-10~D-4)

총괄

- 부재자 투표 참관인 신고
- 부재자 투표 참관
- 취약지구 대책회의

- 현황 파악
- 대책 수립, 집행
• 선거전략 중간 점검
- 인지도, 선호도, 지지도 지수 점검
- 이미지 점검
- 공약, 정책 호응도 점검
- 종반 대책 강구

후보자
• 일일 일정 계획에 따른 강행군 계속
• 중반 전략 점검에 따른 방향 검토

홍보
• 법정 2차 홍보물 제출
- 전단형
• 현수막 점검, 교체
• 유세전략 중간 점검
- 집단별, 직능별
• 당보 특별반 배포
- 당보 특별판
- 당원용 중앙당 홍보물

공조직

- 선거인 명부에 따른 지지정도 3차 분류 작업
- 부동층 분류
- 부동층에 대한 집중 홍보
- 정당/개인 연설회 개최
- 장소 선정
- 고지 벽보 확인
- 연설원 확정
- 유세장/개인 유세 대세몰이
- 대세몰이 이벤트
- 타후보 선거 부정 감시
- 취약지역/대상 특별 대책 시행

사조직

- 공조직과 연계한 명함 배포 계획 재조정
- 조직 단합 모임 및 1인 3인 흡수화 전략 적극화
- 동원 득표 배가 운동
- 하루 10통 전화하기 운동

조사

- 제3차 전화 여론조사
- 인지도, 지지도, 이미지 점검

선거운동—법정선거기간(종반 : D-3~D-1)

총괄

- 투개표 참관인 신고
- 기본계획 수정하여 최종 집행
- 종반 선거전략
- 최종 득표 예상치 분석
- 막판 대책 강구(부동표 흡수 등)
- 마타도어 및 타후보 대책
- 홍보물 가두 배포 강화 방안
- 투개표 준비
- 활동 지침 시달
- 무전기 등 소지품 준비
- D-1 대세몰이 계획
- 오픈카 등 이용 이벤트 계획
- 강세지역 관리 강화
- 투표 당일 대책
- 당일 인원별 업무 분담
- 후보자 일정 확정
- 후보자 일정 따른 언론 대책

후보자

- 종반 3일 전력 투구
- 종반 전략 최종 결정
- 투표 전일 집중 캠페인
- D-1 캠페인 결정
- 투표 당일 계획
- 당일 일정에 따른 활동
  ·아침 일정
  ·투표장 일정
  ·낮시간 일정
  ·개표장 방문 일정
  ·저녁 선대본부 일정
  ·기자회견 일정

홍보

- 현수막 보완 점검
- 종반 언론 대책 점검
- 대세론 전파
- 대규모 전화홍보 작전
- 대세론 전파
- 당원, 지지자 : 투표 당부
- 부동층 : 지지 유도

- 당보특별판 배포
- 대세론 전파
- 당선사례 홍보물 준비
- 현수막

공조직

- 종반 홍보물 배포 점검 및 독려
- 전 조직원 가동 종반 계획 실행
- 저녁 시간 집중
- 유권자 분석에 따른 최종 득표 전략 실행
- 예상 득표수 분석
- 잔여 목표 득표 달성위한 최종 전략 실행
- 정당/개인 연설회 개최
- 대세몰이 전략 실행
- 청년기동반 적극 가동
- 타후보 선거부정 감시
- 이벤트 집중 실시

사조직

- 종반 집중 득표 활동 계속
- 최종 표단속 전화 홍보
- 투표 당일 전략 시행

- 여론몰이팀 독려

조사
- 최종 전화 여론조사
- 최종 지지도 파악

선거운동-선거후 점검사항(투표일 이후 : D+1)

총괄
- 당선사례 홍보물
- 현수막 게첨
- 당선 축하연
- 선거운동원 등
- 관련자 노고 치하
- 선관위, 행정기관, 언론기관 방문
- 회계 서류 점검, 보고 준비
- 법정 서류 준비
- 영수증 정리
- 선거 현수막 철거
- 선거 사무실 정리

두 개의 열굴을 가진 야누스신의 상이야말로 정치의
가장 심오한 현실을 표현한 것이다.

— M. 듀버거

백성을 다스리는 임금은 마치 활 쏘는 사람과 같아, 그
손에서 털끝만큼만 빗나가도 결과에 가서는 몇 길이나
어긋나게 마련이다.

- 회남자

부록(참고자료)

제20대 국회의원선거 사무일정표

시행일정	요일	실 시 사 항	기 준 일	관계법조
'15. 10. 16.부터 '16. 5. 13.까지	금 금	재외선거관리위원회 설치·운영	선거일전 180일부터 선거일후 30일까지	법§218①, 규§136의2
'15. 11. 15.부터 '16. 2. 13.까지	일 토	국외부재자 신고 및 재외선거인 등록신청	선거일전 150일부터 60일까지	법§218의4, 5, 6 규§136의4, 5
11. 15.까지	일	인구수 등의 통보	인구의 기준일(예비후보자등록신청 개시일이 속하는 달의 전전달 말일) 후 15일까지	법§4, §60의2①, 규§2①②
12. 5.까지	토	선거비용제한액 공고·통지 예비후보자홍보물 발송수량 공고	예비후보자등록신청개시일전 10일까지	규§51①②, 규§26의2③
12. 15.부터	화	예비후보자등록 신청	선거일 전 120일부터	법§60의2①
'16. 1. 14.까지	목	각급선관위 위원, 향토예비군 중대장급 이상의 간부, 주민자치위원, 통·리·반의 장이 선거사 무관계자 등이 되고자 하는 때 그 직의 사직	선거일전 90일까지	법§60②
		입후보하는 공무원 등의 사직	선거일전 90일[비례대표국회의원 선거에 입후보하는 경우 선거일전 30일 : 3.14(월)]까지	법§53①②
1. 14.부터 4. 13.까지	목 수	의정활동 보고 금지	선거일전 90일부터 선거까지	법§111
2. 13.부터 4. 13.까지	토 수	지방자치단체장의 선거에 영향을 미치는 행위 금지	선거일전 60일부터 선거까지	법§86②
2. 24.부터 3. 4.까지	수 금	재외선거인명부 등 작성	선거일전 49일부터 40일까지	법§218의8, 9 규§136의8, 9
3. 14.에	월	재외선거인명부 등 확정	선거일전 30일에	법§218의13①
3. 22.부터 3. 26.까지	화 토	선거인명부 작성	선거일전 22일부터 5일이내	법§37, 규§10
		거소·선상투표신고 및 거소·선상투표신고인명부 작성		법§38, 규§11
		군인 등 선거공보 발송신청		법§65⑤
3. 24.부터 3. 25.까지	목 금	후보자등록 신청 (매일 오전 9시 ~ 오후 6시까지)	선거일전 20일부터 2일간	법§49, 규§20
3. 30.부터 4. 4.까지	수 월	재외투표소 투표 (매일 오전 8시 ~ 오후 5시까지)	선거일전 14일부터 9일까지 기간중 6일 이내	법§218의17①⑥, 규§136의15
3. 30.까지	수	선거벽보 제출	후보자등록마감일 후 5일까지	법§64②, 규§29④
3. 31.	목	선거기간개시일	후보자등록마감일 후 6일	법§33③
3. 31.까지		대담토론회 초청 후보자 선정	선거기간개시일까지	법§82의2④
4. 1.까지	금	선거공보 제출	후보자등록마감일 후 7일까지	법§65⑥, 규§30⑤
		선거벽보 첩부	제출마감일 후 2일까지	법§64②, 규§29②⑤
4. 1.에	금	선거인명부 확정	선거일전 12일에	법§44①
4. 3.까지	일	거소투표용지 발송 (선거공보, 안내문 동봉)	선거일전 10일까지	법§65⑥, §154①⑤, 규§77
		투표안내문(선거공보 동봉) 발송	선거인명부확정일 후 2일까지	법§65⑥, §153①, 규§76
4. 5.부터 4. 8.까지	화 금	선상투표	선거일전 8일부터 5일까지 중 선장이 정한 일시	법§158의3
4. 8.부터 4. 9.까지	금 토	사전투표소 투표 (매일 오전 6시 ~ 오후 6시까지)	선거일전 5일부터 2일간	법§155②, §158
4. 13.	수	투 표 (오전 6시 ~ 오후 6시까지)	선 거 일	법 제10장
		개 표 (투표종료후 즉시)		법 제11장
4. 25.까지	월	선거비용 보전청구	선거일후 10일까지(기간의 말일이 토요일 또는 공휴일인 때에는 그 다음날)	법§122의2①, 민법§161, 규§51의3①
6. 12.이내	일	선거비용 보전	선거일후 60일 이내	법§122의2①, 규§51의3②

후보자등록 신청 제출서류

(제20대국선)

1. 등록신청서   1부
2. 정당추천서 또는 후보자추천장   1매
3. 가족관계증명서   1통
4. 사직원접수증 또는 해임증명서   1통
   (해당자에 한함)
5. 등록대상재산에 관한 신고서   1통
6. 병역사항에 관한 신고서   1통
7. 세금납부체납증명에 관한 신고   1통
8. 전과기록 증명에 관한 제출서   1통
9. 정규학력에 관한 제출서   1통
10. 공직선거후보자등록 경력신고서   1통
11. 기탁금 무통장입금증   1부
   - 현금 :   원정(₩   )
   - 자기앞수표 :   원정(₩   )
     금융기관명 :   수표번호 :
11. 인영신고서   1통
12. 기 타
   ◦ 경력방송원고   매
   ◦ 사진   매

후보자 등록신청서

1. 선거명(선거구명)
2. 소속정당명
3. 성　　　명　　　　　　　　(한자 :　　　　　　)
4. 주민등록번호
5. 주　　　소(전화번호, 휴대전화번호)
6. 직　　　업
7. 학　　　력
8. 경　　　력

2016년 4월 13일 실시하는 제20대 국회의원선거 후보자로 등록을 신청합
니다.

2016년　　　　월　　　　일

○○선거관리위원회　귀중

※ 덧붙임 서류 : (1) 정당의 후보자추천서 또는 선거권자의 후보자추천장
　　　　　　　 (2) 가족관계증명서
　　　　　　　 (3) 사직원접수증 또는 해임된 것을 증명하는 서류
　　　　　　　 (4) 등록대상재산에 관한 신고서
　　　　　　　 (5) 병역사항에 관한 신고서
　　　　　　　 (6) 최근 5년간 세금납부 · 체납증명에 관한 신고서
　　　　　　　 (7) 전과기록증명에 관한 제출서
　　　　　　　 (8) 정규학력 증명에 관한 제출서
　　　　　　　 (9) 인영신고서
　　　　　　　(10) 사진

주: 1. 국내거소신고를 한 재외국민은 "주민등록번호"란에 국내거소신고번호를 적고, "주소"란에 국내거소신고지를 적습니다.

2. 학력은 정규학력을 기재하여야 하며, 학력을 기재하는 때에는 출신학교명 또는 국내 정규학력에 준하는 외국의 교육기관에서 이수한 학교명(졸업·수료·중퇴 당시의 학교명을 말함)과 중퇴한 경우에는 수학기간을 명확하게 사실대로 기재하여야 합니다.

3. 국내 정규학력에 준하는 외국의 교육기관에서 이수한 학력증명서는 한글번역문을 함께 제출하여야 합니다.

4. 경력은 주요 경력을 2개 이내로 적되, 현직의 경우 "(현)"으로, 현직이 아닌 경우 "(전)"이라 표시하여야 합니다.

5. 한글로 표기된 성명은 투표용지에 그대로 게재되므로 가족관계증명서에 기재된 성명을 정확히 기재하여야 합니다.

후 보 자 추 천 서

1. 선거명(선거구명) :

2. 추천받는 자

　가. 성　　　　명　　　　　　　（한자 :　　　　　　　　　）

　나. 주민등록번호

　다. 주　　　　소

3. 추천절차

　위의 사람을　2016년 4월 13일 실시하는 제20대 국회의원선거에 있어서 ○○당의 후보자로 추천합니다.

　　　　　　　　　　　　　　　　　　　2016년　　　월　　　일

　　　　　　　　추천인 ┌ ○　　○　　당 ㉑ ┐
　　　　　　　　　　　　└ 대 표 자 ○ ○ ○ ㉑ ┘

○○ 선거관리위원회 귀중

주 :　1. 국내거소신고를 한 재외국민은 "주민등록번호"란에 국내거소신고번호를 적고, "주소"란에 국내거소신고지를 적습니다.

　　　2. "추천절차"란은 「공직선거법」제47조와 관련, 민주적인 절차를 거쳐 추천된 후보자임을 증명할 수 있는 내용을 기재하여야 합니다.

후보자추천장(검인)·(교부)신청서

1. 선거명(선거구명) : 제20대 국회의원선거(선거구)

2. 입후보예정자

   가. 성　명 (한 자)

   나. 주민등록번호

   다. 주소(전화번호)

3. (검인)·(교부)신청매수 :   매

     2016년 4월 13일 실시하는 제20대 국회의원선거에 있어서 후보자로 등록을 하고자 후보자추천장의 (검인)·(교부)를 위와 같이 신청합니다.

                             2016년   월   일

              신청인 (입후보예정자) ○ ○ ○　㊞

○○ 선거관리위원회 귀중

주 : 국내거소신고를 한 재외국민은 "주민등록번호"란에 국내거소신고번호를 적고, "주소"란에 국내거소신고지를 적습니다.

공직선거후보자재산신고서

등록의무자 후보자	① 성명	(한글)	②소속정당		③선거명	
		(한자)	④생년월일 (성별)		⑤ 선 거 구 명	
	⑥ 주소	자택				
		직장				

⑦ 신고사항 (해당항목에 "✔"자 표시)

재 산 신 고 사 항	기타사항
□ 부 동 산　　　□ 부동산에 관한 규정이 준용되는 권리와 □ 현금·수표　　　　자동차·건설기계·선박 및 항공기 □ 채　　 권　　□ 예　 금　　□ 증　 권 □ 보 석 류　　□ 채　　 무　　□ 금·백금 □ 지식재산권　　□ 골동품·예술품　　□ 회 원 권 □ 합명회사·합자회사·유한회사출자지분　　　□ 재산신고사항 없음	□비영리 법인에 출연재산

　　본인은 공직선거의 후보자로서의 명예와 양심에 따라 성실하게 신고할 것을 서약하며「공직자윤리법」제10조의2제1항의 규정에 의해 신고대상 재산을 별지와 같이 작성·제출합니다.

2012년　　　월　　　일

위 후보자 :　　　　　　(서명 또는 날인)

○○선거관리위원회　귀중

주: 1. 무소속후보자는 "②소속정당"란에 "무소속"이라 기재합니다.

　　2. "⑥주소"란은 도로명(지번 주소를 적는 경우에는 읍·면·동)까지만 기재

후 보 자 재 산 신 고 사 항

①소　속 　정당명		②선거명및 　선거구명		③성　명	

④재산의 　구　분	⑤후보자와 　의 관계	⑥재산의 　종　류	⑦ 소재지·면적 등 권리명세	⑧가　액 　(천　원)	⑨비　고
합　계					

※ 무소속후보자는 "①소속정당명"란에 "무소속"이라고 기재함.

공직선거후보자병역사항신고서

<table>
<tr><td rowspan="9">후

보

자</td><td rowspan="2">①성명</td><td>(한글)</td><td>②소 속
정당명</td><td></td><td>③선 거 명</td><td></td></tr>
<tr><td>(한자)</td><td>④생년월일
(성별)</td><td></td><td>⑤선거구명</td><td></td></tr>
<tr><td rowspan="2">⑥주소</td><td>자택</td><td colspan="4"></td></tr>
<tr><td>직장</td><td colspan="4"></td></tr>
<tr><td colspan="2">⑦등록
기준지</td><td colspan="4"></td></tr>
</table>

⑧첨부서류　□　본인 및 직계비속의 병역사항(별지)

　　　　　　　□　병적증명서　부

　　　　　　　□　복무확인서　부

　본인은「공직자 등의 병역사항 신고 및 공개에 관한 법률」제9조제1항의 규정에 의해 병역사항을 별지와 같이 신고합니다.

2016년　　　월　　　일

위 후보자　　　　　　(인)

○ ○ 선거관리위원회 귀중

주: 1. 무소속후보자는 "②소속정당"란에 "무소속"이라 기재합니다.

　　2. "⑥주소"란과 "⑦등록기준지"란은 도로명(지번 주소를 적는 경우에는 읍 · 면 · 동)까지만 기재합니다.

　　3. "본인 및 직계비속의 병역사항(별지)"은 발급받은 "병적증명서" 또는 "복무확인서"에 의하여 작성하여야 합니다.

〈별　지〉

본인 및 직계비속의 병역사항						
① 소　　속 정 당 명		② 선 거 명 및 선거구명			③ 성　명	

④본인과 의관계	⑤ 성　명 (한자)	⑥생년월일 (성별)	⑦주　　소	⑨병 역 사 항	⑩비고
			⑧등록기준지		

최근 5년간 세금납부·체납증명에 관한 신고서

선 거 명			선거구명	
후보자	성 명 (한 자)	( )	소속정당명	
	생년월일 (성 별)	( )	주 소	

납 세 신 고 사 항

□ 소득세

□ 재산세

□ 종합부동산세

첨부서류 : 소득세·재산세 및 종합부동산세의 납부·체납사항(별지)

　2016년 4월 13일 실시하는 제20대 국회의원선거에 있어 「공직선거법」 제49조제4항제4호의 규정에 따라 소득세·재산세 및 종합부동산세 납부·체납사항을 위와 같이 작성·제출합니다.

2016년　　월　　일

위 후보자　　　　　　(인)

○○ 선거관리위원회 귀중

주 : 1. "납세신고사항"란에는 소득세 등의 신고사항을 "√"등으로 표시합니다.

　　 2. 소득세·재산세 및 종합부동산세의 납부·체납사항(별지)은 후보자등록신청개시일 전 1월 이후에 발급받은 증명서에 의하여 작성하여야 합니다.

　　 3. "주소"란은 도로명(지번 주소를 적는 경우에는 읍·면·동)까지만 기재합니다.

소득세·재산세 및 종합부동산세의 납부·체납사항

| 소속정당명 | | 선거명
(선거구명) | | | | 성 명 | |

(단위 : 천원)

연도	후보자 와의 관계	성명	소 득 세			재 산 세			종합부동산세			계		
			납부 세액	당해연도 체 납 액 (완납일자)	현체 납액	납부 세액	당해연도 체 납 액 (완납일자)	현체 납액	납부 세액	당해연도 체 납 액 (완납일자)	현체 납액	납부 세액	체납액	현체 납액
2007 년도														
	소계													
2008 년도														
	소계													
2009 년도														
	소계													
2010 년도														
	소계													
2011 년도														
	소계													
합 계														
	합계													

주 : 1. "후보자와의 관계"란에는 "본인", "배우자", "부 또는 모", "장남·차남·3남", "장녀·차녀·3녀" 등으로 기재하되, 혼인한 딸과 외조부모, 외손자녀 및 외증 손자녀는 제외합니다.

2. 후보자의 직계존속이 세금납부·체납에 관한 신고를 거부한 때에는 "납부세 액"란에 "신고거부"라고 기재합니다.

3. 소득세·재산세 및 종합부동산세(이하 "소득세 등"이라 함)는 천원단위(백원 단위 절사)까지만 기재합니다.

4. 소득세 등의 납부·체납사항 제출대상자중 납부·체납실적이 없는 경우에는 "해당없음"이라고 기재합니다.

5. 해당연도 과세분중 체납액을 완납한 경우에는 ( ) 안에 그 완납일자를 기재 합니다.

6. 건당 10만 원 이하 또는 3월 이내의 체납은 제외합니다.

소득세 및 종합부동산세 납부·체납증명신청서			처리기간
			2일

후 보 자 성 명		주민등록번호		–		전화번호 (휴대전화 번호)	
증명발급대상 직계 존비속	명단 별지	* 증명서 발급대상자 명단은 별지로 첨부하여 후보자 의 서명 또는 도장(위임의 경우 위임자의 인감도 장)을 갈인 날인					
증명발급대상기간		최근 5년간					
원천징수 소득세 발급 미희망 세목주1)							
제 출 처		선거관리위원회		용 도		공직선거후보자용	

위 증명을 발급하여 주시기 바랍니다.

2016년   월   일

신청인(위임받은 사람) : (성명)   (서명 또는 도장)

위 임 장(본인이 아닌 경우)

위 본인은 아래 위임받은 사람에게 소득세 및 종합부동산세 납부·체납증
명서의 신청 및 수령에 관한 일체의 권리와 의무를 위임합니다.

위임하는 사람 : (성명)   (인감도장)

위임받은 사 람	성 명		주민등록번호	–
	위임자와의 관 계		전 화 번 호 (휴대전화번호)	

※ 1.「소득세법」제127조제1항에 따라 원천징수하는 소득세(분리과세 이자배당소득세는 제외)
   중 발급을 원하지 않는 세목을 기재하시기 바랍니다. 다만, 타소득이 있어 종합소
   득금액에 합산된 원천징수 세액은 제외함.

2. 신청인이 본인이 아닌 경우에는 위임장과 함께 신청인 신분을 확인할 수 있는
   신분증(주민등록증, 운전면허증 등)을 제시하는 경우에 한해 발급하여 드립니다(후
   보자의 인감을 날인하고 인감증명서 첨부)

3. 다른 사람의 인장도용 등 허위로 위임장을 작성하여 신청할 경우에는「형법」제
   231조와 제232조에 따라 사문서 위·변조죄로 5년이하의 징역 또는 1천만원 이하
   의 벌금에 처하게 됩니다.

소득세 및 종합부동산세 납부·체납증명서 발급대상자 명단				
일련번호	성 명	후보자와의 관 계	주민등록번호	주 소
1		본 인	-	
2				
3				
4				
5				
6				
7				
8				
9				
10				
11				
12				
13				
14				
15				
16				
17				
계		명		

범 죄 경 력 조 회 신 청 서

신 청 인	성 명 (정당의 명칭과 대표자)	( )	주민등록번호	
	주 소 (소 재 지)	(전화번호)		
조 회 대 상 자	성 명 (한 자)	( )	주민등록번호	
	주 소			

　　2016년 4월 13일 실시하는 제20대 국회의원선거의 후보자등록을 위하여 「공직선거법」 제49조제10항 규정에 따라 형의 실효에 불구하고 조회대상자의 금고 이상의 형(「공직선거법」 제18조 제1항 제3호에 규정된 죄의 경우에는 100만 원 이상 벌금형을 포함)의 범죄경력(실효된 형, 사면·복권된 형을 포함)에 관한 기록을 회보하여 주시기 바랍니다.

2016년 　　월 　　일

신청인　　　　　┌○　　　　○　　　　당 ㊞
　　　　　　　　　└대표자　○　○　○ ㊞
　　　　　　　　　후보자가 되려는 사람 ○ ○ ○ ㊞

○○ 경찰서장 귀하

주 : 　1. 정당이 여러 명의 범죄경력을 함께 조회하는 경우에는 조회대상자 "성명"란에 "별지참조"라 기재하여 첨부합니다.

　　　2. 국내거소신고를 한 재외국민은 "주민등록번호"란에 말소된 주민등록번호 또는 생년월일을 적고 "주소"란에　국내거소신고지를 적습니다.

전과기록증명에 관한 제출서

선 거 명		선거구명	
후보자	성 명 (한 자)	소속정당명	
	생년월일 (성 별)	주 소	

전 과 기 록

죄 명	형 량(처분결과)	처분일자	비 고

첨부서류 : 범죄경력조회 회보서 1부

2016년 4월 13일 실시하는 제20대 국회의원선거에서 「공직선거법」 제49조제10항에 따라 전과기록에 관한 증명서를 위와 같이 제출합니다.

2016년   월   월

위 후보자   ㉑

○○ 선거관리위원회 귀중

주 1. 첨부하는 범죄경력조회 회보서는 "공직선거후보자용"으로 발급된 회보서를 제출하여야 합니다.
   2. "주소"란은 도로명(지번 주소를 적는 경우에는 읍·면·동)까지만 기재합니다.
   3. 전과기록은 선거기간 개시일전 150일 이후에 발급받은 범죄경력조회 회보서에 의하여 작성하여야 합니다.

정규학력증명에 관한 제출서

선 거 명			선 거 구 명	
후보자	성 명 (한 자)		소속정당명	
	생년월일 (성 별)		주 소	

국 내 정 규 학 력

학 력	증명서명	발급번호	발급기관명

외국의 교육기관에서 이수한 학력

학 력	증명서명	발급번호	발급기관명

덧붙임 : 증명서(외국 학력증명서의 경우 한글번역문을 포함함)   부.

  2016년 4월 13일 실시하는 제20대 국회의원선거에서 「공직선거법」제49조제4항제6호에 따라 정규학력에 관한 증명서를 위와 같이 제출합니다.

2016년   월   일

위 후보자 ○ ○ ○   ㉑

○○ 선거관리위원회 귀중

주: 1. 국내 정규학력은 최종학력을 기재하여야 하며, 학력을 기재하는 때에는 출신학교명 또는 국내 정규학력에 준하는 외국의 교육기관에서 이수한 학교명(졸업·수료·중퇴 당시의 학교명을 말함)과 중퇴한 경우에는 수학기간을 명확하게 사실대로 기재하여야 합니다. 이 경우 증명서 제출이 요구되는 학력은 예비후보자 홍보물·선거벽보·선거공보 및 후보자가 운영하는 인터넷 홈페이지에 게재하였거나 게재하려는 학력을 말하며, 국내 정규학력은 최종학력에 한합니다.

2. 국내 정규학력에 준하는 외국의 교육기관에서 이수한 학력증명서는 한글번역문을 함께 제출하여야 합니다.

3. "주소"란은 도로명(지번 주소를 적는 경우에는 읍·면·동)까지만 기재합니다.

4. 학력은 출신학교 등 해당 교육기관으로부터 발급받은 증명서에 의하여 작성하여야 합니다.

제18대 국회의원선거 공직후보자 추천신청 서식

20○○. 2. .

한 나 라 당
공직후보자추천심사위원회
(☎ 02-3786-3520~3527, 3288, 3298)

공직후보자 추천 신청서

신 청 선거구	시·도 선거구			사 진
성 명	(한글)	성 별		
	(한자)	연 령	(만)	
	(영문)			
주민등록 번 호				
본 적				연락처(전화번호)
주 소				휴대 전화
직 업 및 직 책			사무실	
			자 택	
			e-mai l	
입 당 연월일	년 월 일	당 직		

본인은 제18대 국회의원선거에서 상기 선거구에 입후보하고자
당 추천을 신청합니다.

2008.   .   .

신청자   ㊞

한나라당 대표최고위원
　　　　공천심사위원장 　귀하

507

당 적 확 인 서

제   호

성 명	(한글) (한자)	주민등록 번 호	
본 적			
주 소			
입당일자			

상기인은 한나라당의 당원임을 확인함.

2008.   2.   .

  한나라당 (   )시·도당위원장   (직인)

입 당 원 서

(한글) (한자) (영문)	주민등록 번 호		실제 생일	월 일(양, 음)
주소				

직업		전 화	자 택
주요 경력			직 장
			휴대전화
			E-mail

본인은 한나라당에 입당하고자 이에 입당원서를 제출합니다.

2008년   월   일

본 인   인

추 천 인   인

심 사	사무처장	위 원 장
	년 월 일 입당확정	

한나라당 (   ) 시·도당 귀중

서 약 서

  본인은 제18대 국회의원선거 후보의 당 추천에 있어 당의 결정에 절대 승복함은 물론 아래 사항을 준수할 것을 굳게 서약합니다.

○ 일체의 신청 제반서류는 본인이 작성하였으며, 당의 결정과정과 그 결과에 대하여 절대로 이의를 제기하지 않는다.

○ 본인이 제출한 일체의 신청서류 중 기재내용이 누락되었거나 허위사실로 밝혀질 경우에는 그 신청을 무효로 한다.

○ 공직후보자 추천 심사에서 탈락되더라도 제반 신청서류 및 납부한 당비·심사비등의 반환을 요구하지 않으며, 당적 이탈변경 등 일체의 해당행위를 하지 않는다.

○ 당내경선 후보자로서 당해 선거의 후보자로 선출되지 아니한 경우 당해 선거의 같은 선거구에서는 후보자로 등록하지 않는다.

○ 본인이 당의 공직후보자로 확정되더라도 후보등록일 전에 도덕성 등에 관한 중대한 부적격 사실(부정비리 및 범죄사실, 부동산 투기, 세금 체납 등)이 추가로 발견됨에 따라 당이 공천취소를 결정하는 경우 이에 승복한다.

○ 본인은 당헌·당규 및 「한나라당 윤리강령」을 철저히 준수하여 국민과 당에 대한 책무를 다할 것을 엄숙히 서약한다.

2008. . .

서약인   (인)

 한나라당 대표최고위원
　　　　　　　 공천심사위원장　귀하

타당당적말소 서약서

정당법 제42조(강제입당등의 금지)2항 "누구든지 2이상의 정당의 당원이 되지 못한다" 및 정당법 제55조(위법으로 정당에 가입한 죄) "2이상의 정당의 당원이 된 자는 1년 이하의 징역 또는 100만원 이하의 벌금에 처한다"에 의거 누구든지 이중당적을 취득하지 못하도록 하고 있음.

이에 본인은 상기의 이중당적금지규정을 충분히 숙지하고 아래 2개항중 하나의 경우에 해당함을 확인합니다.

① 본인은 타당의 당적을 취득한 적이 없으며, 만일 이러한 사실이 허위로 판명될 경우 귀당에서 취하는 어떠한 조치라도 이의없이 수용하겠음.

② 본인은 타당의 당적을 오늘(년   월   일) 현재 "탈당증명서 수령" (또는 "탈당계의 내용증명 우편발송")을 통하여 이미 말소하였으며, 만일 이러한 사실이 허위로 판명될 경우 귀당에서 취하는 어떠한 조치라도 이의없이 수용하겠음.

2008.   .   .

서약인   ㉑

 한나라당 대표최고위원
공천심사위원장   귀하

피선거권제한규정 숙지 및 서약서

○ 공직선거법 제16조, 제17조, 제18조, 제19조, 제53조는 각급 선거 후보자로 입후보
할 수 있는 자격을 제한하고 있는 바, 만일 각급 선거에 출마하려는 자의 신원조회사
항이 동 규정의 제한요건에 해당할 경우에는 선거관리위원회에 신청한 후보자 등록이 취소되어
선거출마 자체가 불가능합니다.

○ 이러한 피선거권(선거 출마 자격) 제한요건의 주요내용은 아래 표와 같습니다.

구 분	해당 선거종류	제 한 요 건	비 고
법원 판결에 의한 피선거권 제한	국회의원선거	○금치산자 ○선거범(형 실효자 포함), 정치자금법 제45조 및 제49조 위반범으로 　- 100만원 이상 벌금형 확정후 5년 미경과자 　- 형의 집행유예 확정후 10년 미경과자 　- 징역형의 경우 불집행 확정집행 종료·집행 면제후 10년 미경과자 ○금고형 이상 확정후 해당 형 미실효자 ○법원 판결에 의한 선거권 정지 및 상실자 ○법원 판결 또는 他법률에 의한 피선거권 정지 및 상실자	선거법 제16조 및 제17조 및 제18조 및 제19조 및 제53조
공무원 등의 사퇴시한에 의한 피선거권 제한	〃	○선거일 前 60일까지 사퇴하지 아니한 자	기타 상세한 내용은 관련조문 확인하여 숙지 요망
연령에 의한 피선거권 제한	〃	○선거일 현재 25세 이상자	

○ 이에 본인은 상기의 피선거권 제한규정을 충분히 숙지하고, 이러한 제한 요건에 본인의
신원조회사항이 "해당 없음"을 확인하며, 만일 이러한 확인 사실이 허위로 판
명될 경우 귀당(貴黨)이 취하는 제반 조치를 이의 없이 수용할 것을 서약합니다.

2008.　.　.

서약인　　　　　　　　　　　　　㊞

한나라당 대표최고위원
공천심사위원장　귀하

이　력　서

신청선거구			시·도		선거구	
성　명	(한글)		성　별			사　진 (5×7)
	(한자)		본　관			
출 생 지			종　교			
주민등록번호						
원　적						
본　적						
현 주 소	(우)				연락처(전화번호)	
직　업 및 직　책	직　업		직위		휴대전화	
	주　소	(우)			사무실	
					자　택	
					e-mail	
병 역	복무기간	년　월　일~　　년　월　일(　년　개월)				
	군　번		제대구분			
	군 병 과		계급	면제사유		
학　력	기　간	학　교　명		소 재 지	비　고	
		초등학교				
		중 학 교				
		고등학교				
		대 학 교 (전공 :　　　)			(중퇴, 수료, 졸업)	
		대 학 원 (전공 :　　　)			(중퇴, 수료, 졸업)	
	※박사학위명 :					
자산총액	원 (부동산 :　　　동산 :　　　)					

기　간	근무 및 활동내용	직　위
～		
～		
～		
～		
～		
～		
～		
～		
～		
～		
～		

정
당
및
사
회
경
력

대표 경력 (2가지만 기재) ※ 여론조사 用	○ ○

	성　명	관　계	연　령	최종학력	직업(상세히)	비　고

가
족
관
계

보유 기간				정 당 명	당 직 명	변경 사유
년	월 ~	년	월			
년	월 ~	년	월			
년	월 ~	년	월			
년	월 ~	년	월			
년	월 ~	년	월			
년	월 ~	년	월			
년	월 ~	년	월			
년	월 ~	년	월			
년	월 ~	년	월			
년	월 ~	년	월			

당적변경

선거명(년도)	선거구명	득표수/총투표수 (득표율)	선거결과 (순위/총후보자수)	소속정당명
선거(년)		표/ 표 (%)	위/ 명	
선거(년)		표/ 표 (%)	위/ 명	
선거(년)		표/ 표 (%)	위/ 명	
선거(년)		표/ 표 (%)	위/ 명	
선거(년)		표/ 표 (%)	위/ 명	
선거(년)		표/ 표 (%)	위/ 명	
선거(년)		표/ 표 (%)	위/ 명	
선거(년)		표/ 표 (%)	위/ 명	

공직선거 출마경력

* 당적변경과 공직선거 출마경력은 1992년도부터의 사항을 기재

주 요 지 지 기 반	
지 역 활 동 내 용	
기 타 건 의 사 항	※ 신청선거구 외 他 관심 선거구가 있는 경우, 1개 선거구에 한해 기재 요망

위 내용이 사실과 틀림 없음을 확인함.

2008.   .   .

신청인   ㊞

516

의정 활동 계획서

1. 의정 활동 목표

* 귀하의 제18대 국회 의정활동에 대한 목표와 비전을 구체적으로 제시해 주십시오.

(별지사용 가능)

2. 국정 현안 과제

* 최근 국정 현안 과제에 대한 귀하의 생각이나 활동 계획에 대하여 밝혀주십시오.(별지사용 가능)

3. 의정 활동의 연계성과 관련성

* 귀하의 이전활동과 경력이 앞으로의 의정활동과 연계될 수 있는 부분을 구체적으로 적어 주십시오.(별지사용 가능)

4. 상임위원회 및 입법활동 계획

* 귀하가 제18대 국회에 등원하여 활동을 희망하는 상임위원회 활동계획과 제정·개정·폐기해야 할 법률에 대해 간략하게 설명해 주십시오.(별지사용 가능)

5. 기타 특이사항

* 기타 기술하고 싶은 내용이 있으면 작성해 주십시오.(별지사용 가능)

서식 7-1

자 기 소 개 서

* 자기 소개서는 3매 이내로 작성, 제출하여 주시기 바랍니다.

당비납부확인서

성 명		주민등록번호	
당 직			
기준당비			
납부기간			
납부금액			

위 사실을 확인함.

2008년   월   일

 한 나 라 당

(중앙당 사무총장, 시·도당 위원장)   인

520

한나라당

>> 당비정기납부(CMS) 출금이체 신청서 <<

한나라당 앞

예금주	은행명	이 체 금 액(해당란에 ○표)				출금계좌번호	당 비 납 부 처	
		2천원	5천원	1만원	기 타		중앙당	시·도당
					(금액 직접 기록)			

* '이체금액'이란 본인이 매월 납부하고자 하는 당비금액을 의미합니다. 2천원, 5천원, 1만원이외 기타 금액일 경우 직접 기록해 주세요.
* '당비납부처'란 중앙당과 시·도당 중 본인이 당비를 납부하고자 하는 곳을 의미합니다. 시·도당에 당비를 납부하고자 하는 경우 해당 시·도명을 직접 기록해 주세요.
* 본 신청서를 입당원서로 갈음합니다.

본인은 CMS 출금이체 약관을 승인하고 위와 같이 CMS 출금이체거래를 신청합니다.

200   년   월   일

신청인 성명:	(인)
당 직:	직 업:
주민등록번호:	
주 소:	(우편번호 :)
전 화 번 호:	휴대전화번호 :
E - mail :	

본인자서(날인)확인인
확인자
※ 관리자 확인완(완)으로 비워 두세요

>> 금융거래정보의 제공동의서 <<

한나라당 귀하

본 신청과 관련하여 본인은 다음 금융거래정보 (거래은행명, 지점명, 계좌번호)를 출금이체 신규 신청하는 때로부터 해지신청할 때까지 상기수납기관에 제공하는 것에 대하여 금융실명거래 및 비밀보장에 관한 긴급재정경제명령의 규정에 따라 동의 합니다.

동 의 인 :   (인)

출금 가능 은행   기업, 국민, 농협, 우리, 조흥, 제일, 신한, 하나, 대구, 부산, 경남

☞ 문 의 처 : 한나라당 중앙당 재정팀 (☎ 3786-3442~5)

세금납부·체납증명에 관한 현황서

선 거 명		제18대 국회의원선거	선거구명	
후보신청자	성　명 (한　글)		성　명 (한　자)	
	생년월일 (성　별)		전화번호 (이동전화번호)	（　　　　）
	주　　소			

납 세 신 고 사 항

후보신청자	배우자
□ 소득세	□ 소득세
□ 재산세	□ 재산세
□ 종합토지세	□ 종합토지세

첨부서류 : 1. 소득세·재산세 및 종합토지세(종합부동산세)의 납부·체납사항(별지)

　　　　　 2. (후보신청자, 배우자)소득세 납부·체납증명서 각 1부

　　　　　 3. (후보신청자, 배우자)재산세 및 종합토지세(종합부동산세)

　　　　　　 납부·체납증명서 각 1부

※ 최근 5년간 납세실적 증명 첨부

　　소득세·재산세 및 종합토지세(종합부동산세) 납부·체납사항을 위와 같이
작성·제출합니다.

　　　　　　　　　　　　　　　　　　2008년　　　월　　　월

　　　　　　　　　　　　　　　　　본인　　　　　　　　　(인)

한 　 나 　 라 　 당
공직후보자추천심사위원회 귀중

※ "납세신고사항"란에는 소득세등의 신고사항을 'V'등으로 표시합니다.

※ 소득세·재산세 및 종합토지세의 납부·체납사항(별지)은 2007년 10월 25일이후에 발급받은 증명
서에 의하여 작성하여야 합니다.

소득세·재산세 및 종합토지세(종합부동산세)의 납부·체납사항

| 선거명
(선거구명) | | 사·도   선거구 | | 성 명 | |

(단위 : 천원)

연도	후보 신청자 와의 관계	성명	소 득 세			재 산 세			종합토지세(종합부동산세)			계		
			납부 세액	당해연도 체납액 (완납일자)	현체 납액	납부 세액	당해연도 체납액 (완납일자)	현체 납액	납부 세액	당해연도 체납액 (완납일자)	현체 납액	납부 세액	체납액	현체 납액
○○ 년도	본인													
	배우자													
	소계													
○○ 년도	본인													
	배우자													
	소계													
○○ 년도	본인													
	배우자													
	소계													
○○ 년도	본인													
	배우자													
	소계													
○○ 년도	본인													
	배우자													
	소계													
합계														
	합계													

※. 소득세·재산세 및 종합토지세의 납부·체납증명서가 원단위로 발급된 경우에는 천원단위(백원단위 절사)까지 만 기재합니다.

※ 소득세등납부·체납증명서 제출대상자중 납부·체납실적이 없는 경우에는 "해당없음"이라고 기재합니다.

※ 당해연도 과세분중 체납액을 완납한 경우에는 ( )안에 그 완납일자를 기재합니다.

※ 종합부동산세의 경우는 2005. 1월 이후분을 기재하며 해당자에 한해서 기재합니다

범죄경력·수사경력조회 회보서

제   호   20 . . .

수 신 :

제 목 : 범죄경력·수사경력조회 회보

□ 조회대상자

성 명		성 별	남, 여
주민등록번호		조회 목적	한나라당 공직후보자신청용
조회요청범위			
주 소			

□ 조 회 결 과

연번	입건일자	입건관서	죄 명	처분일자	처분관서	처분결과	비고

※ 법령에 규정된 용도외에 사용할 목적으로 취득하거나 조회결과를 규정된 용도외에 사
용하였을 경우에는 "형의 실효 등에 관한 법률"(§10②, ③)에 의거 2년이하의 징역
또는 2천만원이하의 벌금으로 처벌됩니다.

○ ○ 경 찰 서 장 인

병 역 사 항 현 황 서

후 보 신 청 자	①성명	(한글)		② 선거구명		시·도 선거구		
		(한자)		③주민등록 번 호		④전화번호	자택	
							직장	
	⑤주소	자택	우편번호( )					
		직장	우편번호( )					
	⑥본적							

⑦첨부서류 : □ 본인, 배우자 및 직계비속의 병역사항(별지)

　　　　　　　 □ 병적증명서 1부

　　　　　　　 □ 복무확인서 1부

　본인은 본인과 배우자 및 본인의 직계비속의 병역사항을 별지와 같이 작성·제출합니다.

2008년   월   일

본인   (인)

한   나   라   당

공직후보자추천심사위원회 귀중

※'첨부서류'란에는 해당사항을 "V"등으로 표시합니다

525

본인, 배우자 및 직계비속의 병역사항

①선거구명	시·도 선거구	② 성 명	

③본인과 의관계	④ 성 명 (한자)	⑤주민등록 번 호	⑥주 소	⑧병 역 사 항	⑨비고
			⑦본 적		

재 산 보 유 현 황 서

후 보 신 청 자	성 명			선거구명	시·도		선거구
	구 분		부 동 산		동 산		합 계
	총 액		원		원		원
	본 인 소 유 (배우자 포함)		원		원		원
	직계존비속소유		원		원		원

재 산 보 유 현 황	기 타 사 항
□ 부 동 산 □ 부동산에관한 규정이 준용되는 권리와 □ 현금·수표 자동차·건설기계·선박 및 항공기 □ 채 권 □ 예 금 □ 유가증권 □ 보 석 류 □ 채 무 □ 금·백금 □ 무체재산권 □ 골동품·예술품 □ 회 원 권 □ 합병회사합자회사유한회사 출자지분 □ 재산보유사항 없음	□ 비영리법인에의 출연재산

　　본인은 명예와 양심에 따라 성실하게 기재할 것을 서약하며 보유재산을
별지와 같이 작성·제출합니다.

　　　　　　　　　　2008년　　　월　　　일

　　　　　　　　　　　본 인　　　　　　　　⑪

한　　나　　라　　당
공직후보자추천심사위원회 귀중

재 산 보 유 현 황 서

선거구명		시·도 선거구			성 명	
재산의 구 분	본인과의관 계	재산의 종 류	소재지·면적등 권리명세		가 액 (천원)	비 고
합 계						

국 적 변 경 신 고 서

선거구명	시·도 선거구		성 명	
성 명	본인과의관계	국적변경사항(이유)		비 고
:	:	:		:

위 내용이 사실과 틀림 없음을 확인함.

2008.   .   .

신청인   ⑪

당원협의회 운영위원장 사퇴서

본인은 黨「지방조직운영규정」제28조 (당원협의회 운영위원장 및 운영위원의 사퇴) 제1항의 2에 의거, 제18대 국회의원선거 공직후보자추천신청에 응모하고자 OO시·도 OO당원협의회 운영위원장직을 사퇴합니다.

2008.   .   .

OO시·도 OO당원협의회 운영위원장

 한나라당 대표최고위원
공천심사위원장 귀하

민주당공천
신청서류작성지침

공직후보자 공모서류 작성지침

■ 제출서류 : 총 21種, 제출서류는 당에서 배부하는 서식에 의함

1) 예비후보자 등록 신청서 [서식1, 1-1]
   ○ 신청선거구를 반드시 표기할 것
   ○ 현행 지역구 분류를 기준으로 신청할 것(분구 및 합구 대상지역은 추후 조정 및 공고예정)
   ○ 신청시 당원이 아닌 자는 입당원서 작성일을 기입할 것
   ○ 당직란은 주요당직 한 개만을 기입할 것
   ○ 대리인 접수시 후보자 위임장 및 인감증명서 각 1부 제출

2) 당적증명서(또는 입당원서) [서식2, 2-1: 당적이 없을 경우 입당원서]
   ○ 당적증명서는 접수당일 중앙당 조직국에서 발급받아 제출
   ○ 미입당자는 접수당일 입당원서를 작성하여 서류제출시 접수처에 제출

3) 이력서 1부   [서식3]
   ○ 정규학력외의 유사학력은 기재하지 말 것
   ○ 대표경력은 여론조사용으로 2가지만 기재할 것
   ○ 정당 및 사회경력은 검증가능한 사실만을 기재할 것
   ○ 자산총액은 재산보유현황서에 기재한 내용과 일치할것(본인·배우자, 직계존비속 포함)
   ○ 당적변경란은 당적변경, 합당으로 인한 당적변경 등을 모두 기록하며 변경사유를 반드시 기록할 것
   ○ 공직선거란에는 대통령, 국회의원선거, 지방선거, 재·보궐선거 출마경력 및 결과를 모두 기록할 것
   ○ 주요지지기반란에는 해당 선거구의 주요지지조직을 구체적인 수치와 함께 기록할 것
   ○ 지역활동 내용은 본인이 실행한 선거준비와 관련된 활동을 기록할 것

4) 자기소개서 1부   [서식4]
   ○ 3매 이내로 작성

5) 최종학력 증명서 1부 　　　　　　　　[해당기관 및 온라인 발급]
  ○ 최종학력 증명서 및 수료증
  ○ 외국소재 학교졸업자는 학위사본제출

6) 서약서 　　　　　　　　　　　　　　　　　　[서식6]
  ○ 반드시 자필서명후 도장날인할 것

7) 타당당적말소 서약서 　　　　　　　　　　　[서식7]
  ○ 타당의 당적을 취득했던 자는 반드시 탈당일자를 정확히 기입
  ○ 탈당증명서 또는 탈당계 내용증명을 제출할 것

8) 피선거권 제한규정숙지 및 서약서 　　　　[서식8]
  ○ 본인의 범죄경력 · 수사조회 회보서를 확인 한 후 문제없을 경우 도장날인요망

9) 특별당비납부 확인서, 심사비 납부 영수증 　　[서식9, 9-1]
  ○ 특별당비는 당지정계좌로 입금하고 무통장입금증(자동이체 사본)을 중앙당 재정국
    에 제시하고 확인서를 발급받아 제출할 것
    - 예금계좌 (농협:036-01-131841, 예금주-대통합민주신당)
    - 특별당비 : 150만원,
  ○ 심사비는 수표로 준비하여 중앙당 재정국에 납부한 후 접수증을 받아 서류접수시
    제출할 것
    - 심사비 : 100만원
  ○ 예비후보자로 등록한 경우, 250만원을 정치자금 특별당비로 계상하여 처리

10) 세금납부 · 체납증명에 관한 현황서 　　　　[서식10, 10-1]
  ○ 작성요령
  ○ "후보신청자와의 관계"에는 "본인", "배우자", "부 또는 모", "장남·차남·3남", "장
    녀·차녀·3녀" 등으로 기재하되, 출가한 딸과 외조부모 및 외손자녀는 제외합니
    다.
  ○ 후보자의 직계존속이 세금납부·체납에 관한 증명서의 제출을 거부한 때에는 "납
    부세액"란에 "제출거부"라고 기재합니다.
  ○ "세금 납부·체납액"란에는
    - 납부 및 체납세액은 재산세의 경우는 2003년 ~ 2007년, 종합토지세의 경우는

2003 ~ 2004년 부과분, 종합부동산세의 경우는 2005 ~ 2007년 귀속분, 소득세의 경우는 2002년 ~ 2006년까지 사이에 발생한 금액을 기재함.

- 관할세무서가 발행한 "소득세 납부·체납증명서"에 의하여 소득세 납부·체납액을 기재할 때에는 다음과 같은 방법으로 기재하여야 함.

  예) 2002년도분은 2003년도란에, 2003년도 분은 2004년도란에, ... 2004년도분은 2005년도란에 각각 기재

- 금융기관이 발급한 원천징수영수증에 기재된 금액이 원단위인 경우에는 백원단위 이하는 절사하고 천원단위로 기재함.

- 납부세액과 체납세액이 전혀 없는 때에는 "해당없음"이라 기재함.

- 당해연도 과세분중 체납액을 완납한 경우에는 ( )안에 완납한 일자를 기재함.

11) 후보신청자, 배우자, 직계존비속의 소득세·재산세·종합토지세(종합부동산세) 납부실적증명서 및 체납증명서 각 1부 (최근 5년간)
[해당기관발급]

O 소득금액증명원, 납세사실증명원, 납세(완납)증명서, 체납사실증명서의 경우에는 개인열람용으로 발급 (세무서 발급)
  - 종 류 : 소득세, 종합부동산세
  - 대 상 : 소득금액증명원(근로소득자), 납세사실증명원(납세한 사실이 있는 경우), 납세(완납)증명서(미체납자), 체납사실증명서(체납자)

O 재산세, 종합토지세의 경우에는 공직후보자용으로 발급 (지방자치단체 발급)

O 증명서 발급시 유의사항
  - 세무서 : 소득세 납부·체납증명서 발급시 본인이 직접 갈 수 없는 경우에는 증명서 발급신청을 대리인에게 위임할 수 있음. 이 경우에는 발급신청시 위임받은 자의 신분증(주민등록증, 운전면허증 등)을 제시하여야 함.
  - 금융기관 : 원천징수영수증 발급시(예금-1천만원 이상, 배당금-1천만원 이상) 하나의 금융기관(지점이 다른 경우 포함)에 2개 이상의 거래계좌가 있는 경우에는 이를 통합하여 1매의 원천징수영수증으로 발급받을 수 있음.
  - 지방자치단체 : 재산세·종합토지세(종합부동산세) 납부·체납증명서 발급시 증명서 발급신청은 서면(방문, 우편, 민원우편)뿐만 아니라 구두로도 가능함. 이 경우 본인이 아닌 제3자가 발급신청하는 때에는 위임장과 신청자의 주민등록증 등 신분증을 가지고 가야 함.
    · 하나의 구시·군청에 과세물건이 2개 이상인 경우에는 "과세물건지"란에는 이를

모두 기재하고, "납부·체납세액"란에는 이들 과세물건에 대한 납부 및 체납세액을 모두 합한 금액을 기재한 증명서를 발급 받아도 무방함.

12) 후보신청자, 배우자의 범죄경력·수사경력조회 회보서 각 1부
[해당기관발급]

○ 주소지관할 경찰서장이 발급한 후보신청자와 배우자 두사람의 회보서를 각 1부씩 제출
○ 공직선거법에 제49조 10항에도 불구하고 <u>벌금형이상의 범죄경력을 기재한</u> [범죄경력·수사경력조회 회보서]를 제출할 것
○ 공직후보자 신청용 범죄경력조회 회보서는 접수받지 않음을 숙지할 것
○ 벌금형 이상은 빠짐없이 기재할 것
○ 반드시 해당자 본인이 신청할 것

13) 후보신청자, 배우자 및 직계비속의 가족관계기록부(5종) 및 주민등록 등·초본 각 1부
[해당기관발급]

○ 후보신청자 본인, 배우자 및 직계비속의 해당 서류를 접수일 기준 1개월내 발급한 것에 한함.
○ 가족관계기록사항 증명서는 2007년까지 호적 등초본에 해당하며, 2008년 1월 1일부터 호적부 제도가 폐지되고 가족등록부로 변경됨에 따라 제출하는 서류임
○ 가족관계기록사항 증명서 총 5종 중 가족관계증명서·기본증명서·혼인관계증명서(후보신청자 본인에 한함)의 3종은 필수 제출서류이며, 입양관계증명서·친양자입양관계증명서는 해당자에 한하여 제출

14) 병역사항신고서
[서식14, 14-1]

○ 여성 후보신청자의 경우도 반드시 작성
○ 신고대상자
 - 후보신청자 본인 및 후보신청자의 18세이상 직계비속
 ※ 1989.12.31이전 출생한 것으로 주민등록이 되어 있는 직계비속은 신고하여야 함. 다만, 후보자 본인을 제외한 병역의무가 없는 여자와 18세 미만의 남자는 신고대상자가 아님
○ 『본인, 배우자 및 직계비속의 병역사항』에서
 - 본인과의 관계란은 본인과 직계비속을 구분하되, 직계비속은 출생순서에 의하여 아래와 같이 기재함. 다만, 병역의무가 없는 여자 및 18세미만의 남자는 기재

하지 아니함.

< 기 재 요 령 >

　○ '본인', '배우자','아들', '손자'로 기재

　○ 후보신청자본인이 여자인 경우에는 '여자'로 기재하고, 병역사항란에 '병역의무 없음' 또는 '해당사항 없음'으로 기재

　○ 아들의 경우에는 '장남', '차남', '3남'등으로 기재

　○ 손자의 경우에는 '손자'로 기재

　○ 병역사항란은 첨부한 지방병무청장이 발급한 병적증명서〔공직자등의병역사항신고 및공개에관한법률(이하 이 면에서 '법'이라 함)　제9조제1항 및 제10조제1항의 신고대상자로서 복무중인 사람의 경우에는 복무부대장 또는 복무기관의 장이 발행한 복무확인서)의 병역사항을 그대로 기재함. 다만, 법 제3조의 신고대상자로서 복무중이거나 의무종사중인 사람의 경우에는 다음과 같이 기재함.

　　－ 소 속 : 복무기관의 담당부서까지 기재하되, 군의 경우에는 (　)에 부대의 통상 명칭을 기재〔예:육군제1사단 1연대 1대대 (육군제1111부대))·군별 또는 복무형태 ： 육군·해군·공군·전문연구요원·산업기능요원·공익근무요원·전투경찰 및 의무경찰 등의 복무형태를 기재

　　－ 계급 또는 직책, 군번, 입영(소집, 편입)연월일 : 병적증명서 등에 기재된 사항을 기재

　　－ 기재내용이 많아 서류양식이 부족할 경우 서식 14-1을 복사해서 사용

15) 후보신청자, 배우자 및 직계비속 병적증명서 또는 복무확인서 각 1부

[해당기관발급]

　○ 본인 및 직계비속의 병적증명서를 가까운 지방병무청이나 지방병무사무소 민원실, 동사무소에서 발급받아 제출(발급기간은 제한없음)

　　※ 단, 병역면제자는 본적지 관할 지방병무청에서 발급

　○ 복무중인 사람의 경우에는 복무부대장 또는 복무기관의 장이 발행한 복무확인서 제출 (사본제출 가능)

　○ 반드시 '공직선거후보자용'으로 발급받아야 함

　○ 여성후보신청자로서 직계비속이 없고 본인의 병역사항이 없는 경우에는 제출할 필요없음(병역사항 현황서만 작성·제출하면 됨)

16) 재산보유현황서   [서식16]

  O 재산등록 대상 공무원의 경우도 작성 제출할 것

  O 도장 날인할 것

  O 기재내용이 많아 서류양식이 부족할 경우 서식 16-1을 복사해서 사용

※ 기 준 일 : 2007년 12월 31일 현재

O 보유현황 재산의 범위

  O 본인·배우자·직계존비속(출가한 女와 외조부모 및 외손자녀는 제외)의 부동산·동산등 전재산

  O 기혼인 여자의 경우, 신고대상인 직계존속은 시부모임

  O 소유명의 불구하고 사실상 소유하는 재산포함

O 보유재산의 내용

가. 부동산

  O 부동산(토지·건물)의 소유권·지상권 및 전세권(임차권)

  O 광업권, 어업권 기타 부동산에 관한 규정이 준용되는 권리와 자동차 건설기계·선박 및 항공기

나. 동산 등

  O 각 소유자별 합계액 1,000만원이상 현금(수표포함), 예금, 유가증권(주식·국채·공채·회사채 등), 채권, 채무

  O 소유자별 합계액 500만원이상의 금백금(금백금제품 포함)

  O 품목당 500만원이상의 보석류·골동품·예술품

  O 권당 500만원이상의 회원권

  O 소유자별 연간 1,000만원이상의 소득이 있는 무체재산권

  O 합명·합자유한회사 출자지분, 비영리법인에의 출연재산

O 현황서 작성시 유의사항

가. 소명내용 기재

  O 재산의 취득일자, 취득경위, 소득원 등의 소명이 필요하다고 생각될 때에는 서식의 비고란에 이를 기재할 수 있음

나. 기재 순서

  O 재산보유현황서(서식 12-1)중 "재산의 구분"란에는『토지→건물→부동산에 관한 규정이 준용되는 권리(자동차·건설기계·선박 및 항공기)→현금→예금→유가증권→채권→채무→ 금백금→보석류·골동품·예술품→회원권→무체재산권→합명·합자유한회사출자지분→비영리법인에의 출연재산』순으로 기재함

  O 보유재산(재산의 구분)별로 본인, 배우자, 직계존속, 직계비속의 순서로 작성하며 직계존속 중에서는 부모, 직계비속에서는 연령순으로 기재함

다. 기재내용의 수정

　ㅇ 기재내용을 수정할 때에는 두줄로 긋고 서명 또는 도장을 날인할 것

라. 보유한 재산이 없는 경우

　ㅇ 재산이 없는 경우에도 재산보유현황서를 제출하여야 하며, "소재지·면적 등 권리명세" 란에 "보유
　　재산 없음" 으로 표시함

※ 각 항목별 기재요령

ㅇ 토 지

가. 기재대상

　ㅇ 등기여부를 불문하고 사실상 소유하고 있는 재산의 소유권, 지상권, 전세권(임차권)

　ㅇ 매매계약체결의 경우

　　－ 매 도 : 2007년 12월 31일 현재 잔금을 완불하였더라도 이전등기 미필이면 신고 대상이 되고

　　－ 매 입 : 2007년 12월 31일 현재 중도금을 지불하였으면 신고대상이 됨

나. "재산의 종류"란 : "전", "답", "임야", "잡종지", "대지" 등으로 표시함

다. "소재지·면적등 권리명세"란 : 토지의 소재지와 면적(m^2)을 기재함

라. "가액"란

　ㅇ『지가공시및토지등의평가에관한법률』에 의한 "개별공시지가"를 시·군·구 토지관리과(계)에 문의확인하
　　여 기재함

　　※ 공동소유토지인 경우에는 그 지분에 대한 가액을 기재함

　ㅇ 다만, 지상권·전세권(임차권)의 경우에는 계약서상의 "지료", "전세 보증금(임차보증금)"의 금액을
　　기재함

　ㅇ 토지를 매도한 경우 계약금·중도금등 지불받은 금액을 현금·예금등의 형태로 보유한다고 신고한 때
　　에는 2중계산을 막기위하여 가액란에 가액을 기재하고 그 아래( )안에 매매계약에 의하여 지불
　　받은 금액을 감소표시(△)하여 기재함

마. "비고"란

　ㅇ 미등기권리⇒"등기미필"이라고 표시함

　ㅇ 명의신탁등으로 등기명의인이 아니면서 사실상 소유하고 있는 경우 ⇒"사실상 소유"라고 표시하고,
　　"등기부상의 소유명의인 및 관계"를 기재함

　ㅇ 공동소유토지일 경우 ⇒ "공유" 또는 "합유" 등으로 표시하고, 그 지분을 기재함

　ㅇ 본인명의로 된 재산이 문중재산일 경우 ⇒ "문중재산"이라고 표시함

　ㅇ 매매계약 체결의 경우 ⇒ "계약관계"와 "수수한 총금액"을 기재함

ㅇ 건 물

가. 기재대상 : "토지"의 경우와 같음

　※ 무허가건물의 경우에는 허가 또는 등기여부에 관계없이 기재하여야 하며, 주택·상가 등 소유부동산
　　에 전세권을 설정하게 하거나 소유 부동산을 임대하고 받은 전세보증금 또는 임대보증금등은 "채
　　무" 항목에 기재한다

나. "재산의 종류"란

ㅇ "아파트", "연립주택", "단독주택", "오피스텔", "상가", "빌딩", "사무실", "전세(임차)권" 등으로 표시함

다. "소재지·면적등 권리명세"란

ㅇ 소재지와 면적(대지 및 건물면적) 등을 기재함

ㅇ 면적은 대지와 건물을 구분하여 ㎡(1평은 3.3㎡)로 환산하여 기재함

ㅇ 본인·배우자 및 직계존비속이 거주하는 아파트 등의 동호수는 기재하지 아니함

라. "가액"란

ㅇ 소득세법에 의한 기준시가가 고시된 "아파트", "연립주택" 등 공동주택은 그 "기준시가"로 산정한 가액을 기재함 ⇒ 국세청 또는 관할 세무서에 문의. 다만, "빌라"는 "건물가액"(기준시가로 산정)과 "대지가액"(공시지가로 산정)을 합산한 가액을 기재해야 함

※ 미입주분양아파트의 경우에는 "납입금액"을 기재하고 분양가액을 ( )안에 병기함

※ 공동소유 건물인 경우에는 그 지분에 대한 가액을 기재하여야 함

ㅇ 기준시가가 있는 공동주택을 제외한 주택·상가빌딩·오피스텔 기타 건물은 다음 기준에 의하여 산정한 "대지가액"과 "건물가액"의 합계액을 기재함

　－ 대지가액 : 『지가공시및토지등의평가에관한법률』에 의한 공시지가를 시·군·구 토지관리과(계)에 문의·확인하여 기재함

　－ 건물가액 : 국가 또는 지방자치단체가 고시하는 공정가액(지방세 과세시가 표준액등)중 최고가액을 시·군·구 재산세과(세무과) 또는 관할세무서에 문의·확인하여 기재함

　※취득가액이 있는 경우에는 "취득가액"을 ( )안에 병기함

ㅇ 전세권·임차권일 경우에는 계약서상의 "전세보증금", "임차보증금"의 금액을 기재함

ㅇ 무허가 건물의 경우에는 매입가액 또는 사실상 거래가액을 기재함

ㅇ 건물을 매도한 경우 계약금·중도금등 지불받은 금액을 현금·예금등의 형태로 보유한다고 기재할 때에는 2중계산을 막기위하여 가액란에 가액을 기재하고 그 아래 ( )안에 매매계약에 의하여 지불받은 금액을 감소표시(△)하여 기재함

마. "비고"란

ㅇ 미등기권리 ⇒ "등기미필"이라고 표시함

ㅇ 명의신탁 등으로 등기명의인이 아니면서 사실상 소유하고 있는 경우 ⇒ "사실상 소유"라고 표시하고, "등기부상의 소유명의인 및 관계"를 기재함

ㅇ 공동소유건물일 경우 ⇒ "공유" 또는 "합유" 등으로 표시하고, 그 지분을 기재함

ㅇ 본인등의 명의로 된 건물이 사실상 문중재산인 경우 ⇒ "문중재산"이라고 표시함

ㅇ 무허가 건물일 경우 ⇒ "무허가건물"이라고 표시함

ㅇ 부동산에 관한 규정이 준용되는 권리와 자동차·건설기계·선박 및 항공기

가. "재산의 종류"란 : 광업권, 어업권, 자동차, 건설기계, 선박, 항공기 등으로 기재함

나. "소재지·면적등 권리명세" 란

(1) 광업권·어업권 : 광물의 종류 또는 어업면허의 종류, 소재지, 존속기간 등

(2) 자 동 차 : 차종, 제작연도, 배기량, 차량등록번호 등

(3) 건설기계 : 기종명, 제작회사, 제작연도, 건설기계등록번호 등

(4) 선　　박 : 종류, 용도, 선박명, 총톤수, 건조연도, 선박등록번호등

(5) 항 공 기 : 기종, 형식, 제작자, 제작연도 등을 기재함

　　※"취득가액"이 있는 경우에는 (   )안에 내서함(예시 : 취득가액 ○○천원)

다. "가액"란 : 공란으로 둠

라. "비고"란 : 권리를 공동소유할 경우에는 "공유", "합유"라고 표시하고, 지분을 기재함

○ 현　금(수표 포함)

가. 대상 : 각 소유자별로 현금(수표포함)이 1,000만원이상인 경우

나. "재산의 종류"란 : "현금"으로 기재함

다. "소재지·면적등 권리명세"란 : 공란으로 둠

라. "가액"란 : 소유자별 현금(수표 포함) 보유총액을 기재함

○ 예　금

가. 기재대상

　○ 각 소유자별로 예금의 합계액이 1,000만원 이상인 경우

　○ 제도금융기관에서 취급하는 것이면 "예금", "적금", "저축성보험"등 명칭을 불문함. 다만, 사인간
　　(私人間)의 "계"는 제외됨

나. "재산의 종류"란 : "예금","적금", "신탁", "보험", "예탁금" 등으로 기재함

다. "소재지·면적 등 권리명세"란 : 예탁기관별로 기관명을 기재함("지점명" 미기재)

라. "가액"란 : 예탁기관별 예금액을 기재함

마. "비고"란 : 적립식예금의 경우 "만기일"과 "만기계약금액"을 기재함

○ 유가증권

가. 대상 : 각 소유자별로 유가증권의 합계액이 1,000만원 이상인 경우

나. "재산의 종류"란 : "주식", "국채", "공채", "금융채" 등으로 기재함

다. "소재지·면적 등 권리명세"란 : 유가증권 명칭과 수량을 기재함

라. "가액"란 : "액면가액의 합계액"을 기재함

　　※ 다만, 주식중 상장주식인 경우에는 전년도 말의 증권거래소 최종가격의 합계액을 기재함

○ 채　권

가. 대상 : 각 채권자별로 채권의 합계액이 1,000만원이상인 경우

　☞ 주택 기타 부동산의 전세(임차) 권등은 본항목에 기재하지 않고 "부동산" 항목에 기재함

나. "재산의 종류"란 : 공란으로 둠

다. "소재지·면적 등 권리명세"란 : "사인간의 채권"등으로 기재함

라. "가액"란 : 소유별 채권액을 기재함

마. "비고"란 : 채권의 "만기일자"를 기재함

○ 채　무

가. 대상 : 각 채무자별로 채무의 합계액이 1,000만원 이상인 경우

　☞ 소유 부동산에 전세권·임차권 등을 설정하고 받은 "전세보증금", "임차보증금" 등은 본 항목에 기

재함

나. "재산의 종류"란 : 공란으로 둠

다. "소재지·면적 등 권리명세"란

　　"사인간의 채무", "○○은행 대출금", "전세보증금", "임차보증금" 등으로 기재함

라. "가액"란 : 소유자별·채무별 가액을 기재함

마. "비고"란

　ㅇ 채무의 "만기일자"를 기재함

　ㅇ 부동산에 전세권·임차권등을 설정한 경우 ⇒ "전세(임차)보증금" 등으로 표시

ㅇ 금백금류

가. 대상 : 각 소유자별로 금 및 백금의 합계액이 500만원 이상인 경우

　☞ 보석류에 부착된 금, 백금은 본항목에는 기재하지 않고 "보석류" 항목에 기재함

나. "재산의 종류"란 : "금"·"백금" 또는 "금백금 제품명"을 기재함

다. "소재지·면적 등 권리명세"란 : "함량(○○K)", "중량(g)"을 기재함

라. "가액"란 : 공란으로 둠

ㅇ 보 석 류

가. 대상 : 보석류의 품목당 가액이 500만원이상인 경우

나. "재산의 종류"란 : "다이아몬드", "사파이어", "에머랄드", "진주목걸이", "다이아몬드반지" 등 보석
　　　　　　　　　의 종류 또는 제품의 종류를 기재함

다. "소재지·면적 등 권리명세"란 : "크기", "색상"을 기재함

라. "가액"란 : 공란으로 둠

ㅇ 골동품 및 예술품

가. 대상 : 골동품 또는 예술품의 품목당 가액이 500만원 이상인 경우

나. "재산의 종류"란 : "도자기", "회화(동양화, 서양화, 유화, 수채화, 판화 등)", "서예", "공예", "조
　　　　　　　　　각", "수예", "칠기" 등으로 기재함

다. "소재지·면적 등 권리명세"란 : "작품명" 및 "작품의 특기사항(크기·작자제작연도)" 등을 기재함

　☞ 크기는 가로×세로×높이를 ㎝로 표시함

라. "가액"란 : 공란으로 둠

ㅇ 회 원 권

가. 대상 : 회원권의 종류를 불문하고 권당 가액이 500만원 이상인 경우

나. "재산의 종류"란 : "골프", "헬스", "콘도미엄" 등으로 기재함

다. "소재지·면적 등 권리명세"란 : 회원권명 등을 기재함

라. "가액"란 : "취득가액"을 기재함. 다만, 골프회원권은 소득세법에 의한 기준시가로 산정한 가액을
　　　　　　기재함. ⇒ 국세청 또는 관할세무서에 문의·확인하여 기재함

ㅇ 무체재산권

가. 대상 : 소유자별 연간 1천만원 이상의 소득이 있는 무체재산권

나. "재산의 종류"란 : "특허권", "실용신안권", "의장권", "상표권", "저작권" 등으로 기재함

☞ 저작권(지적소유권) : 어문·음악·연극·미술·건축·사진·영상·도형·컴퓨터프로그램 저작물 등이 있음

다. "소재지·면적 등 권리명세"란

○ "발명(고안)의 명칭" 및 "등록번호", "저작물의 종류", "권리의 존속기간", "연간소득금액" 등 무체재산권의 종류별로 내용을 구체적으로 기재함

라. "가액"란 : 공란으로 둠

마. "비고"란 : 소득원인행위 등을 기재

○ 합명·합자·유한회사 출자지분

가. 대상회사

○ 주식이 발행되는 주식회사와는 달리 위 3개회사는 출자자가 지분을 소유하고 소규모의 개인회사적 특색을 갖고 있음

나. "재산의 종류"란 : "합명", "합자", "유한" 등으로 기재함

○ 전년도 말의 그 회사의 "회사명"과 "결산서상 연간매출액"을 간략하게 기재함

다. "가액"란

○ 회사정관으로 정하여진 출자재산(노력출자를 포함)과 자본에 대한 출자자의 지분비율을 기재함

라. "비고"란 : "출자연도"를 기재함

○ 비영리법인에서의 출연재산

가. 대상 비영리법인이란

○ 학술·종교·자산기예·사교 기타 영리아닌 사업을 목적으로 하는 사단 또는 재단법인을 말함

나. "재산의 종류"란 : "재단법인", "사단법인" 등으로 기재함

다. "소재지·면적 등 권리명세"란 : "법인명·보유직위·출연재산 등을 기재함

라. "가액"란 : 공란으로 둔다

마. "비고"란 : "출연연도" 등을 기재함

17) 국적변경신고서(해당자에 한함)   [서식17]

○ 본인, 배우자 및 직계비속의 국정변경사항 및 이유를 최대한 상세하게 기재할 것

○ 도장 날인할 것

18) 후보신청자 및 배우자의 국민연금 납부내역서 (최근 5년간)
[해당기관 및 온라인 발급]

○ 본인, 배우자의 최근 5년간 국민연금납부내역서를 관할 청 및 온라인에서 발급받은 후 제출

○ 국민연금 외 他 연금에 가입되어 있는 자의 경우, 他 연금 납부내역서를 제출

19) 후보신청자 및 배우자의 국민건강보험료 납부내역서(최근 5년간)
[해당기관 및 온라인 발급]
  ○ 본인, 배우자의 최근 5년간 국민건강보험료 납부확인서를 관할 청 및 온라인에서
    발급받은 후 제출
  ○ 본인이 배우자의 건강보험 피부양자인 경우 혹은 배우자가 본인의 건강보험 피부
    양자인 경우, 그리고 본인 혹은 배우자가 자녀 등 제3자의 건강보험 피부양자인
    경우, 해당 건강보험 가입자의 건강보험료 납부확인서를 발급받아 제출

20) 사진 5매(최근 3개월이내 촬영한 명함판⟨5×7㎝⟩ 칼라사진)
  ○ 명함판 칼라사진(5×7㎝) 5매(서류에 부착된 사진 제외) 제출
    – 최근 3개월내 촬영한 사진에 한함
    (모든 사진 뒷면에 신청 선거구 및 성명, 주민등록번호를 기입할 것)

21) 선거전략, 선거 공약, 의정활동계획   [서식21]
  ○ 선거전략은 해당선거구에 대한 분석, 득표전략 등을 기술
  ○ 선거공약은 지역현안을 중심으로 기술
  ○ 의정활동계획은 본인의 의정활동목표와 년도별 실천계획을 기술

범죄경력·수사경력조회 신청서

신 청 인	성 명	홍 길동 (한자 :)		성별	남, 여
	주민등록번호	650000-1542151	전화번호	001-124-123∢	
	주 소	서울 종로구			
조 회 목 적		■ 기록열람 □ 기타( )			
조 회 범 위		■ 범죄경력 ■ 수사경력			
회 보 방 법		□ 열람 ■ 회보서			

형의실효등에관한법률 제6조 제1항 4호의 규정에 의하여 범죄경력·수사경력조회를 위와
같이 신청합니다.

2008년   월   일

신청인   (서명 또는 인)

○ ○ 경 찰 서 장 귀하

※ 부당한 전과기록 유출을 방지하기 위해 본인임을 증명할 수 있는 신분증을 제출하여야 합니다.

210mm × 297mm

범죄경력·수사경력조회 회보서

제 001호   2008 . 02 . 15.

수 신 : 홍길동 귀하

제 목 : 범죄경력·수사경력조회 회보

□ 조회대상자

성 명	홍 길 동	성 별	남, 여
주민등록번호	550000－1000000	조회 목적	본인열람
조회요청범위	범죄경력 · 수사경력		
주 소	경기도 파주시		

□ 조 회 결 과

연번	입건일자	입건관서	죄 명	처분일자	처분관서	처분결과	비고
1	2001.11.5	경기 파주경찰서	도로교통법 (음주운전)	2001.12.5	경기 파주지원	벌금 100만원	

※ 법령에 규정된 용도외에 사용할 목적으로 취득하거나 조회결과를 규정된 용도외에 사용하였을 경우에는 "형의 실효 등에 관한 법률"(§10②, ③)에 의거 2년이하의 징역 또는 2천만원이하의 벌금으로 처벌됩니다.

○ ○ 경 찰 서 장 인

소득세·재산세 및 종합토지세의 납부·체납사항 작성 예시

소득세·재산세 및 종합토지세의 납부·체납사항

| 선거명
(선거구명) | | 제18대 국회의원선거
(OO OO구) | 성 명 | 김 이 박
(金 李 朴) |

〈단위 : 천원〉

연 도	후보자 와의 관계	성 명	소 득 세			재 산 세			종합토지세			계		
			납부 세액	당해연도체납 (완납일자)	현 체납액	납부 세액	당해연도체납 (완납일자)	현 체납액	납부 세액	당해연도체납 (완납일자)	현 체납액	납부 세액	체납액	현 체납액
203 년도	본인	김이박	1,500	–	–	380	–	–	200	–	–	2,080	–	–
	배우자	이김박	–	해		당		없	음	–	–	–	–	–
	소 계		1,500	–	–	380	–	–	200	–	–	2,080	–	–
2004 년도	본인	김이박	1,500	–	–	380	–	–	200	–	–	2,080	–	–
	배우자	이김박	100	–	–	–	–	–	–	–	–	100	–	–
	소계		1,600	–	–	380	–	–	200	–	–	2,180	–	–
2005 년도	본인	김이박	1,500	–	–	380	–	–	200	–	–	2,080	–	–
	배우자	이김박	500	–	–	–	–	–	–	–	–	500	–	–
	소계		2,000	–	–	380	–	–	200	–	–	2,580	–	–
2006 년도	본인	김이박	1,500	–	–	380	–	–	200	–	–	2,080	–	–
	배우자	이김박	500	–	–	–	–	–	–	–	–	500	–	–
	소계		2,000	–	–	380	–	–	200	–	–	2,580	–	–
2007 년도	본인	김이박	1,500	–	–	380	–	–	200	–	–	2,080	–	–
	배우자	이김박	–	해		당		없	음	–	–	–	–	–
	소 계		1,500	–	–	380		–	200	–	–	2,080	–	–
합 계	본인	김이박	7,500	–	–	1,900	–	–	1,000	–	–	10,400	–	–
	배우자	이김박	1,100	–	–	–	–	–	–	–	–	1,200	–	–
	합 계		9,700	–	–	1,900	–	–	1,000	–	–	11,500	–	–

본인 및 직계비속의 병역사항 작성 예시

본인 및 직계비속의 병역사항					
① 선거구명	사도		선거구	② 성 명	홍 길 동
③본인과의관계	④ 성 명 (한자)	⑤생년월일 (성별)	⑥주 소	⑧병 역 사 항	⑨비고
			⑦본 적		
본 인	홍 길 동 (洪 吉 童)	5X0510-1X3036X	서울특별시 ○○구 ○○1동 1100-1	○군별 : 육군 ○계급 : 병장 ○군번 : 64055399 ○입영일자 : 1976.12.14 ○전역일자 : 1979.6.15 ○전역사유 : 만기	
			○○광역시 ○○구 ○○동 100-2		
(장 남)	홍 진 현 (洪 眞 玄)	750X10-1X3536X	서울특별시 ○○구 ○○1동 1100-1	○병역처분일자 : 1995.12. 1 ○병역처분사항 : 제2국민역 ○병역처분사유 : 질병(사시)	
			○○광역시 ○○구 ○○동 100-2		
(차 남)	홍 진 선 (洪 眞 善)	800X10-1X3537X	서울특별시 ○○구 ○○1동 1100-1	○군별(복무분야) : 육군 ○복무부대(기관) : 2162부대 정비대대 ○계급 : 일병 ○군번 : 9871027096 ○입영일자 : 2001.10.21	
			○○광역시 ○○구 ○○동 100-2		
	"이	하	빈	칸"	

※ 병역사항에 관한 구체적 작성예시는 다음 면 참조

⑧ " 병역사항 "란 작성예시

※ 병적증명서(복무확인서)상의 병역사항을 그대로 기재하되, 다음 예시를 참조하여 작성함.

구 분		병 역 사 항 기 재(예)	기 재 요 령
복무를 마친 사람		○군별 : 공군 ○계급 : 병장 ○군번 : 64055399 ○입영일자 : 1966.12.14 ○전역일자 : 1969.12.15 ○전역사유 : 만기	○군별 : 육·해·공군으로 구분 ○입영일자 : 사병은 입영일자, 장교는 임관일자 ○전역일자

복무중인 사 람	현 역	○군별 : 육군
		○복무부대(기관) : 2162부대 정비대대
		○계급 : 일병
		○군번 : 9871027096
		○입영일자 : 2001.10.21
			– 현역·상근예비역·의무경찰
			  등은 전역일자
			– 공익근무·산업기능(전문연
			  구)요원등은 소집해제 일
			  자

	공익
	근무
	요원
		○복무분야 : 공익근무요원
		○복무부대(기관) : 경기 과천시청
		○계급 : 일병
		○군번 : 9871027096
		○입영일자 : 2001.10.19
			○복무분야 : 공익근무요원,
			  산업기능요원, 전문연구요원,
			  공중보건의 등으로 기재

복무를 마치지 아니한 사 람	면제자	○병역처분일자 : 1975.12. 1 ○병역처분사항 : 제2국민역 ○병역처분사유 : 질병(사시)	○복무기관 : 해당복무관서 또는 업체명 ○병역처분사항 : 현역입영대
	복 무 이탈자	○군별 : 육군 ○계급 : 이병 ○군번 : 64055399 ○입영(임관)일자 : 1961. 3. 5 ○전역(해제)일자 : 1967. 5. 1 ○전역(해제)사유 : 탈영삭제	상, 보충역, 공익근무요원소 집대상, 제2국민역 등으로 기 재 ○병역처분사유 :
	기피자	○1970. 7.22 입영기피이후 병적기록이 없음 ○1989년 병역의무종료	질병( ), 수형, 생계곤란, 고아, 사생아, 국외이주, 장 기대기, 독자등
복무대기중인 사람		○병역처분일자 : 2001.6.28 ○신체등위 : 1급 ○병역처분사항 : 현역입영대상	※질병이라고 기재시 괄호안 은 질병명 기재
징병검사대상자		○2000년 제1국민역 ○2002년 징병검사대상	
병적기록 없는 사람등		○병역법제정(49.8.6)이전으로 병적부작성안 됨 ○0000년 병역의무 종료	
		○병적부에 기록되어 있지 않음. ○0000년 병역의무종료	

재 산 보 유 현 황 서

선거구명			○○시·도 ○○ 선거구	성 명	홍길동
재산의 구 분	본인과의 관 계	재산의 종 류	소재지·면적등 권리명세	가 액 (천원)	비 고
토지	본 인	임 야 답	○○도○○군○○면○○리○○-○○번지(5,000㎡) ○○도○○군○○면○○리○○-○○번지 (1,500㎡중 공유지분 500㎡)	5,000 5,000	문중재산 (공유지분⅓) 사실상소유 (등기명의인 ○○○는 처남)
	배우자 부 모 장 남	대 지 잡종지 전 답 잡종지	○○시○○구○○동○○-○○번지(132㎡) ○○도○○군○○면○○리○○-○○번지(1,650㎡) ○○도○○군○○면○○리○○-○○번지(2,000㎡) ○○도○○군○○면○○리○○-○○번지(1,560㎡) ○○도○○군○○면○○리○○-○○번지(3,500㎡)	39,600 4,950 4,000 3,120 8,200 (매입가격)	매입(연월일)중도금 5,000천원지불
	삼 남	전 대 지	○○도○○군○○면○○리○○-○○번지(980㎡) ○○시○○구○○동○○-○○번지(200㎡)	50,000 5,000	매도(연월일) 잔금
소 계				79,870	
건물	본 인	주 택	○○시○○구○○동○○-○○번지(건물90㎡/대지300㎡)	150,000	
	배우자	전 세	○○시○○구○○동○○-○○번지○○빌딩○층○호 (건물60㎡/대지10㎡-사무실)	20,000	전세보증금
	부	아파트	○○시○○구○○동○○-○○번지○○아파트○층○호 (건물94.76㎡/31평형)	150,000	등기미필
	모	빌 딩	○○시○○구○○동○○-○○번지○○빌딩 (건물165㎡중 80/대지660㎡중 330)	660,000	공유(지분½)
	장 남	아파트	○○시○○구○○동○○-○○번지○○아파트○층○호 (건물94.76㎡/31평형)	89,594 (분양가 11,998)	불입금액 (미입주분양)
	장 녀	임 차	○○시○○구○○동○○-○○번지○○빌라○층○호 (건물60㎡/대지33㎡)	45,000	임차보증금
	차 녀	오피스텔	○○시○○구○○동○○-○○번지○○빌딩○층○호 (건물4.07㎡/대지9㎡-13평형)	33,929	사실상소유(등기 명의인○○○는 차녀의 외삼촌)
소 계				1,148,523	

③재산의 구분	④후보자와의 관계	⑤재산의 종류	⑥소재지·면적등 권리명세	⑦가액 (천원)	⑧비고
부 동 산 준용권리	본 인	광업권	철광석(강원 삼척군○○면○○리○○번지) 존속기간('95.1.1~2005.12.31)		
		자동차	'93년식, 르망 RTi, 1498cc, 서울1가 1234 (취득가액 : 6,500천원)		
	배우자	어업권	제1종양식어업(강원, 삼척시○○면○○리○○ 번지) 존속기간('90.1.1~'99.12.31)		공유(지분1/2)
		중기	불도우저, 삼성21C37T, 89년, 경기01가1234		
	부	선박	강선, 어선, 동해호, 70톤, 80년유80-3735		
		항공기	회전익,B0105CBS,보잉사, 80년		
		항공기	비행기, TU206E, 세스나스, 78년		
	장 남	선박	목선, 어선, 동남호, 30톤, 85년PS851234		
소 계					
현 금	본 인	현금		12,750	
	배우자	수표		10,000	
	장 녀	현금		11,000	
소 계				33,750	
예 금	본 인	예금	○○은행 5,000 △△은행 5,000	10,000	
	배우자	예금	○○은행 2,000 △△은행 1,000 ㅁㅁ은행 7,000	10,000	
	장 남	적금	○○은행	6,000 (불입금액)	2004.12.31만기 계약금액(20,000)
		예탁(수)금	○○증권	5,000	
	장 녀	신탁	○○투자신탁	10,000	2004.12.31만기
	삼 남	보험	○○보험	12,000 (불입금액)	2004.12.31만기 계약금액(20,000)
소 계				53,000	
유가증권	본 인	주식	(상장) ○○은행 3,000주, ○○증권 100주 (비상장) ○○전자 1,000주	40,000 5,000	최종가격 (2003.12.31)
		국채	(국민주택채권2종) 기획예산처	5,000	
		공채	(도로공사채) 한국도로공사	5,000	
		금융채	(산업금융채)산업은행	5,000	최종가격 (2003.12.31)
소 계				60,000	
채 권	본 인		사인간의 채권	10,000	2004.12.31만기
소 계				10,000	

③재산의구분	④후보자와의 관계	⑤재산의 종류	⑥소재지·면적등 권리명세	⑦가액 (천원)	⑧비고
채무	본 인		사인간의 채무	△20,000	
			○○은행 대출금	△10,000	2004.4.11만기
	배우자		전세보증금	△30,000	2004.4.11만기
소계				△60,000	
금 및 백금	배우자	금	24K (500g)		
소계					
보석류	배우자	다이아몬드 반 지	1카라트(무색)		
		진주목걸이	5mm(20개-백색)		
소계					
골동품 및 예술품	본 인	동양화	설촌(69.5×182, 청전 이상범, 1964년작) 1점		
	부	동양화	매조도(24×21, 단원 김홍도, 조선말기작) 1점		
	모	도자기	백자(29×12.5×11.5 작자미상, 조선초기작) 1점		
소계					
회원권	본 인	골 프	○○컨트리클럽	25,000	
	배우자	콘 도	○○콘도미니엄(20평형)	5,000	
	장 남	헬 스	○○헬스클럽	18,000	
소계				48,000	
무체재산권	본 인	특허권	관이음부위의 포장방법 061758호 ('93.2.20 ~ 2008.2.19)		
	부	실용신안권	컴퓨터전용테이블의 설치판 조립장치 071961호('93.1.29 ~ 2300.1.28)		
		의장권	등록번호139961('93.5.31~2100.1.28)		
		상표권	등록번호261655호('93.4.28~2005.4.27)		
		저작권	자화상(미술저작물) 등록번호931234호 ('93.2.5~)		
소계					

③재산의 구분	④후보자와의 관계	⑤재산의 종류	⑥소재지·면적등 권리명세	⑦가액 (천원)	⑧비고
합명·합자유 한회사 출자지분	부	○○ 합자회사	○○도 ○○시 외답동 ○○번지 소재 영업의 종류(○○업), 자본금(○○○원) 회사의 전년도매출액	50,000 (출자지분 비율20%)	'97년도 출자 (1945년 부친설립 유증받음)
소계				50,000	
비영리법인에의 출연재산	본인	재단법인	재단법인○○학원(서울 ○○구 소재) 대표자성명, 보유직위, 목적사업 (출연재산 : ○○백만원)		'99년 출연
	배우자	사단법인	○○사회복지사업재단(○○시 ○○구 ○○동 ○○번지) 대표자성명, 보유직위, 목적사업 (출연재산 : ○○백만원)		2000년 출연
소계					
합계				1,233,679	

※ 합계란은 채무를 제외한 합산금액에서 채무를 감하여야 함.

인간은 본래 정치적 동물이다. 그러므로 국가 없이도
살 수 있는 자는 인간 이상의 존재이거나 아니면, 인간
이하의 존재이다

　　　　　　　　　　　　　　　　- 아리스토텔레스

큰 도가 행해지면 사람은 자기 부모만을 부모로

생각하지 않고, 자기 자식만을 자식으로 생각하지

않는다.

- 공자

참고문헌

| 참고문헌 |

윤형섭, 1992, 『한국정치론』, 박영사

김동국, 1997, 『일본정치의 이해』, 형설출판사

박선영, 2000, 『한국의 인터넷 관련 법적규제와 한계』, 한국언론재단

안순철, 1998, 『선거체제 비교 : 제도적 효과와 정치적 영향』, 법문사

박동진, 2000, "인터넷을 이용한 선거운동의 실태와 전망", PIB
      Korea(한국정치인포메이션 뱅크) 주최 세미나 자료

한국인터넷정보센터, 2000, 『인터넷 연감』

편집부, 1995, 『일등선거전략』, A&T 커뮤니케이션

윤영민, 2000, 『사이버 공간의 정치』, 한양대학교 출판부

홍성태, 2000, 『사이버사회의 문화와 정치』, 문화과학사

길승흠?김광웅?안병만, 1987, 『한국선거론』, 다산출판사ㅌ

이준한 외, 2007, 『제4회 지방선거 현장리포트』, 주식회사 푸른 길

안병만, 2005, 『한국의 선거와 한국인의 정치행태』, 도서출판 인간사랑

강신복, 2000, 『김대중 대통령의 어제와 오늘』, 글힘

최 진, 2003, 『대통령과 리더십』, 나남출판

김명기, 1995, 『비교정부론』, 방송통신대학교출판부

김인수, 1999, 『대통령과 리더십- 청와대 출입기자가 쓴 IMF고백기』,
      나남출판

김병진, 2002, 『정책학 개론』, 박영사

마이클 레딘, 2000, 『마키아벨리로부터 배우는 리더십』, 리치북스

윤성식, 2002, 『정부개혁의 비전과 전략』, 열린 책들

이석훈, 2001, 『삼국지 리더십』, 북랜드

황주홍 · 고경민, 2002, 『지도자론』, 건국대학교출판부

임재연, 1988, "사법부의 독립은 가능한가", 〈민족지성〉 25호

최장집, 1985, "해방 40년의 국가, 계급, 구조, 정치변화에 대한 서설", 『한국
　　　현대사 I 』, 박영사

함성득, 1997, "대통령학의 이론적 고찰과 우리의 연구과제" 『한국행정학보』
　　　제31집 1호

현종민, 1989, "선거인의 재구성과 투표 : 1987년 대통령 선거분석" 『한국
　　　정치학회보』 제23권 2호

황용석, 2000, 『인터넷 시대의 새로운 정치환경과 언론』, 한국언론재단

신기현, 2000, "16대 총선에 나타난 인터넷의 영향력 분석", 한국정치학회

이종은, 1998, 『정치광고와 선거전략론』, 도서출판 신성

박종렬, 1987, 『정치광고와 선거전략』, 청림출판사

김광수, 2002, 『선거와 정당』, 박영사

김원수, 1986, 『광고학개론』, 경문사

신명순, 2000, 『비교정치』, 박영사

안병영, 1991, "선거제도개혁론", 〈계간사상〉 겨울호

안병만, 1977, "우리나라의 정당과 정치발전 : 중대선거와 정당체제의 제도화
　　　과정", 〈한국정치학회보〉 제11집

안부근, 1996, 『보이는 선거 감춰진 선거판』, 도서출판 명경

서정환, 2006, 『선거마케팅』, 다른 우리

김용호 외, 2004, 『17대 총선 현장리포트』, 푸른 길

정요섭, 1993, 『선거론』, 박영사

조기숙, 1996, 『합리적 선택 : 한국의 선거와 유권자』, 한울 아카데미

한양대학교 언론문화연구소, 1998, "한국 TV토론 모델 연구"

한국폴리테크연구소, 1991, 『당선을 위한 선거전략』, 공동체

한국산업기술원 지방자치연구소, 2002, 〈당선비서(當選祕書)〉, 한국산업기술원

박찬욱 외, 2005, 『제17대 국회의원 총선거 분석』, 푸른 길

이극찬, 2005, 『정치학』, 법문사

백선기, 2003, 『사이버 선거와 인터넷』, 커뮤니케이션북스

유인환, 2004, 『지금부터 시작하는 선거캠페인』, 토파민

석종득, 2008, 선거전략 & 선거캠페인, 비즈프라임

김영래, 정형욱, 2008, 『매니페스토와 정책선거』, 논형

UFJ 종합연구소 국토.지역정책부, 2006, 『매니페스토, 전략과 실제』, 삼인

대검찰청, 2010, 공직선거법 벌칙해설, 대검찰청

중앙선거관리위원회, 2004, 〈제17대 국회의원 총람〉

중앙선거관리위원회, 2006, 〈제4회 전국동시 지방선거 투표율 분석〉

중앙선거관리위원회, 2003, 〈외국 정당 정치자금제도 자료집〉

중앙선거관리위원회, 2004, 제17대 국회의원선거 〈바른 선거운동 길라잡이〉

중앙선거관리위원회, 2006, 제4회 전국동시지방선거(2006.5.31실시)에 관한
　　　　〈유권자의식조사〉

중앙선거관리위원회, 2006, 〈매니페스토 좋은 정책의제(아젠다)〉

중앙선거관리위원회, 2005, 〈선거관리〉 2005년 제51호

중앙선거관리위원회, 2006, 제4회 전국동시지방선거
　　　　〈정치관계법위반사례예시집〉

중앙선거관리위원회, 2005, 〈정치관계법 위반행위 처벌사례집〉

중앙선거관리위원회, 2007, 제17대 대통령선거 〈정치관계법위반사례예시집〉

경기도선거관리위원회, 2006, 〈정당?후보자를 위한 선거사무안내〉

서울시선거관리위원회, 2006, 〈후보자?예비후보자 정치자금 회계실무〉

경기도선거관리위원회, 2006, 〈정치자금 회계실무요령〉

경기도선거관리위원회, 2010, 〈정당. 후보자 등을 위한 선거사무안내〉

서울특별시선거관리위원회, 2010, ,정당. 후보자 등을 위한 선거사무안내〉

경기도선거관리위원회, 2010, ,알기쉬운 정치자금 회계실무〉

선거연수원, 공직선거법, 정당법, 정치자금법

서울특별시선거관리위원회, 2008, 〈서울특별시교육감선거 총람〉

중앙선거관리위원회, 2010년 2월, 〈제 5회 전국동시지방선거 정치관계법
　　위반사례예시집〉

Grunig James E. and Todd Hunt. Managing Public Relations. New York, N.Y
　　: Holt, Rinehart and Winston, 1983

Petty Richard E. and John T. Cacioppo. Attitudes and Persuasion : Classic and
　　contemporary Approaches. Dubuque, Iowa : Wm. C. Brown Company,
　　1983

Kawato, Sadafumi, The Government and Politics of Japan, Tokyo : University
　　of Tokyo Press, 1944

Green, T. H. Lectures on the Principles of Political Obligation, London :
　　Longmans, 1985

Aristotle, The Plitics, London : Oxford Univ. Press, 1946. 나종일 역, 1981,
　　『정치학』, 삼성출판사

〈조선일보〉

〈한겨레〉

〈중앙일보〉

〈매일경제〉

〈경향신문〉

〈문화일보〉